Strade blu

Federico Rampini

LA SPERANZA AFRICANA

La terra del futuro: concupita, incompresa, sorprendente

MONDADORI

Dello stesso autore
nella collezione Strade blu

Il secolo cinese
L'impero di Cindia
L'ombra di Mao
La speranza indiana
Slow Economy
Occidente estremo
Alla mia Sinistra
Voi avete gli orologi, noi abbiamo il tempo
Banchieri
Vi racconto il nostro futuro
All You Need Is Love
L'Età del Caos
Banche: possiamo ancora fidarci?
Il tradimento
Le linee rosse
Quando inizia la nostra storia
La notte della sinistra
La seconda guerra fredda
I cantieri della storia
Fermare Pechino
Suicidio occidentale
Il lungo inverno

mondadori.it

La speranza africana
di Federico Rampini
Collezione Strade blu

ISBN 978-88-04-77644-4

I edizione settembre 2023

Anno 2023 - Ristampa 3 4 5 6 7

Indice

La speranza africana

Introduzione

Concupita, incompresa, sorprendente

Come dimensioni è seconda solo all'Asia, anche se nei nostri atlanti spesso viene «rimpicciolita» per una deformazione antica. Il continente nero ha una superficie che supera Stati Uniti, Cina e India messi assieme. È l'area più diversificata del pianeta per il numero di entità etniche e linguistiche (duemila). Sul piano demografico ha tre record, la popolazione che cresce più che in ogni altra parte del mondo, la popolazione più giovane del pianeta e la popolazione che si sta urbanizzando più rapidamente. Dal punto di vista economico la sua performance è molto meno brillante e tuttavia, poiché partivano da livelli molto bassi, i consumatori africani oggi sono quelli il cui potere d'acquisto cresce più velocemente. Tutti questi dati spiegano perché il XXI secolo, anche se forse sarà asiatico, vedrà l'Africa giocare un ruolo determinante. E non solo in negativo, non solo come un «buco nero» di sciagure.

Al summit Usa-Africa del 2014 l'allora presidente sudafricano Jacob Zuma lanciò quello che in seguito è diventato un tema popolare tra gli africani: «Oggi siamo in grado di raccontare noi la nostra storia, anziché lasciare che siano gli altri a raccontarla per noi». Zuma non sopportava il fatto che i discorsi sull'Africa, le rappresentazioni del continente, venissero monopolizzati perlopiù dagli occidentali. Tra questi ultimi, una maggioranza apparteneva (e appartiene tuttora) alla categoria dei filantropi, delle ong umanitarie e delle celebrity che ne abbracciano le cause. Il risultato è una prevalenza dell'afro-pessimismo, o peggio: in America, Jake Bright e Aubrey Hruby (autori di *The Next Africa*) hanno coniato il termine *Afro-calypse*. Non allude a una musica come il calypso sulle cui note cantò Harry Belafonte, no, è una crasi che sta per apocalisse africana, afro-calisse.

Di rado accade che si ecceda nel senso opposto, con i cantori di un'*Africa Rising*, di un'ascesa o rinascita, narrazioni euforiche dietro le quali spesso si scopre la mano di grandi uffici di relazioni pubbliche assoldati dai governi africani per attirare investitori stranieri e pavoneggiarsi al World Economic Forum di Davos. Però i periodi di ottimismo in cui abbiamo sentito parlare di un boom africano sono stati pochi, e perlopiù lontani nel passato. Domina invece l'afro-pessimismo che fu rilanciato in grande stile all'inizio del millennio, quando il settimanale «The Economist» dedicò una copertina allo *Hopeless Continent*: il continente senza speranza.

In generale, i media occidentali e il loro pubblico sono interessati all'Africa – moderatamente – a una condizione: che sia associata a conflitti e guerre civili, bambini-soldato, terrorismo, miseria estrema, pandemie, migranti. Le buone notizie non interessano, i segnali di sviluppo e di modernizzazione vanno ignorati perché contraddicono l'afro-calisse.

Ho ricordato la copertina dell'«Economist» perché per me quell'espressione «senza speranza» rievoca un precedente importante. Il grande poeta, scrittore e cineasta italiano Pier Paolo Pasolini, nel resoconto di un suo viaggio in India negli anni Sessanta, aveva usato la stessa espressione per descrivere appunto l'India: l'aveva definita una nazione senza speranza. Lo sembrava davvero, l'India degli anni Sessanta. Invece era alla vigilia di grandi cambiamenti, tra cui una «rivoluzione verde» (la modernizzazione della sua agricoltura) che le avrebbe dato l'autosufficienza alimentare. Più tante altre novità, compresa l'ascesa della Silicon Valley indiana a Bangalore e Hyderabad. Per cui nell'India di oggi si possono elencare problemi immensi, la si può criticare per mille ragioni, ma sarebbe anacronistico descriverla come stagnante, immobile, sprofondata in un'inguaribile miseria, e insomma senza alcuna speranza, come faceva Pasolini.

Che l'Africa possa sorprenderci in futuro come l'India, e scrollarsi di dosso gli stessi luoghi comuni con cui oggi la etichettiamo? Quando io ero bambino a Bruxelles, nelle nostre scuole si facevano collette per salvare i miei coetanei indiani dalla carestia. Adesso che quei bambini sono adulti, il loro paese è una superpotenza agricola che esporta riso e cereali nel mondo intero. Perché il miracolo che sembrava del tutto impossibile nell'India di mezzo secolo fa, e invece è accaduto, non potrebbe essere replicato dall'Africa?

A intervalli regolari negli ultimi settant'anni, dopo l'indipendenza, il tono dominante dell'Apocalisse è stato interrotto da brevi stagioni di afro-euforia, con semplificazioni altrettanto univoche: «il futuro appartiene all'Africa», il decollo è cominciato, è il momento di crederci e scommettere su questo continente. Di solito questi periodi di interesse – superficiale – e di innamoramento – ingenuo – sono brevi, ben presto con la complicità di qualche golpe militare e genocidio etnico, di qualche siccità e movimento di profughi, si torna al catastrofismo che è più in sintonia con gli umori dell'Occidente.

È evidente che quando si tratta dell'Africa non riusciamo a gestire nelle nostre menti la «dissonanza cognitiva», la convivenza di contraddizioni estreme. Eppure ne siamo capaci quando parliamo dell'America, della Cina, dell'Europa: in questi casi, se abbiamo mente aperta e puntiamo all'oggettività riusciamo a conciliare aspetti positivi e negativi, progressi e regressi, qualità e difetti, cinquanta sfumature di grigio.

Perché non siamo capaci di un discorso maturo, sfumato e complesso anche sul *Black Continent*? (Rispondo preventivamente alle dispute linguistiche della *cancel culture*. Il termine *black* è sdoganato dall'orgoglio con cui lo usano gli afroamericani. Si differenzia dal tono peggiorativo della definizione *Dark Continent* nell'era coloniale: *dark* significa scuro, ma in inglese si applicò in senso spregiativo ed evocava le *Dark Ages*, i «secoli bui» del nostro Medioevo.) L'Africa non è definita solo dai conflitti, dalla povertà e dalla corruzione, il suo destino non dipende prevalentemente dai nostri aiuti. Neppure si può racchiudere nella recente descrizione unidimensionale della «conquista cinese». L'Africa è anche la culla di una nuova imprenditorialità con successi importanti, è presente con una generazione di stilisti nella moda di Milano, Parigi, New York, nonché nei nostri musei di arte contemporanea con i suoi artisti, nelle nostre sale da concerto con i suoi musicisti, nelle nostre librerie con le sue scrittrici e i suoi scrittori. Produce il fenomeno Nollywood, il cinema nigeriano. Vi consiglio di prestare un po' di attenzione ai film nigeriani che fanno i record di incassi nel Grande Sud globale, con questa avvertenza: non sono gli stessi film che ricevono premi nei nostri festival. A Cannes o a Venezia, a Berlino o a Hollywood, perché una regista africana riceva un'onorificenza deve mettere in scena sofferenza, campi profughi, abusi contro i diritti umani, minoranze etniche o sessuali perseguitate. I film di Nollywood che dilagano su Netflix e riempiono le sale dell'emisfero Sud, invece, raccontano storie del ceto medio urbano, sono commedie sentimentali, satire di costume o storie comiche, ci presentano un'umanità molto più «normale» di quella che vogliamo vedere noi.

E la musica? In principio ci fu afrobeat, una corrente musicale degli anni Sessanta che ebbe tra i suoi fondatori Fela

Kuti: mescolava influenze dagli Stati Uniti (jazz e soul) con la musica del Ghana, le tradizioni delle tribù yoruba, ewe e ga. I nipoti di quella prima ondata sono protagonisti di una vera invasione di musicisti africani in Occidente: gli afrobeat odierni fanno incetta di premi Grammy. Una superstar di questo movimento, Wizkid, a Londra ha riempito uno stadio da 62.000 posti, il Tottenham Hotspur Stadium. Il movimento afrobeat ha le sue radici in Ghana e Nigeria, ma è di casa a Londra e New York. Tra i suoi esponenti più famosi oltre a Wizkid ci sono altri nigeriani come Davido e Burna Boy. Hanno fuso le tradizioni locali con influenze dell'afropop e afroswing, ma anche della musica giamaicana. Il più grande festival della musica afrobeat, Afro Nation, in realtà ebbe il suo battesimo in Portogallo nel 2019, prima di replicare in Ghana, Porto Rico e Miami. La diaspora africana aiuta, così come l'interesse dei musicisti black statunitensi verso quel che si muove sul continente nero. Su Spotify e Apple Music cresce la popolarità delle playlist «African Heat» e «Africa Now». La musica ha cominciato ad affacciarsi anche sulla scena politica. In Nigeria, durante la campagna elettorale del 2023, uscì *Electricity* di Pheelz e Davido, un brano che affronta il calvario dei frequenti blackout che tormentano la vita quotidiana dei cittadini.

Un altro aspetto che ci sfugge, o che non vogliamo vedere perché disturba i nostri stereotipi, è il successo della sua diaspora. Negli Stati Uniti, per esempio, dagli immigrati africani vengono segnali sorprendenti: hanno livelli di apprendimento e successo accademico tra i più elevati, sono uno dei gruppi etnici economicamente più produttivi nei nuovi flussi migratori. Questa realtà viene sottaciuta, minimizzata, o semplicemente censurata, per motivi ideologici: l'ascesa socioeconomica e il successo professionale dei nuovi immigrati africani in America conferma la teoria sulla «terra dell'opportunità» che è invisa alla sinistra *politically correct*, in quanto contraddice l'idea di un'America in cui regna il «razzismo sistemico» e dove tutti i black sono penalizzati. Quando una realtà è scomoda perché disturba i nostri preconcetti e i dogmi della nuova ideologia totalitaria, la soluzione è semplice: cancellarla. Questo contribuisce ancora una volta a ricacciarci nell'afro-pessimismo, perché le notizie positive su questo continente non hanno diritto alla visibilità.

We are inventing the future, noi stiamo inventando il futuro. Il titolone campeggia sul «Financial Times» dell'11 marzo 2023. L'intero supplemento del weekend dell'autorevole quotidiano inglese quel giorno si chiama *The Africa Issue*, un numero monografico dedicato al *Black Continent*. È la consacrazione di un momento magico sul terreno della creatività culturale e artistica. Gli autori degli articoli sono quasi tutti africani, o più spesso «afropolitani» – copio questo termine dall'inglese *afropolitan*, «afro-cosmopoliti» – che si alternano fra i loro paesi d'origine (Nigeria o Kenya, Sudafrica o Ghana, Etiopia o Somalia) e metropoli occidentali come New York, Londra, Parigi, Ginevra. Una élite di intellettuali e artisti africani che raccontano se stessi e l'ascesa culturale del continente da cui provengono: letteratura, musica, moda, sono i mercati investiti da questa invasione africana. Traspare un ottimismo a cui noi non siamo abituati. Attenzione, non è per forza un ottimismo sul presente o sul futuro immediato dell'Africa in campo economico, sociale, politico. Alcuni di questi intellettuali afropolitani sono degli esuli, che hanno scelto l'Occidente sia perché non trovavano opportunità in patria, sia perché dittature o guerre li hanno cacciati di casa. L'ottimismo è più circoscritto: riguarda il fatto che oggi è l'Africa a parlare di se stessa, a raccontarsi, nel bene e nel male. Proprio come auspicava il presidente Zuma nel 2014. Il boom di produzione culturale significa questo, che sono gli africani a darci «la loro versione», anziché aspettare che sia qualche occidentale a imporre la sua lettura dell'Africa. È un grosso cambiamento, anche perché nel nuovo protagonismo africano è raro trovare gli accenti catastrofisti e pauperisti che dominano la pubblicistica occidentale. Gli africani che si raccontano di solito non si piangono addosso, non vogliono la nostra compassione.

È emblematico il caso di un grande maestro della letteratura africana, il somalo Nuruddin Farah, che a 77 anni ha scritto una quindicina di romanzi e viene spesso citato come candidato al premio Nobel. Farah è un esule a vita, praticamente da quando nel 1976, durante una tournée in Italia, apprese di essere stato condannato a trent'anni di carcere nel proprio paese per aver fatto satira ai danni del dittatore somalo di quell'epoca, Siad Barre. Da allora ha vissuto in mezzo mondo: Inghilterra, Germania, Svezia, India, Stati Uniti (dove insegna al Bard College, nello Stato di New York). Ha anche abitato in molti paesi africani diversi dal suo: Gambia, Kenya, Nigeria, Uganda, Sudan e di recente Sudafrica.

I romanzi di Farah sono ambientati a volte in Africa, altre volte nella diaspora africana che vive nel resto del mondo. Di quest'ultima coglie le lacerazioni più strazianti. In *North of Down* (A nord dell'alba), scritto nel 2018, racconta di una coppia di somali che si è perfettamente integrata in Norvegia, ma il cui figlio diventa un jihadista e torna in Somalia per arruolarsi nella milizia al-Shabaab. Un'altra protagonista è una donna somala che respinge il femminismo norvegese e si ostina a coprirsi con lo hijab. Tra i personaggi della sua fiction c'è anche una donna somala che vive in Italia e ha tre amanti in tre paesi diversi. Farah si definisce un «laico radicale, individualista e libertario»: quindi è un critico implacabile di quell'Africa in cui comanda il fondamentalismo islamico, a cominciare dalla sua Somalia. «Il mio livello di tolleranza è molto alto,» ha dichiarato al «Financial Time» «con l'eccezione di tutti quelli che cercano di impormi la loro volontà.» È arrivato a dirsi d'accordo con l'ex premier britannico Boris Johnson quando ha descritto le donne coperte dal velo islamico come delle «cassette delle lettere». «Sì, io in quanto somalo posso dirlo.» Al tempo stesso è convinto che «verrà un giorno in cui i somali torneranno a essere più o meno come me». Torneranno? Sì, perché lui ricorda la Mogadiscio degli anni Sessanta e Settanta, «pacifica, tollerante, cosmopolita», quando quella città era la stratificazione di influenze arabe, turche, persiane, italiane.

Petina Gappah rappresenta un altro mondo rispetto al pioniere Farah. Cinquantaduenne originaria dello Zimbabwe, ha affiancato alla brillante carriera come avvocatessa in Svizzera quella di romanziera. È ben introdotta in tutti gli ambienti letterari africani, è stata lanciata dallo scomparso Binyavanga Wainaina (scrittore keniano morto a soli 48 anni, nel 2019), è amica di Chimamanda Ngozi Adichie. È a Petina Gappah che il «Financial Times» ha chiesto di raccontare il boom attuale della letteratura africana, con gli occhi della sua generazione. La sua testimonianza è illuminante. Comincia col ricordare il debito verso i «grandi vecchi» tra cui due premi Nobel: il nigeriano Wole Soyinka e la sudafricana Nadine Gordimer (da sottolineare che Petina Gappah, meno «politicamente corretta» di molti black americani, considera la bianca Gordimer un'esponente della cultura africana a pari merito con gli autori neri). Uno scrittore che l'ha influenzata in modo determinante è il nigeriano Ben Okri con *La via della fame*, perché secondo lei «ha dimostrato che un romanziere africano può scrivere storie che vadano oltre la condizione coloniale, può scrivere della modernità, può raccontare un'Africa gioiosa, e trovare un pubblico mondiale».

La generazione delle quarantenni e cinquantenni come Gappah e Adichie è inseguita da un'altra ondata di scrittrici ancora più giovani, le trentenni come Ayòbámi Adébáyò. È un mondo letterario di una ricchezza straordinaria, che si sta emancipando dalla dittatura delle case editrici occidentali: anche se i centri decisionali più importanti restano a New York, Londra, Francoforte, Parigi, i talenti africani cercano di fare «network» fra di loro, di promuoversi insieme. Si sforzano di parlare al pubblico africano prima ancora che a quello occidentale. Anche per questo cominciano a liberarsi dal conformismo ideologico. Aiuta queste autrici il fatto di essere afropolitane, di ambienti sociali privilegiati, spesso con un curriculum di studi nelle migliori università americane o europee, e con una vita che si alterna fra l'Africa e altri continenti. «La violenza che ha macchiato le elezioni in Kenya nel 2007, poi nello Zimbabwe l'anno successivo» dice Petina Gappah «ci ha costretto ad affrontare problemi importanti, drammi nazionali nei quali non c'è un colpevole bianco da usare come capro espiatorio.»

I suoi eroi rimangono quelli idolatrati dai nostalgici delle «rivoluzioni mancate» degli anni Sessanta. Tra i personaggi che ispirano il suo «panafricanesimo», Petina Gappah mette al primo posto Patrice Lumumba… il «Che» Guevara degli africani, il protagonista della lotta d'indipendenza del Congo che fu assassinato in un complotto ordito dai belgi. Lumumba è un groviglio di contraddizioni, proprio come Che Guevara. Un grumo di sogni falliti anche perché affidati a ideologie fallimentari.

Alcuni afropolitani sono abili a sfruttare i nostri complessi di colpa. Vivono di rendita sul rimorso occidentale. Fanno incetta di premi letterari a New York, Londra e Parigi, ma non si stancano di denunciare il razzismo… degli ambienti letterari che li premiano. Hanno capito le regole del nostro gioco «sadomaso» preferito, l'autoflagellazione.

La metafora del sadomaso conduce a parlare di geopolitica. Il 2023 ha visto una sorta di riscoperta dell'Africa come oggetto del desiderio per tutti gli altri: grandi, medie e piccole potenze, occidentali e orientali. È contesa o concupita da americani in gara coi cinesi e i russi, dai francesi che tentano di resistere al proprio declino, dagli arabi e dagli emiratini, dai turchi e dagli indiani. Quando Giorgia Meloni si è recata in visita ufficiale in Algeria e Tunisia, è andata ad aggiungersi a un pellegrinaggio di leader del mondo intero, intenti a corteggiare questo continente da nord a sud. Poco prima della Meloni, il Nordafrica o l'Africa subsahariana avevano visto avvicendarsi il ministro degli Esteri cinese, quello russo, la vicepresidente Kamala Harris nonché il segretario di Stato e la segretaria al Tesoro americani. L'Africa attrae il resto del mondo per ragioni evidenti. Ha risorse naturali immense, dall'energia fossile alle rinnovabili, dai minerali all'agricoltura. Malgrado la nostra visione tragica, è un mercato in espansione. È una posta in gioco nella divisione del pianeta in aree d'influenza geopolitiche.

In Occidente ha fatto scalpore all'inizio del 2023 l'annuncio di manovre militari congiunte tra Sudafrica, Russia e Cina; seguito dalla denuncia americana sulle forniture di armi sudafricane all'armata russa. Il ministro degli Esteri russo Sergej Lavrov ha visitato Pretoria prima di proseguire verso l'Angola e il Botswana. Il governo sudafricano ha giustificato quelle manovre militari come «una componente naturale delle relazioni tra paesi amici». Queste relazioni si sono rafforzate dall'inizio della guerra in Ucraina. Non solo il Sudafrica non aderisce alle nostre sanzioni (come la maggior parte dei paesi del continente), ma critica le forniture di armi all'Ucraina e contesta che l'Occidente condanni la Russia ma non l'occupazione di territori palestinesi da parte d'Israele. È la vecchia retorica antioccidentale e anticoloniale che riaffiora come nella prima guerra fredda, quando il Terzo Mondo sceglieva il «non allineamento» fra i due blocchi e al tempo stesso simpatizzava con il comunismo sovietico o con il maoismo cinese considerandoli degli alleati nelle lotte per l'emancipazione dell'emisfero sud.

La Cina è la campionessa nello sfruttare queste affinità elettive. Pur essendo una superpotenza economica e finanziaria, ormai la principale «banchiera» di molti paesi africani, continua a presentarsi come un paese emergente che sta dalla loro parte contro l'avido capitalismo occidentale. Non appena nominato, nel 2023 il nuovo ministro degli Esteri cinese Qin Gang ha scelto Addis Abeba come tappa del suo primo viaggio all'estero: capitale dell'Etiopia e anche sede dell'Unione africana. Poi ha proseguito in Gabon, Angola, Benin, Egitto. Tra i suoi slogan preferiti: «Questo sarà il secolo dell'Asia e dell'Africa».

Nello stesso periodo la missione africana della segretaria al Tesoro Usa, Janet Yellen, ha preso di mira l'espansionismo cinese in modo esplicito. La Yellen ha denunciato le gravi difficoltà in cui versano gli Stati come lo Zambia, eccessivamente indebitati con Pechino e oggi alle prese con un creditore ben più esoso e rigido rispetto al Fondo monetario internazionale o alla Banca mondiale. La Yellen ha ragione: dallo Zambia al Ghana si allunga l'elenco di nazioni africane che scoprono l'altra faccia della «generosità» di Xi Jinping. Gli americani aggiungono che il titanico programma delle Nuove Vie della Seta (il nome ufficiale è Belt and Road Initiative) accumula errori e problemi. In quei 1000 miliardi di dollari di investimenti infrastrutturali che la Cina ha disseminato nel mondo intero, ci sono opere pubbliche mal concepite, inefficienti, con danni all'ambiente e abusi contro i diritti umani. Tra gli esempi recenti vengono citate due dighe «made in China» lungo il corso del Nilo che attraversa l'Uganda: opere afflitte da una miriade di difetti di costruzione. Le critiche sono fondate, però pochi altri soggetti si fanno avanti per contrastare la continua avanzata cinese in Africa, tant'è che il 60 per cento degli appalti per infrastrutture africane è in mano ad aziende della Repubblica popolare.

C'è poi l'altra faccia dell'espansione cinese. Oltre al capitalismo di Stato che fa incetta di contratti pubblici, si stima che l'Africa ospiti ormai un milione di imprenditori cinesi. Questo è il capitalismo privato che va alla conquista del suo Far West in ordine sparso, con uno spirito pionieristico. Noi occidentali di questa invasione vediamo solo il lato oscuro: sfruttamento, razzismo, abusi contro i lavoratori locali, distruzione dell'ambiente. Perdiamo la prospettiva storica che invece adottano alcuni osservatori africani: pensano che se la Cina riuscirà a esportare sul loro continente il suo modello d'industrializzazione, finalmente l'Africa avrà svoltato. Il boom economico cinese non fu «una cena di gala», per parafrasare Mao Zedong, però ha sollevato dalla miseria un miliardo di persone.

Esiste una ricetta alternativa? Forse sì, ma noi ci guardiamo bene dal proporla. Le multinazionali occidentali che si avventurano in Africa si attirano immediatamente dei processi alle intenzioni: dalla nostra magistratura alle ong, agli ambientalisti, le accuse preventive di neocolonialismo, saccheggio di risorse e corruzione sono un deterrente formidabile. Le aziende cinesi o russe non hanno di questi problemi, ci rubano sotto il naso contratti di appalto pagando tangenti ai governi locali. Il nostro estremismo dei diritti umani diventa una forma d'impotenza. Peggio: siamo i primi ad avallare l'alibi delle élite africane più corrotte, secondo le quali esiste un solo imperialismo, quello occidentale.

L'Italia, come tutti i paesi europei, deve effettuare una torsione geostrategica verso sud. Il primo shock energetico nel 1973 ci costrinse a cercare energia affidabile e a buon mercato a Mosca, perché gli sceicchi arabi riuniti nel cartello dell'Opec ci negavano il petrolio. Oggi è Putin ad aver reciso il nostro cordone ombelicale, obbligandoci a un «ritorno al futuro», in cerca di energia nordafricana e mediorientale. È giusta l'idea di un Piano Mattei (dal nome del fondatore dell'Eni che adottò una strategia «terzomondista») se evoca una continuità mediterranea nella politica estera italiana. Però nel Mediterraneo oggi si viene rispettati se si ha la forza delle armi, oltre alle risorse economiche. Tra le flotte militari che presidiano le nostre coste meridionali si sono potenziate quelle di Russia e Turchia, mentre la Francia ha perso alcune delle sue zone d'influenza. In un recente viaggio in Egitto ho avuto conferma della vera ragione per cui Il Cairo, malgrado gli aiuti che riceve dagli Stati Uniti, non osa applicare sanzioni alla Russia: le milizie di Putin sono in Libia e in Siria. I leader africani, mentre recitano giaculatorie di un'ideologia anticolonialista, praticano la realpolitik e osservano i muscoli militari in campo.

I ritardi dei nostri politici e delle nostre imprese sulla sfida africana sono condizionati anche dai pregiudizi della società civile. Quando scrivo sul «Corriere della Sera» alcune analisi controcorrente sul Grande Sud, in cui infilo dati concreti che smentiscono l'afro-calisse e cito qualche esperto africano che critica il nostro catastrofismo, vengo subissato di obiezioni. Ricordo tra mille esempi questa e-mail di un lettore: «La questione migratoria viene da tutti vista come "problema" contingente. Annunci, proclami, fantomatiche suddivisioni fra paesi (100 a me, 75 a te, un milione alla Turchia). È irreversibile che, a un certo punto, milioni di persone si romperanno le scatole di mangiare l'erba. Chi non impara la Storia è destinato a ripeterla, più o meno. Dobbiamo accogliere, renderci conto che il mondo, così com'è, non durerà a lungo. I popoli barbari dell'Europa hanno travolto i Romani, ormai belli pasciuti. I Mongoli hanno Governato la Cina».

I milioni di persone che «si romperanno le scatole di mangiare l'erba», nell'immaginario collettivo degli italiani sono africani. Noto che nelle ultime stragi di profughi nel Mediterraneo molte vittime non venivano dall'Africa, assai vicina alle nostre sponde, bensì dal più lontano Afghanistan, da cui si fugge per la ferocia dei talebani. È un dettaglio – macabro –, ma serve a metterci in guardia contro un certo determinismo economico-demografico, per cui i forti dislivelli di sviluppo e benessere tra varie zone del pianeta dovrebbero automaticamente scatenare giganteschi spostamenti migratori. Tra l'altro, a smentire un nesso stringente tra povertà ed emigrazione, bisogna ricordare questo: pagare gli scafisti costa caro, spesso l'equivalente di un anno di reddito per una famiglia del ceto medio in Africa. A tentare la strada dell'emigrazione sono categorie medio-alte, che hanno i mezzi per pagare le organizzazioni criminali e hanno di solito anche reti di contatto nei paesi di accoglienza, dove sperano di trovare lavoro grazie alla solidarietà della diaspora. È così che funzionarono le nostre migrazioni nei secoli scorsi: anche se molti partivano dalle regioni arretrate dell'Italia, di solito non erano i più poveri tra i poveri, anzi erano spesso i più dotati (di salute fisica, di talento professionale, di spirito di rischio e d'intrapresa, di contatti per trovare lavoro negli Stati Uniti o in Canada, in Brasile o in Argentina, in Germania o in Australia).

La narrazione italiana, sui disperati del Mediterraneo e non solo, appiattisce l'Africa su una dimensione unica: miseria e sofferenze. Le notizie positive da quella parte del mondo sembrano non interessare gli italiani e comunque non bucano la soglia d'attenzione dei media. Per avere visibilità, l'Africa deve trasudare disperazione. «Mangiare erba», per usare l'espressione un po' brutale ma efficace del lettore.

L'ecatombe da Covid sempre annunciata e mai avvenuta è stata una buona notizia africana, il risvolto positivo di un continente dinamico dal punto di vista demografico per i suoi alti tassi di natalità. Avere così tanti ragazzi e bambini, una maggioranza schiacciante rispetto agli anziani, si è rivelato uno scudo sanitario eccellente contro una pandemia che minacciava soprattutto le persone di una certa età. Possibile che nei paesi ricchi nessuno avesse previsto che l'Africa stavolta sarebbe stata più fortunata di noi? Ecco all'opera la forza dei pregiudizi, dei luoghi comuni, delle deformazioni ideologiche. L'Africa ci interessa se possiamo compatirla, usarla per eccitare i nostri complessi di colpa. Una buona notizia dall'Africa non solo ci sembra inverosimile, ma nel subconscio forse ci irrita. Dunque deve essere falsa.

Anche la guerra in Ucraina ha generato le sue profezie apocalittiche che chiamavano sempre in causa l'Africa. Le limitazioni di forniture di cereali dall'Ucraina e dalla Russia dovevano creare carestie epocali, e da queste sarebbero nate ondate di profughi: milioni di poveri sui barconi perché stufi di «mangiare erba», appunto. La guerra ha sì penalizzato il commercio globale di cereali da alcune zone, ha generato inflazione, i costi e i disagi per gli africani sono reali. Ma i milioni di profughi in più scaraventati dall'Africa in Europa per la fame non si sono materializzati. I flussi di migranti sono rimasti nella norma, prima e dopo la guerra. La pressione migratoria esiste, ma dovremmo smetterla di descriverla come una calamità irresistibile, irrefrenabile, di proporzioni bibliche (le cavallette, le locuste), devastanti. Gli africani non «mangiano erba». Anche le statistiche più allarmistiche sulla denutrizione o sottonutrizione le descrivono come un dramma minoritario nella stessa Africa.

Le voci più lucide della cultura africana ce lo dicono da qualche tempo, che dobbiamo smetterla di usare quel continente come oggetto di compassione, pietà, autocolpevolizzazione, attitudini eurocentriche che invariabilmente sfociano in una cultura degli aiuti più dannosa che utile.

Il premio Nobel nigeriano Wole Soyinka ha scritto un romanzo intitolato *Cronache dalla terra dei più felici del mondo*. Il titolo è sarcastico, perché il romanzo è ambientato in

Nigeria, che di solito non figura molto in alto nelle classifiche delle nazioni più felici, dove spiccano paesi nordici come la Finlandia. L'ironia di quel titolo è rivolta ai lettori del resto del mondo. Soyinka non accetta che dell'Africa si parli sempre e soltanto come di una voragine della condizione umana. Anni fa, quando la Bbc dedicò un documentario alla più grande città nigeriana, Lagos, Soyinka si scagliò contro la selezione di immagini che puntavano solo sul degrado, la vita tra le feci a cielo aperto. Lagos, secondo lui e molti che ci vivono, è anche una metropoli dinamica, feconda, creativa, vibrante di novità. Non da ultimo, perché è una città di giovani.

Sulla stessa lunghezza d'onda di Soyinka un altro scrittore africano, il keniano Binyavanga Wainaina, pubblicò un pamphlet satirico intitolato *How to Write about Africa* («Come scrivere sull'Africa»). Ecco un passaggio: «Sulla copertina del vostro libro non mettete mai un africano contento. Usate immagini di kalashnikov, individui con le costole sporgenti per la denutrizione, seni nudi. Soggetti tabù, da evitare: la vita domestica normale, l'amore tra africani (a meno che finisca con una morte tragica)». Al pungente sarcasmo di Wainaina dedico un intero capitolo, quello sul pop umanitario.

La mia prospettiva sull'Africa è influenzata dal fatto di vivere a New York: a poca distanza da casa mia c'è un quartiere chiamato Little Senegal, e c'è il nuovo centro culturale Africa Center. Vedo transitare un flusso incessante di talenti dal continente nero. Scrittrici e scrittori, musicisti, pittori. La Nigeria, il Sudafrica esportano creatività e capacità d'invenzione, che a New York hanno un pubblico entusiasta. Quando viaggio su un volo Emirates, nella selezione dei film offerti ai passeggeri c'è una ricca sezione di cinema africano, sofisticato, pieno di humour, divertente. Non è arte nata dalla disperazione o dal «mangiare erba». C'è qualcosa che sta accadendo in Africa e passa al di fuori dei nostri schermi radar perché cerchiamo solo dei motivi per indignarci delle nostre malefatte.

Anche l'attualità geopolitica è meno univoca di quanto vogliamo raccontarcela. Un allarme dell'intelligence americana riguarda l'avanzata del Gruppo Wagner, già penetrato o incombente in Ciad, Mali, Burkina Faso, Sudan. Precisazione: dobbiamo ricordare che il Gruppo Wagner è un corpo di mercenari, un business privato, anche se funge da «braccio strategico» per Mosca. Questo significa che può subire dei rovesci in Ucraina, o può essere messo in castigo da Putin dopo l'insubordinazione, e al tempo stesso continuare a espandersi in Africa, qualora le sue succursali autonome che operano sul continente nero trovino fonti di autofinanziamento locali. I governi che lo chiamano a mettere ordine a casa loro non corrispondono alla descrizione delle «vittime». Praticano un gioco antico già in vigore durante la prima guerra fredda: mettono in competizione le superpotenze. Le élite africane, lungi dall'essere marionette manovrate dai paesi ricchi, sanno abilmente giostrare tra America e Cina, Russia e Francia, Arabia e Iran, sfruttando le rivalità e le ambizioni per negoziare le offerte più vantaggiose. Anche sul terreno della sicurezza, dove il Gruppo Wagner può servire a contrastare i jihadisti oppure, al contrario, favorire la loro penetrazione. A seconda di chi paga. Esiste un fenomeno di *agency*, di protagonismo locale. Le classi dirigenti africane sono il soggetto di molte di queste manovre, non una vittima passiva.

Scrivere su un intero continente può rivelare un misto di presunzione, superficialità, arroganza. Chi può permettersi oggi di pronunciare affermazioni generali sull'Asia, sapendo che va da Israele al Giappone, e in mezzo contiene la Cina e l'India, l'Iran e Singapore? Le 54 nazioni africane sono diverse tra loro e perfino al loro interno, vista l'immensa varietà etnica, linguistica, culturale. Anche le 48 nazioni dell'Africa subsahariana non possono essere ammucchiate come facessero tutt'uno. A volte, anzi, è proprio sulle differenze che bisogna soffermarsi: lo farò nel capitolo sulla demografia per spiegare che non esiste una «bomba demografica africana», visto che ai due estremi settentrionale e meridionale i tassi di natalità sono scesi; il che non toglie che l'aumento della popolazione in molti altri paesi sia impressionante.

Questo saggio non è un trattato, non pretende di esaurire un tema infinito; spero solo di accendere una curiosità nuova, meno stereotipata, meno schiacciata sui luoghi comuni. Mi aiuto con alcuni racconti di viaggi recenti, e dando la parola a personaggi che ho scelto come voci dal continente.

Johannesburg
4 luglio 2023

I

We Are the World, il pop umanitario

Una delle tragedie recenti nella storia africana – la carestia etiope del 1984, ingigantita dalla crudeltà del dittatore di turno – coincide con il trionfo in Occidente del «pop umanitario». È la storia della canzone *We Are the World*, a cui contribuirono alcuni dei più grandi talenti musicali di quel tempo, e il cui successo segnò un apice nell'uso della musica pop per raccogliere fondi a scopo caritatevole. Da Harry Belafonte a Michael Jackson, da Stevie Wonder a Diana Ross, da Ray Charles a Dionne Warwick, diede il proprio apporto un elenco impressionante di artisti eccezionali, con una prevalenza di afroamericani. «USA for Africa», gli Stati Uniti per l'Africa, si chiamò il gruppo messo assieme per l'occasione.

Da allora il pop umanitario è diventato una parte integrante della nostra cultura di massa, è uno dei riti praticati dall'Occidente nella sua espiazione delle colpe coloniali. È anche un potente sostegno alla nostra cultura degli aiuti, l'atteggiamento prevalente con cui noi occidentali affrontiamo l'Africa: un continente che in modo subconscio ci rappresentiamo allo stato infantile, cioè come un'eterna vittima, bisognoso di protezione e aiuti contro la cattiveria altrui.

L'operazione compiuta con *We Are the World* sembrava

inattaccabile. I proventi delle vendite di quel disco arrivarono a 63 milioni di dollari di allora, più i circa 100 milioni raccolti con una maratona televisiva «Live Aid» trasmessa in 108 paesi, e quei fondi furono in larga parte destinati alle vittime della fame (anche se i militari etiopi riuscirono a sequestrarne e dirottarne una fetta consistente).

Ci voleva molto coraggio per demolire quel mito. Osò farlo una delle voci più originali e lucide del continente nero, uno scrittore geniale che ci ha lasciati troppo presto: il keniano Binyavanga Wainaina, morto nel 2019 a soli 48 anni. Il suo saggio intitolato *The Power of Love* («La forza dell'amore»), rimane un capolavoro di satira contro l'approccio compassionevole ai problemi dell'Africa. Quell'attacco alla mobilitazione degli artisti fa parte di una serie di testi illuminanti, con cui Wainaina ha inaugurato un nuovo protagonismo africano per parlare dell'Africa sottraendola agli stereotipi «bene intenzionati» e al business degli aiuti.

L'antefatto è la disastrosa gestione dell'agricoltura da parte del colonnello Hailé Mariam Menghistu, leader della rivoluzione che nel 1974 ha deposto l'imperatore etiope Hailé Selassié per poi sostituirlo con una dittatura militare. Nel 1984 Menghistu è assorbito da un obiettivo dominante: celebrare con il massimo sfarzo il decennale della sua rivoluzione. Con l'aiuto di consiglieri venuti dalla Corea del Nord, il dittatore costruisce un mega-auditorium – la Grande Sala del Popolo – in grado di ospitare 3500 delegati e ospiti dal mondo intero. Come ricorda lo storico Martin Meredith nel suo libro *The State of Africa* («Lo stato dell'Africa»):

> Le strade della capitale Addis Abeba venivano decorate con archi di trionfo, slogan rivoluzionari, manifesti giganti con i ritratti di Marx, Lenin e… Menghistu. Migliaia di delegati dai partiti comunisti del mondo intero sarebbero stati invitati ad assistere alla nascita della sua avan-

guardia marxista-leninista. Dovevano esserci sfilate e balli e banchetti. Non bisognava badare a spese. Ma mentre Menghistu veniva monopolizzato dai dettagli del decimo anniversario, l'Etiopia precipitava verso il suo più grande disastro del XX secolo, la carestia del 1984. Avvertito della catastrofe, Menghistu era determinato: nulla doveva interferire con la sua celebrazione. Per mesi rifiutò di prestare attenzione alla carestia. Diede ordine che i soccorsi venissero ostacolati. Durante le celebrazioni, non ci fu alcun accenno alle masse affamate a nord della capitale. Quando le notizie del disastro finirono per trapelare, ispirarono un formidabile moto di compassione e generosità dai popoli del mondo intero, scatenando la più grande mobilitazione in tempo di pace della comunità internazionale nel XX secolo. Quel che non fu capito all'epoca è in quale misura il disastro era stato causato dalle guerre anti-insurrezione di Menghistu, guerre che lui era deciso a proseguire anche quando la dimensione della carestia divenne chiara.

Come ha documentato un altro storico dell'Africa, Richard Pankhurst, l'Etiopia veniva colpita regolarmente da carestie, spesso legate alle ricorrenti siccità. Tra il XV e il XIX secolo le carestie sono state censite con precisione, e rivelano una terribile frequenza: in media una ogni decennio. Nel XX secolo le penurie del 1958, del 1966 e del 1973 avevano ucciso decine di migliaia di persone. Nasconderne la gravità, in Etiopia e all'estero, per motivi di prestigio nazionale, era già stato un comportamento abituale sotto il Negus, l'imperatore Hailé Selassié, al quale evidentemente il suo successore marxista si ispirava. Le politiche economiche di Menghistu avevano aggravato la fragilità ancestrale dell'agricoltura etiope. La sua priorità era quella di assicurare cibo a buon mercato ai suoi soldati e alla popolazione urbana, sacrificando così gli interessi dei contadini e mortificando la loro produttività. Gli agricoltori erano costretti – anche sotto la minaccia delle armi – a consegnare i raccolti a prezzi troppo bassi, talvolta un quinto rispetto a quelli del mercato nero di Addis Abeba. Ispirato dal modello sovietico, Menghistu aveva nazionalizzato una parte dell'agricoltura, e la stragrande maggioranza degli aiuti pubblici venivano assorbiti dalle fattorie statali. Il 60 per cento del bilancio del ministero dell'Agricoltura andava alle fattorie di Stato, eppure queste producevano solo il 4 per cento del grano. La debolezza dell'agricoltura fu poi aggravata e trasformata in una calamità, per le guerre di Menghistu contro i ribelli secessionisti del Tigray.

In una di queste offensive, con bombardamenti a tappeto nel febbraio 1983, quasi mezzo milione di persone sono costrette a fuggire dal Tigray, una delle regioni in cui si concentra la produzione di grano. L'esercito di Menghistu aggiunge alla distruzione dei bombardamenti le requisizioni di cibo: la carestia diventa un'arma nella guerra contro il Tigray. Il dittatore di Addis Abeba ostenta perfino una sua teoria «malthusiana» sulla fame come strumento di controllo della crescita demografica. A un suo consigliere, confida nel 1983: «La carestia è sempre esistita in Etiopia, molto prima che noi prendessimo il potere, era il modo con cui la natura manteneva l'equilibrio. Oggi noi interferiamo con il meccanismo naturale di controllo, ecco perché la nostra popolazione ha superato i 40 milioni». Affinché la carestia faccia fino in fondo quel «lavoro» crudele di contenimento demografico, Menghistu vieta l'accesso agli stranieri nelle zone colpite. Il 6 settembre 1984, all'apice dei festeggiamenti per il decennale della sua rivoluzione, pronuncia un discorso di cinque ore al congresso del Partito dei Lavoratori, con elogi sperticati ai successi del regime. Alla fine dello stesso mese un'associazione di ong umanitarie con sede a Addis Abeba lancia un allarme con la richiesta alle Nazioni Unite di «un intervento immediato e straordinario per prevenire centinaia di migliaia di morti».

A ottobre un giornalista televisivo keniano, Mohamed

Amin, riesce a visitare la zona più colpita (Korem) e filma un reportage di sette minuti mandato in onda sulla Bbc, con descrizioni di una «carestia di proporzioni bibliche, un campo profughi con 15.000 bambini abbandonati, circondati da scene di morte, in media un decesso ogni venti minuti». L'inchiesta della Bbc viene ritrasmessa da 425 reti televisive in tutto il mondo. Lo shock è universale, fortissimo.

È questa ondata di emozione mondiale a chiamare in campo il mondo della musica. Non si tratta di una novità assoluta. Il precedente più famoso, tredici anni prima, era stato il megaconcerto di solidarietà con il Bangladesh organizzato dall'ex Beatle George Harrison, un pioniere nel pop umanitario, per raccogliere fondi in favore dei profughi dopo la guerra di secessione dal Pakistan.

A imitare quel precedente in Gran Bretagna sul finire del 1984 è il cantante irlandese Bob Geldof, che organizza l'incisione del disco *Do They Know It's Christmas?* da vendere per finanziare aiuti all'Etiopia. Il successo di Geldof ispira in America Harry Belafonte, cantante afroamericano che era stato in prima linea nelle battaglie per i diritti civili dei black con Martin Luther King. Forte del suo prestigio, Belafonte riesce a mettere insieme una sorta di «nazionale dei musicisti», con un incredibile elenco di artisti: nasce così USA for Africa. *We Are the World* viene composta da Michael Jackson e Lionel Richie mescolando il pop alla tradizione Gospel. In studio viene registrata sotto la direzione di un altro grande, Quincy Jones. Tra i solisti spiccano anche alcune celebrity bianche come Bob Dylan, Paul Simon e Cyndi Lauper. Ma il ruolo dominante lo ha il gotha della musica black, da Ray Charles a Stevie Wonder, da Diana Ross a Dionne Warwick, da Al Jarreau a Tina Turner. L'intera famiglia Jackson è rappresentata. Ancora oggi rivedere su YouTube quella registrazione dà i brividi di emozione. Anzitutto per la concentrazione inaudita di talento artistico che viene speso in quei pochi minuti. E poi perché è impossibile rimanere insensibili alla causa umanitaria, alle buone intenzioni che animano i cantanti. Le prime strofe racchiudono il messaggio poi reiterato in molte occasioni analoghe in cui le celebrity artistiche sono scese in campo per sostenere azioni umanitarie.

Bisogna essere cinici per non avere le lacrime agli occhi riascoltando questo brano. Tanto più che alcuni dei grandi artisti che vi hanno contribuito sono scomparsi, da Michael Jackson a Harry Belafonte e Tina Turner.

Eppure, qualcuno trova un'ottima ragione per ascoltare *We Are the World* a occhi asciutti. E spiegarci tutti gli errori condensati in questa vicenda. Non mi riferisco soltanto all'uso fatto concretamente dei milioni di dollari raccolti sotto l'egida di USA for Africa. Su questo, purtroppo, abbiamo oggi le idee più chiare. La carestia del 1984, che si prolungò nel 1985, fece un bilancio di vittime stimato a un milione di morti. Non sappiamo quante centinaia di migliaia di vite furono salvate grazie ai fondi arrivati dall'Occidente. Di sicuro, tanti esseri umani sono stati salvati e questo di per sé giustifica l'operazione umanitaria. Sappiamo però che i militari di Menghistu impedirono a gran parte degli aiuti di raggiungere le zone del Tigray controllate dai guerriglieri. Un ministro degli Esteri di Menghistu lo disse chiaramente: «Il cibo è un elemento fondamentale nella nostra strategia contro i secessionisti». Nel febbraio 1985 Menghistu lanciava una nuova offensiva militare, l'ottava della serie, con ulteriori devastazioni.

Lo scrittore Wainaina non guarda solo ai risultati concreti. La sua analisi spietata della vicenda *We Are the World* ha questo di originale: ci consente di rivisitare quell'evento, visto con gli occhi di un africano.

Il sarcastico saggio che Wainaina intitola *The Power of Love* (riecheggiando un celebre slogan di Martin Luther King) comincia così: «Io avevo quattordici anni quando *We Are the World* riempì i nostri schermi tv. E scoprii che noi siamo amati. Era un tipo di amore strabiliante: un coro gigante di persone dall'aspetto esotico si fondevano in una sola, muovevano le labbra e gorgheggiavano ed erano d'accordo. Yeah, yeah. Ogni tanto una di loro si sporgeva un po' più avanti come per vomitare l'amore verso l'Etiopia da un luogo profondo nella pancia, una testimonianza personale, e io sapevo che il mondo sarebbe diventato un posto migliore, per te-e-ee, e per me-e-ee».

Wainaina non sembra particolarmente impressionato dal fatto che gli artisti mobilitati per *We Are the World* siano in maggioranza afroamericani. Credo che la spiegazione sia evidente per chi conosce i rapporti tra le due comunità black. I precedenti storici in cui gli afroamericani sono venuti in soccorso dei loro cugini sono pessimi. Spicca il caso della Liberia, nazione creata nel 1847 da ex schiavi neri che avevano lasciato gli Stati Uniti. Non appena tornati sul continente dei loro avi, fondando la Liberia (nome evocativo della liberazione), si erano affrettati ad appropriarsi di ogni potere politico ed economico, costruendo una società fortemente gerarchizzata, ineguale e ingiusta. Di fatto, in Liberia i black venuti dagli Usa costruirono o consolidarono un sistema di caste, riservando a se stessi la posizione di privilegio. In tempi più recenti, la letteratura africana contemporanea è ricca di esempi del razzismo praticato dai black degli Stati Uniti contro le nuove ondate di immigrazione dall'Africa.

Wainaina prosegue con frecciate polemiche su ciò che la cultura degli aiuti ha prodotto dopo di allora, anche nel suo paese natale, il Kenya. Scrive:

> Negli anni successivi molto amore è stato riversato sulla mia città, Nairobi... per *AngelinaJolificare* e antidesertificare le regioni semiaride del Sahel. Le risorse erogate sono state incredibili: decine di migliaia di Suv attraversano il pae-

se in cerca di progetti da amare. Un tempo ad aver bisogno di automobili grosse e costose erano i nostri Padri della Patria, affinché potessero Sviluppare le Nostre Nazioni. Adesso sono gli Amanti delle Nostre Nazioni a essere qui per Sviluppare le Nostre Nazioni. ... Gli affitti di Nairobi hanno raggiunto livelli europei, per alloggiare decine di migliaia di amorevoli persone che realizzano progetti di amore verso il Kenya, per salvare noi kenyani e i sudanesi dalla Miseria. ... Una famosa attrice adotterà tutti i bambini dell'Africa. Il suo obiettivo di sviluppo strategico è che nell'arco di quindici anni il Brat Pack di Hollywood sarà fatto tutto di etiopi e canteranno una canzone per salvare l'Etiopia in un modo più autentico. ... Ho incontrato un dirigente di una delle grandi Agenzie Umanitarie in Kenya, che mi ha detto di voler invitare il cantante Bono per un concerto a Mogadiscio. Per innalzare la consapevolezza. Si è detto che c'è gente che muore di fame in Kenya. Immediatamente il governo ha esortato la comunità dei donatori affinché mandi aiuti. E la comunità dei donatori ha esortato il mondo perché aiuti. ... Nel frattempo il nostro governo stava raccogliendo una quantità record di gettito fiscale, e in alcune parti del paese i raccolti erano ai massimi.

Wainaina è un personaggio fuori del comune. Si sente la sua mancanza. Era considerato uno degli scrittori africani più creativi della sua generazione, nel 2014 il magazine «Time» lo aveva inserito fra «le cento persone più influenti nel mondo». Era anche un militante per la causa dei diritti gay. Conosceva bene diverse parti del suo continente, e del mondo, avendo vissuto a lungo in Sudafrica e in Inghilterra, e avendo pubblicato reportage giornalistici da diverse nazioni africane oltre che dal suo Kenya. Molte autrici e autori della sua generazione e di quelle più giovani lo hanno considerato un mentore, un maestro, un'ispirazione, oltre che un amico: dalla nigeriana Chimamanda Ngozi Adichie a Petina Gappah. La raccolta dei suoi saggi resta una testimonianza preziosa di un intellettuale africano che è riuscito a divincolarsi dall'oppressione dei luoghi comuni, ha sfidato il conformismo, ha rivendicato il diritto di avere una visione autonoma, veramente afrocentrica.

Il sarcasmo su *We Are the World* non è l'unica occasione in cui Wainaina ha preso di mira la cultura degli aiuti e le buone intenzioni umanitarie. Un altro gioiello della sua satira s'intitola *Oxfamming the Whole Black World*, «Oxfamare l'intero mondo nero». Allude ovviamente a una delle ong più importanti, la britannica Oxfam, che nella sua stessa ragione sociale ha la lotta contro la fame (la sigla è un'abbreviazione di Oxford Committee for Famine Relief, fu fondata nel 1942 da un gruppo di religione quacchera, la prima carestia che si dedicò ad alleviare fu quella della popolazione greca soggetta all'occupazione dell'Italia fascista e della Germania nazista). Il brano di Wainaina bersaglia i luoghi comuni politicamente corretti che sono diffusi tra i professionisti degli aiuti, i dogmi dell'ambientalismo, del femminismo e così via. Scrive l'autore keniano:

> Ciao carino carino carino, sei un orfano? Sei sudanese? Sei del Ciad? Sei una donna africana oppressa dal maschio africano? Vuoi un biscotto Oxfam? Sei stata violentata? Potresti non saperlo, ma sei un'orfana e una profuga. Se sei black e sotto i dieci anni, per favore vieni a parlarci. Possiamo salvarti da te stessa. E possiamo salvarci da questi terribili esseri che siamo noi stessi. Aiutaci a Oxfamare l'intero mondo nero, per farne un posto migliore. Vogliamo darti il potere. No, tua madre non può farlo. Il tuo governo non può farlo. Il tempo non può farlo. ... Nessuno può darti potere eccetto noi. E se tu non ci ascolti, i nostri malvagi – repubblicani americani, conservatori inglesi, petrolieri, cinesi, razzisti – verranno a farti fuori. Hai la scelta fra le nostre compassionevoli mammelle o le loro forze di mercato. Succhiando dal nostro amorevole seno sarai un vegano. Elimineremo la tua impronta carbonica, il tuo testosterone, la tua

dipendenza dalla religione. Sarai tenuto lontano dagli esseri cattivi, cioè da tutti gli uomini. ... T'insegneremo a vivere senza scureggiare emissioni carboniche. Chiuderemo tutte le tue industrie e costruiremo delle scuole biologiche disegnate da Jeffrey Sachs [economista ambientalista americano] dentro i tuoi parchi nazionali, dove potrai vivere in comunione con la natura, coltivare raccolti ecologici, praticare il commercio equo e solidale con gli ecoturisti e ricevere visitatori dalle Nazioni Unite che applaudono quando balli. ... Ogni pomeriggio Jeffrey Sachs verrà a insegnare ai maschietti come costruire un villaggio comunista rispettoso di tutti gli orientamenti sessuali e dove le emozioni umane più basilari – desiderio sessuale, avidità e competizione – saranno estratte in modo sostenibile dalle vostre teste... Dopo aver praticato dei giochi pacifisti (il salto alla corda e l'abbraccio), scriverete delle lettere ai vostri amorevoli genitori adottivi di Toronto. ... Avrete orgasmi multipli non sessisti. ... Se abbandonate ogni industria e coltivate solo erbe, il vostro quoziente d'intelligenza aumenterà del 30 per cento perché non mangerete tossine. ... Terremo lontani i cinesi. Guardate come soffrono loro perché hanno abbandonato il buddismo. Nei vostri paesi sarà consentito solo l'ecoturismo e il turismo della povertà. Abbiate fiducia in noi. Non potete farcela da soli. Abbiamo dedicato le nostre vite a voi. Venite piccini cari, venite dalla mamma.

Mentre traduco e trascrivo questi passaggi, confesso che sono turbato dalla loro durezza. Capisco che quelle frasi dell'autore keniano possono suonare offensive verso un mondo del volontariato e delle ong umanitarie ricco di persone straordinarie: coraggiose, generose, capaci di enormi sacrifici. Un dilemma simile lo incontro ogni volta che incrocio dei missionari, quasi sempre esseri eccezionali, ammirevoli. Quando li si vede all'opera, è impossibile negare che stanno aiutando, stanno facendo del bene, talvolta salvano vite umane o le sottraggono a un destino di sofferenze. Ma dobbiamo avere la capacità di accettare idee che sembrano fra loro incompatibili: lo stesso individuo animato dalle migliori intenzioni e capace di gesti di meraviglioso altruismo, può essere l'ingranaggio di un sistema che non aiuta l'Africa. Per questo lo sguardo implacabile di Wainaina va rispettato, in quanto ci costringe a vedere le cose dal punto di vista africano. Il mondo delle ong, così come quello delle missioni, pullula di santi e di eroi, produce azioni quotidiane che alleviano il dolore. Al tempo stesso questo mondo sembra restio ad aprire gli occhi sul bilancio di lungo periodo: la sua generosità non ha prodotto gli effetti auspicati. Per convogliare flussi crescenti di aiuti dall'Occidente, questo mondo ha dovuto alimentare dei complessi di colpa postcoloniali che sono l'altra faccia dell'imperialismo: continuando a recitare il *mea culpa,* noi di fatto esautoriamo gli africani, li espropriamo della loro esistenza, li infantilizziamo, escludiamo che possano essere loro i protagonisti (sia delle piaghe sia del rimedio alle piaghe). La cattiveria con cui lo scrittore keniano sbeffeggia Oxfam è una rivolta contro degli occidentali che si sentono sempre al centro di tutto: anche quando lo fanno per autodenunciarsi come i responsabili della sofferenza altrui.

Il pezzo classico di Wainaina, che ha contribuito al suo prestigio tra generazioni di intellettuali africani, rimane *How to Write about Africa,* «Come scrivere sull'Africa». Uscì per la prima volta sulla rivista «Granta» nel 2005. Continua a essere citato quasi vent'anni dopo, ogni volta che si vuole ironizzare sullo stupidario dei luoghi comuni. Purtroppo, dalla sua pubblicazione poco è cambiato, in quella particolare sindrome che lo scrittore keniano prendeva di mira: i media occidentali sbattono l'Africa in prima pagina solo quando possono associarla a qualche tragedia. Gli editori – lui si riferisce anche alle regole di marketing dei libri – selezionano autori black se le loro storie contengono denunce di ingiustizie, abusi, orrori, schiavismo, razzismo, sessismo. Di quel continente non interessano le buone notizie, né tutto ciò che può dare un'idea di normalità, che può spiegare perché un miliardo di persone continuano a viverci, e desiderano rimanerci, non cercano di scappare. Riporto qui alcuni passaggi ormai leggendari della prosa di Wainaina.

Non mettere mai la foto di un africano che sta bene sulla copertina del tuo libro, a meno che abbia vinto il premio Nobel. Un kalashnikov, delle costole protuberanti per la magrezza, dei seni nudi: usa queste immagini. ... Nel tuo scritto, tratta l'Africa come se fosse un unico paese. ... Argomenti tabù: scene di ordinaria vita domestica, l'amore tra africani (a meno che finisca in morte), riferimenti a intellettuali, descrizione di bambini in età scolastica che non siano affetti dalla febbre di Ebola o sottoposti a mutilazioni genitali femminili. ... Qualunque sia la tua prospettiva, fa in modo di creare le forte impressione che senza il tuo intervento e il tuo importante libro, l'Africa è condannata. ... Fra i tuoi personaggi devi sempre includere l'Africana Morente per Fame, che si aggira per un campo profughi, seminuda e in attesa della benevolenza occidentale. I suoi figli hanno mosche sulle sopracciglia e pancine gonfie, i suoi seni sono piatti e vuoti. Deve sembrare disperata. ... I Cattivi Occidentali possono includere ministri conservatori britannici, afrikaner [bianchi sudafricani], funzionari della Banca mondiale. Quando parli dello sfruttamento da parte di stranieri, cita i cinesi e i mercanti indiani. Dai la colpa all'Occidente per la situazione africana. ... Evita dei personaggi africani che ridono, che si sforzano di dare ai propri figli un'istruzione, o che se la cavano in circostanze banali. ... Descrivi in dettaglio ... cadaveri in putrefazione. Ricordati, qualsiasi lavoro che proponi di pubblicare in cui la gente è sporca e miserabile verrà considerato come «la vera Africa». ... Non farti scrupoli, tu stai cercando di aiutarli a ottenere aiuti dall'Occidente. ... Gli elefanti sono premurosi, bravi femministi o benevoli patriarchi. Idem i gorilla. Gli elefanti possono attaccare le terre dei contadini, distruggere i loro raccolti e perfino uccidere. Tu stai sempre dalla parte dell'elefante. ... Dopo le celebrity militanti e i professionisti dell'aiuto umanitario, gli ambientalisti sono le persone più importanti in Africa. Non li offendere. ... Quando scrivi sulla fauna e la flora, ricordati di sottolineare che l'Africa è sovrappopolata. ... Concludi sempre il libro con una citazione di Nelson Mandela che dice qualcosa sull'arcobaleno o sulla rinascita. Perché l'Africa ti sta a cuore.

La sua satira non risparmia gli africani stessi. Se qualcosa va storto – e di sicuro i problemi del continente sono gravi – i colpevoli vanno cercati nelle vicinanze, non lontano. È il tema che affiora in un altro suo pezzo classico: *The Aspiring Dictator's Guide*, «Guida per l'aspirante dittatore». Ecco alcune perle di questo manuale d'istruzioni. La Regola 4, per esempio, è un'accusa alla mentalità tribale, alla solidarietà etnica che in molti casi domina la vita politica, le elezioni, la distribuzione di favori, posti di lavoro, denaro pubblico: «Espandi il tuo servizio di spionaggio reclutando gli individui più violenti e più leali che provengono dal tuo villaggio. Sii molto, molto gentile con il tuo esercito. Sii malvagio contro la tua polizia». Si collega alla Regola 7, dove appare questa precisazione: «Tribù significa chiunque parla la tua lingua, riceve i soldi pubblici che gli dai e i posti di lavoro statali che gli attribuisci». La Regola 5 si riferisce all'uso-abuso fatto degli aiuti stranieri: «Consenti alle ong e ai donatori libero accesso alle tue popolazioni rurali affamate, così voteranno per te perché hanno ricevuto gli aiuti alimentari». La Regola 6 nel manuale del perfetto dittatore riassume con efficacia il modo in cui gli autocrati locali sfruttano gli alibi storici: «Gli imperi coloniali si aspettavano poco dagli africani. Mantieni questa illusione. Mantieni i tuoi cittadini in stato d'ignoranza, e improduttivi. Per i loro bisogni alimentari, vedi la Regola 5».

La severità verso i suoi conterranei, Wainaina la esercita anche quando denuncia il razzismo tra africani. Osa calpestare un terreno minato in Occidente, in particolare negli Stati Uniti, dove la Critical Race Theory attribuisce il vero razzismo ai soli bianchi e vede nella società americana un'aberrazione segnata da «razzismo sistemico, istituzionale». Ecco un altro punto su cui la sensibilità africana di Wainaina lo colloca a molta distanza dall'intellighenzia afroamericana e da Black Lives Matter. Già nel 1998, quando va ad abitare nel Sudafrica liberato dall'apartheid e governato da Nelson Mandela, lo scrittore keniano si scontra con il razzismo dei suoi.

> *Kwerekwere* è il termine diffamatorio con cui i neri sudafricani indicano i black che vengono da altre nazioni del continente. Secondo loro, noi siamo troppo scuri di pelle, e troppo ambiziosi. Ci considerano bravi in due attività: come venditori ambulanti e nel praticare la magia nera. Il nostro principale crimine: rubiamo posti di lavoro, e donne. ... Uno dei temi caldi è la xenofobia con cui i black sudafricani trattano i black immigrati. ... Hillbrow, che una volta era l'unico quartiere multietnico di Johannesburg – una zona di artisti, musicisti, pensatori – è diventata una fortezza controllata dai narcos nigeriani. Il crimine è probabilmente più alto qui che in qualsiasi altra parte del mondo. Crack e cocaina hanno invaso le strade, e si direbbe che ogni arma usata nella guerra civile del Mozambico sia finita in Sudafrica.

Qui e là appare negli scritti del keniano un apprezzamento per il ruolo dei cinesi, e anche degli indiani. Non perché siano buoni. Al contrario, perché sono mossi dalla sete di profitto. Scrive Wainaina:

> Sono incoraggiato dall'idea che il governo di Pechino ha costruito un centro commerciale dentro la sua rappresentanza a Nairobi. Loro parlano di fare affari, e li fanno. Invece quando senti parlare i diplomatici dell'Unione eu-

ropea, diresti che vogliono solo fare doni e offrire «sostegno alla partnership». Per loro, noi non siamo un mercato, siamo una scuola materna che ha bisogno di una brava maestra e di colori vivaci. Escono articoli di persone preoccupate in Occidente per come Cina e India stanno sfruttando l'Africa. Ma io preferisco le loro motivazioni ... rispetto a coloro che ci parlano come ci si rivolge ai bambini. Ho incontrato una donna che addestra gli africani per «attività che generano reddito». Lei stessa non ha mai gestito un'impresa di successo. Ha seguito un corso di teoria dello sviluppo, da qualche parte in Europa. Viaggiava in business class tra qui e Amsterdam. Bell'incarico, se riesci ad acchiapparlo.

Wainaina non era un tipo religioso, tutt'altro. Grazie alla sua curiosità intellettuale, però, ci ha lasciato qualche pagina interessante anche sul fenomeno della nuova religiosità pentecostale, dei protestanti evangelici o «rinati». La galassia delle Chiese pentecostali è il fenomeno religioso in maggiore crescita in tutto il continente. I loro predicatori sono figure influenti, in Nigeria hanno anche un ruolo politico di primo piano. Presso molti italiani l'avanzata di queste Chiese protestanti sul territorio africano ha pessima reputazione, è circondata dai sospetti. Ho il dubbio che a costruire la cattiva fama contribuisca la Chiesa cattolica, la quale ha perso una parte dei suoi fedeli a vantaggio di questi concorrenti recenti. Sento alcuni cattolici italiani definire i pentecostali o altri protestanti evangelici come «le Chiese della prosperità»; di solito usano questa espressione con una smorfia di disgusto. Il giudizio implicito dietro questo disprezzo lo immagino: se Gesù Cristo esaltava la povertà, «beati gli ultimi», come fanno a dirsi cristiani questi protestanti che invece insegnano ad apprezzare il denaro, il successo, il capitalismo? Scambiano lo spirito imprenditoriale per lo Spirito Santo? Osservo, però, che in un continente dove la miseria abbonda mentre la prosperità scarseggia, forse queste «Chiese della prosperità» hanno intuito qualcosa.

Anche Wainaina è rimasto attratto dal fenomeno. In una delle sue inchieste giornalistiche, pubblicate nel 2006 sul settimanale sudafricano «Mail & Guardian», lo scrittore racconta di una città della Nigeria, vicina a Lagos, chiamata «Redemption Camp» e costruita su migliaia di ettari di proprietà pentecostale. Descrive «strade asfaltate, scuole Montessori, fognature, sobborghi di ceto medio senza criminalità». I manifesti pubblicitari della Chiesa, racconta, «parlano meno del demonio e più della salute sessuale nel matrimonio, o degli investimenti in Borsa». Nella megalopoli di Lagos incontra «un uomo che partecipa alle veglie notturne della sua Chiesa per trovare la forza di andare per strada ogni giorno a vendere la sua mercanzia, anche a gente che lo disprezza». Lagos, commenta lo scrittore, è un tipo di città dove «non sopravvivi senza una sorta di febbre della speranza».

La religione della prosperità non è un monopolio dei pentecostali. Wainaina racconta un'altra faccia del fenomeno: il versante islamico. In questo caso si tratta del muridismo, movimento derivato dalla tradizione del sufismo musulmano. La incontra in un reportage a Touba, città del Senegal nata grazie alle donazioni dello sceicco Ahmadou Bamba. Il leader del muridismo «esige l'obbedienza completa dai suoi seguaci, un'idea che mi spaventa parecchio». Però «le autorità religiose costruiscono strade, garantiscono la distribuzione dell'acqua potabile, distribuiscono terre coltivabili a poco prezzo, e non prelevano tasse locali». Lo colpisce «un'etica del lavoro fenomenale, che fa parte del movimento; poca burocrazia; leggi e regole fatte per facilitare il lavoro e la crescita economica». Wainaina è un intellettuale laico e ateo, però ha la sensazione che queste religioni della produttività e dell'imprenditorialità riempiano un vuoto. «La ragione» osserva «si costruisce sul terreno arato.»

Binyavanga Wainaina aveva rivelato la sua omosessualità cinque anni prima di morire, nel 2014, per protesta contro diverse legislazioni anti-gay. Nello stesso anno aveva annunciato di essere affetto da Hiv. La sua fine rinvia anche alla campagna negazionista sull'Hiv / Aids condotta da numerosi leader africani. Alcuni capi di Stato censurarono a lungo la scienza medica sull'Aids, denunciandola come un complotto occidentale per diffamare gli africani oppure per imporre limiti alla loro natalità.

Ecco uno dei complimenti che ho letto su di lui, da parte di una sua amica, la scrittrice Ellah Wakatama Allfrey originaria dello Zimbabwe: «Con arte e senso del gioco, lui ci ha fatto scoprire a cosa assomiglia l'inglese quando diventa una lingua africana».

II

Bomba demografica e migranti, miti e realtà

I disperati che tentano oggi la traversata dalle coste libiche o tunisine per approdare in Sicilia – e troppo spesso muoiono in mare – sono solo l'avvisaglia minuscola di quello che verrà? A leggere i media italiani, il punto interrogativo è superfluo: questa è una certezza. Dietro l'emergenza profughi nel Mediterraneo molti italiani ed europei vedono una realtà ancora più grande e più drammatica: la «bomba demografica» africana, una sorta di calamità naturale, immane, inesorabile. Magari ci si divide sul da farsi, ma il dato di base non si può discutere: saremo sommersi. Non migliaia: milioni sono in arrivo. Le proiezioni sull'aumento della popolazione nel continente nero non vengono sottoposte al vaglio critico della verifica empirica; sono considerate come una verità assoluta. Unite con le diseguaglianze fra Nord e Sud, le tendenze della natalità africana «devono» per forza alimentare spostamenti migratori giganteschi, di cui le attuali traversate tragiche del Mediterraneo sarebbero appunto solo un piccolo anticipo, un segnale premonitore. Il peggio deve ancora venire. O il meglio: secondo chi in cuor suo venera i migranti considerandoli moralmente superiori a noi, o li abbraccia come la soluzione dei nostri problemi.

Questo scenario non si può mettere in discussione, essendo ormai parte del nostro senso comune? Ma la demografia non è una scienza esatta, anche se alcuni demografi tendono a presentarla come tale. La prova: le proiezioni più autorevoli sull'andamento della natalità e quindi della popolazione, quelle presentate dall'Onu, vengono corrette continuamente. Quindi erano sbagliate, nelle versioni precedenti. La buona notizia è che vengono corrette al ribasso. Ma questa buona notizia viene pressoché ignorata, avvolta da un silenzio generale, con qualche notevole eccezione come «The Economist», che il 5 aprile 2023 ha spezzato il muro di omertà rivelando la clamorosa rettifica dell'Onu.

La verità è che la natalità africana sta cambiando e si evolve nella direzione giusta. Prendo l'esempio della Nigeria, il più popoloso di tutti gli Stati africani con 213 milioni di abitanti nel 2023. Da un decennio all'altro, l'Onu ha rivisto le sue proiezioni sull'aumento degli abitanti e ha «tagliato» ben 100 milioni dalla popolazione della Nigeria quale era stata prevista per il 2060. Sempre l'Onu ha ridotto addirittura di 350 milioni gli abitanti che attribuisce alla Nigeria alla fine del secolo. L'aumento della popolazione continua, ora l'Onu assegna alla Nigeria oltre mezzo miliardo di abitanti per la fine del secolo. Però averne sottratto 350 milioni è un'enormità, significa che le proiezioni precedenti (risalenti, va sottolineato, ad appena un decennio fa) erano sballate in modo sconcertante. Anche quelle attuali, quindi, vanno prese con molta cautela.

Che cosa sta accadendo, per costringere i più autorevoli demografi internazionali a una retromarcia così precipitosa, e in proporzioni numeriche davvero imbarazzanti? Succede che le abitudini riproduttive si adattano, e anche tra gli africani queste abitudini non sono un dato immutabile. Non dovrebbe essere una sorpresa. L'Africa sta finalmente seguendo una tendenza che si è già registrata in quasi tutto il mondo, inclusa quell'Asia che fino a un'epoca recente veniva designata come l'altra «bomba demografica». In Nigeria, per restare all'esempio più importante, la fertilità media è calata in soli cinque anni da 5,8 figli per donna a 4,6. Sono ancora tanti, però la discesa è precipitosa: in soli cinque anni! La Nigeria non è un caso isolato, questa tendenza è generale: il Mali ha visto la fertilità media delle donne calare da 6,3 a 5,7 figli in sei anni, il Senegal ha «perso» un figlio per ogni donna in un decennio, il Ghana è sceso da 4,2 a 3,8 in soli tre anni. Non bisogna concentrarsi sui numeri assoluti della natalità media per donna, che sono ancora altissimi rispetto ai nostri, bisogna saper riconoscere la direzione di marcia, e l'evoluzione concentrata in pochi anni. È un film già visto, non solo in Asia ma nello stesso continente nero, dove le due estremità settentrionale e meridionale (i paesi del Maghreb e il Sudafrica) si sono già attestate tra le nazioni con una natalità medio-alta, non più altissima come in un passato recente.

Un fattore determinante dietro questa riduzione della natalità è ben noto: la scolarizzazione delle ragazze. Più le donne studiano, più si emancipano in tutti i sensi, non solo per l'autonomia economica che conquistano ma anche per la maggiore indipendenza culturale. Le donne più scolarizzate diventano padrone dei propri comportamenti riproduttivi, si liberano gradualmente dai condizionamenti dei genitori, dei mariti, della religione e della tradizione. Inoltre c'è un dato quasi banale, di una forza implacabile: se le ragazze vanno a scuola, si sposano più tardi e cominciano più tardi a fare figli, quindi ne fanno meno. Cito un ex presidente della Banca mondiale, David Malpass: «Finanziare progetti che aumentino la scolarità di bambine e ragazze o, meglio ancora, dare i soldi direttamente in tasca alle loro madri purché s'impegnino a fare studiare le figlie, è il metodo più efficace per ridurre l'eccessiva prolificità. Detto semplicemente, una ragazza che studia rinvia il momento del matrimonio, e per anni non ha né il tempo né il desiderio di fare figli».

La scolarizzazione femminile migliora in Africa, anche se non così velocemente come si vorrebbe. Ma il progresso negli studi non è l'unica causa dietro la riduzione della fertilità e delle nascite. C'è un altro fenomeno in atto, che funziona in un certo senso come un «surrogato» della scuola. È l'urbanizzazione. L'Africa vive un esodo massiccio e tumultuoso dalle campagne alle città. Il continente si avvia a diventare rapidamente un'area di megalopoli, segnata da concentrazioni urbane immense come Lagos, Nairobi, Il Cairo, Johannesburg, Addis Abeba, Kinshasa e molte altre. Le migrazioni interne dalle zone agricole alle città sono un altro potente fattore di decrescita della natalità. Le ragazze che si spostano dalle campagne ai centri urbani, che studino o meno, adottano comunque costumi e modelli valoriali più «moderni». E quindi, tra l'altro, fanno meno figli. Le spiegazioni sono di varia natura, probabilmente incidono motivi economici: in città i lavori accessibili alle donne si conciliano meno facilmente con gravidanze e maternità frequenti. Inoltre, negli ambienti urbani aumenta il costo per allevare i figli. Sta di fatto che l'Africa urbana fa meno figli dell'Africa rurale. E l'Africa intera sta diventando sempre meno contadina, sempre più cittadina.

Natalità e urbanizzazione hanno il loro epicentro maggiormente rappresentativo a Lagos, la più grande metropoli della Nigeria e dell'intero continente. Nell'anno dell'indipendenza nazionale, il 1960, Lagos aveva 350.000 abitanti, cioè l'equivalente di Firenze oggi. A metà degli anni Ottanta superava i 5 milioni. Nel 2012 sorpassava Il Cairo come principale città africana, e raggiungeva quota 21 milioni, tanti quanto Pechino. Nel 2050 le proiezioni gliene assegnano il doppio. La buona notizia: le donne nigeriane che vanno a vivere a Lagos finiscono per fare meno figli di quelle rimaste in campagna. Quindi la crescita di quella città è mostruosa e benefica al tempo stesso, è un antidoto alla bomba demografica di cui sopra.

L'Apocalisse demografica associata al continente nero viene finalmente smentita anche da uno degli istituti più celebri per il suo catastrofismo: il Club di Roma. Fondato nel 1968 presso l'Accademia dei Lincei, poi trasferitosi ad Amburgo e dal 2008 a Winterthur in Svizzera, il Club di Roma è una ong che associa scienziati, luminari di varie discipline, e ha avuto rapporti stretti con organizzazioni internazionali come l'Onu e l'Ocse. Ebbe un momento di celebrità quando nel 1972 pubblicò un rapporto intitolato «I limiti dello sviluppo».

Sottoscritto da un gruppo di accademici, prevedeva l'esaurimento delle risorse naturali causato dall'aumento della popolazione umana. Era intriso di ideologia «malthusiana» (dal nome del sacerdote-economista Thomas Robert Malthus, vissuto nell'Ottocento: sempre smentito da fatti e sempre influente nonostante tutto). Il saggio del Club di Roma fu un pioniere della corrente allarmista e catastrofista dell'ambientalismo, che due generazioni dopo avrebbe partorito la versione adolescenziale di Greta Thunberg. «I limiti dello sviluppo» veniva condensato, nella vulgata popolare, con il concetto «siamo troppi per vivere su questo pianeta». Dall'energia all'agricoltura, la pressione demografica veniva descritta come insostenibile. Da allora la popolazione mondiale è più che raddoppiata, l'agricoltura ha fatto progressi così fenomenali che produce eccedenze (purtroppo si muore ancora di fame, ma a causa della povertà e della cattiva distribuzione, non dell'insufficiente fertilità della terra a cui alludeva invece il Club di Roma).

«I limiti dello sviluppo» sembrò avere ragione a un anno dalla sua uscita, quando nel 1973 il cartello dei paesi Opec decretò un embargo petrolifero contro i paesi occidentali e scatenò il primo shock energetico. Alcuni non capirono che quella era una crisi fabbricata per ragioni geopolitiche, credettero invece che avverasse le previsioni di penuria del Club di Roma. Ma il malthusianesimo di quel rapporto ebbe una smentita clamorosa nei decenni successivi. Altro che «limiti dello sviluppo»: dagli anni Ottanta ebbero inizio miracoli economici su scala colossale, in particolare in Cina e in India. Per metà dell'umanità lo sviluppo stava appena cominciando, e avrebbe distribuito benefici inauditi, senza precedenti nella storia umana.

Oggi il Club di Roma è stato quasi dimenticato, però è protagonista di una tardiva autocritica che riguarda proprio la bomba demografica africana. In un rapporto recente questa istituzione ammette che la bomba in questione non esploderà mai, perché secondo le sue ultime revisioni la crescita demografica nell'Africa subsahariana si arresterà nel 2060, con quarant'anni di anticipo su proiezioni precedenti.

Quanto tempo ci vorrà perché queste retromarce clamorose, queste autocritiche sussurrate ma inequivocabili, diventino senso comune? L'idea che la popolazione africana sia destinata a una crescita forsennata, fuori controllo, resiste alle smentite e alle autocritiche di chi aveva formulato le prime previsioni allarmiste. Ne ho avuto una singolare testimonianza nel mio lavoro di giornalista. Quando ho divulgato sul «Corriere della Sera» la retromarcia dell'Onu sul boom della popolazione africana, sono stato sommerso di e-mail di lettrici e lettori il cui tono si può sintetizzare così: «Sarà, ma comunque...». Preso atto (frettolosamente) che le previsioni erano sbagliate, molti vogliono continuare a crederci lo stesso. L'Apocalisse è un dogma religioso, la scienza non c'entra. E anche quando ho dato notizia dell'autocritica del Club di Roma, sono stato subissato di lettere in difesa dell'errore. Non importa se quell'organizzazione non ne ha azzeccata una, la filosofia del «siamo troppi e quindi il mondo sta per finire» piace a prescindere. I fatti, i numeri, si possono sempre adattare alle proprie angosce, per giustificarle.

È utile qui ricordare l'ammonimento: l'Africa non è una nazione. Noi la trattiamo come fosse un blocco unico, con generalizzazioni e stereotipi che sorvolano su differenze enormi (al massimo distinguiamo tra le due Afriche a nord e sud del Sahara, come se questa linea di demarcazione fosse l'unica che conta). Come ho anticipato, in fatto di natalità e crescita degli abitanti le tendenze sono già ben differenziate. All'estremo nord e all'estremo sud alcuni paesi sono entrati da tempo in una curva demografica nuova. Fanno meno figli e l'incremento demografico rallenta. L'intero Maghreb e il Sudafrica sono entrati per primi in quella fascia di paesi emergenti dove il comportamento riproduttivo si modernizza rapidamente.

Un'altra somiglianza unisce due paesi che hanno già imboccato questa strada di una moderazione nella natalità, Tunisia e Sudafrica. Entrambi hanno cominciato a opporre una notevole resistenza contro l'ingresso di immigrati o profughi dai paesi vicini. Sui media occidentali, puntualmente e prevedibilmente, sono apparsi articoli che accusano Tunisia e Sudafrica di «tendenze xenofobe», sia a livello di governi sia nella loro società civile. In realtà assistiamo a qualcosa di molto meno deprecabile, la naturale tendenza di una società a difendere e preservare un certo livello di omogeneità e coesione interna, anche a fini di stabilità sociale e governabilità. Moraleggiare e demonizzare è la cosa più facile. Così ora si scopre che «razzisti» contro gli immigrati africani non sono solo i bianchi, ma anche i tunisini e i black sudafricani. Questo non dovrebbe sorprendere chi ha uno sguardo meno dogmatico e dottrinario sulla storia.

Le autocritiche dell'Onu, le profezie sballate sulla bomba demografica nulla tolgono allo squilibrio che c'è già oggi tra Nord e Sud. L'Europa ha 750 milioni di abitanti, l'Africa quasi il doppio, sfiora il miliardo e mezzo. L'Europa continua a invecchiare, l'Africa a ringiovanire. L'Europa è ricca, l'Africa è per la maggior parte povera. Di qui tecnocrati e opinionisti fanno derivare degli scenari di inevitabile travaso migratorio da Sud a Nord che sono al tempo stesso allarmanti e irrealistici. Uno di questi, intitolato «Convergenza», fu proposto da tecnocrati di Bruxelles per il periodo che arriva al 2060. Immagina una perdita di popolazione europea pari a 70 milioni di abitanti in mezzo secolo, e propone di compensarla con l'arrivo di 86 milioni di immigrati, una media di oltre 1,7 milioni all'anno (molto superiore a quella dell'anno anomalo che fu il 2015, con 1,25 milioni di ingressi). Che cosa ciò significhi – a livello umano, sociale, culturale, politico – non interessa i tecnocrati, preoccupati solo dallo spettro dello «spopolamento» europeo e impegnati a escogitare un'aritmetica che lo compensi.

Un altro esempio di questi scenari che dominano il nostro discorso pubblico: il 10 maggio 2023 in prima pagina sul «Corriere della Sera» era annunciato «un miliardo di sfollati entro il 2050», una situazione prospettata dall'antropologo francese Michel Agier, che peraltro lascia implicito il dato più importante: ammesso che il numero sia credibile (non lo è affatto), si tratterebbe a stragrande maggioranza di spostamenti all'interno dell'Africa, a cominciare dall'esodo campagne-città di cui ho detto.

È un automatismo divenuto obbligatorio: dalla crescita demografica, dall'eccesso di giovani, dalle diseguaglianze economiche si fa derivare l'inevitabile esodo migratorio verso Nord, in particolare verso un'Europa che ha il problema opposto (meno nascite, scarsità di giovani). Altre parti del mondo, però, pur appartenendo al «Grande Sud globale», hanno dimostrato che si può sfuggire al determinismo demografico. Chi considerava inevitabile un grande esodo dal Messico agli Stati Uniti è stato smentito grazie allo sviluppo economico messicano: oggi i disperati che cercano di attraversare il confine degli Stati Uniti vengono da altre zone, in prevalenza Centro America, non più dal Messico.

Cina e India hanno rappresentato due modelli alternativi per rendere sostenibile una vasta popolazione evitando un grande esodo migratorio. Va ricordato che ancora oggi sia la Cina sia l'India hanno ciascuna la stessa popolazione dell'Africa; e sono tuttora piene di poveri (soprattutto l'India); eppure nessuno agita scenari di esodi biblici da quei paesi verso zone più ricche. Le disparità economiche ci sono, e assai consistenti, per esempio tra Giappone e Cina, senza che scattino quelle migrazioni, dalle campagne cinesi verso Tokyo, che in altre parti del mondo vengono definite inevitabili. Ulteriore dato che contrasta con il determinismo sull'esodo: la percentuale di nordafricani tra i migranti verso l'Europa è in declino rispetto a coloro che provengono dall'Africa subsahariana; com'è naturale, visto che la demografia maghrebina ha già imboccato la fase moderata. La questione decisiva rimane quella dello sviluppo economico, come ha osservato il demografo svedese Hans Rosling: «Se continuano a esserci aree di povertà estrema dove le donne fanno sei figli e la popolazione raddoppia in una generazione, i problemi rimarranno. Ma il problema non è la crescita della popolazione, bensì la povertà estrema che ne è la causa sottostante».

Alcuni insistono sul tema dell'esodo biblico da Sud a Nord non solo perché lo considerano inevitabile, ma perché lo giudicano positivo, perfino salvifico: la risposta al nostro spopolamento già in atto, la panacea per lo squilibrio finanziario della nostra previdenza, risorse nuove per la nostra agricoltura e industria a corto di braccia, infine l'avvento di un mix multietnico preferito ai valori consunti e logori della civiltà europea. Anche questi sono ormai stereotipi dominanti: tentare di regolare i flussi di entrata dall'Africa viene condannato come un atteggiamento al tempo stesso illusorio e immorale, di un egoismo miope perché autolesionista.

In realtà, una migrazione massiccia dalla Giovane Africa verso la Vecchia Europa non è la salvezza né dell'una né dell'altra.

L'Europa ha un interesse economico ad ammettere solo certi tipi di immigrati (come già stanno facendo Germania, Inghilterra, Svezia): una selezione qualitativa che accentuerà il fenomeno della «rapina dei cervelli». L'economia europea, seguendo gli imperativi di una società che invecchia, investirà sempre più nell'automazione, nella robotica, nell'intelligenza artificiale; quindi avrà bisogno di immigrati africani in quantità limitate e con specifiche competenze o attitudini professionali. L'Africa ha solo da perdere in un esodo dei suoi giovani migliori. Sono proprio loro la forza lavoro di cui ha bisogno per costruire un miracolo economico. L'Africa non ha per forza un eccesso di giovani che deve eliminare esportandoli altrove, di sicuro ha un deficit di imprenditori capaci di creare opportunità di lavoro per quelle nuove generazioni.

Chi crede di mostrare una moralità superiore incoraggiando gli arrivi di immigrati, è colpevole di quello che lo studioso Stephen Smith nel saggio *The Scramble for Europe* («La corsa verso l'Europa») chiama «narcisismo morale». Il filosofo e sociologo tedesco Max Weber individuava tale «etica della convinzione» in quei cristiani che credono di fare «la cosa giusta» perché si mettono a posto la coscienza, e non si curano delle conseguenze «perché ci penserà Dio».

Aprire le frontiere europee in modo indiscriminato, promettendo a chi vuol entrare un futuro migliore, significa appunto non porsi il problema del «dopo». Il Welfare europeo non è sostenibile in una società senza frontiere. Vedi la storia degli Stati Uniti, o della Svezia: il Welfare non regge se si allargano le sue elargizioni a chiunque varchi la frontiera. «Eurafrica» significherebbe lo smantellamento del Welfare, come accadde negli Stati Uniti quando ai grandi flussi migratori si accompagnò una riduzione dei salari e dei diritti, con l'indebolimento dei sindacati. Il breve sogno tedesco del 2015 – la *Wilkommenspolitik* di Angela Merkel – si è infranto rapidamente sugli scogli di quella realtà.

Un'immigrazione incontrollata mette a repentaglio la stabilità, la sicurezza, l'ordine sociale dei paesi riceventi. Un'angolatura per osservare il problema è proprio quella generazionale. La percentuale degli abitanti di Lagos sotto i 15 anni era il 25 per cento nel 1930, era cresciuta al 40 per cento nell'anno dell'indipendenza, oggi supera il 60. L'esperto della Nigeria Stephen Smith definisce Lagos «la capitale mondiale della gioventù», e ci ricorda che a Londra e Parigi gli abitanti sotto i 15 anni sono appena il 18 e il 15 per cento. La concentrazione giovanile è ancora più accentuata nei quartieri poveri della città, le *shanty town* o baraccopoli dove il 95 per cento degli abitanti ha meno di trent'anni. «I giovani vivono in mezzo ad altri giovani» osserva Smith, che ha abitato a lungo a Lagos «reinventando norme e valori su misura. Non è necessariamente *Il signore delle mosche* [romanzo incentrato sulla ferocia dei ragazzi abbandonati su un'isola deserta], però non è la regola ideale per educare allo spirito civico.» Per una parte di questi giovani l'attrazione delle filiere criminali è forte e la rete delle gang può offrire il viaggio in Europa come una sorta di rito di iniziazione. Lo stress sulle forze dell'ordine europee, sulla sicurezza nelle città, è ben visibile.

Coloro che farneticano di una «grande sostituzione» in atto, cioè paventano un progetto consapevole per sostituire gli africani alla popolazione europea, vivono in un mondo di paranoia e teorie del complotto. Altra cosa è tenere gli occhi aperti sullo shock di culture, sul disagio che la nostra civiltà soffre quando viene penetrata da chi non condivide i nostri valori e regole di convivenza civile. I sedicenti progressisti che pensano di essere moralmente superiori quando auspicano le frontiere aperte si avvolgono in un mucchio di contraddizioni. In Africa, un continente agli antipodi rispetto ai valori di tolleranza sessuale che dominano in Europa, la criminalizzazione dell'omosessualità è diffusa. In trentatré paesi africani l'omosessualità è un reato punibile per legge, con pene che arrivano all'ergastolo in Uganda e Tanzania, alla condanna a morte in Mauritania, nei dodici Stati musulmani della Nigeria settentrionale e nella zona meridionale della Somalia controllata da al-Shabaab. L'omofobia in quei paesi è un tratto distintivo della società civile, a cui i politici locali rispondono con leggi *ad hoc*. Siamo razzisti e xenofobi se consideriamo pericolosa l'importazione dell'omofobia? Lo stesso discorso vale per il sessismo di società patriarcali, il comportamento predatorio delle donne che andò in scena nel famigerato «Capodanno di Colonia» del 2015-16, quando branchi di giovani immigrati mediorientali diedero la caccia a ragazze tedesche per stuprarle.

Il rovescio della medaglia, l'altro argomento che distrugge la presunta superiorità morale delle politiche di apertura indiscriminata ai flussi migratori, guarda all'effetto sui territori di partenza: è la rapina dei talenti. Quanto sarebbe diversa l'Africa se tutte quelle energie giovanili che oggi vengono usate per escogitare i modi di lasciarla venissero rivolte a costruire il suo futuro?

Un terzo dei medici africani ha lasciato il proprio luogo d'origine e lavora per curare gli occidentali ricchi nei loro paesi. Nel frattempo la percentuale di medici nell'Africa subsahariana è scesa a uno ogni 9000 abitanti, cioè fra trenta e trecento volte meno che nelle nazioni ricche. In generale, negli ultimi trent'anni quasi la metà dei neolaureati africani è emigrata oppure è rimasta all'estero dopo aver conseguito il titolo di studio in un paese occidentale.

Chiudiamo gli occhi su questo immenso saccheggio di risorse che impoverisce l'Africa, anzi parliamo di «generosità», «accoglienza». Qui concorrono due atteggiamenti. Da parte nostra c'è il senso di colpa riferito al colonialismo, che cerchiamo di placare con un neocolonialismo che deruba l'Africa delle sue élite. Da parte di queste élite c'è l'interesse a coltivare il nostro senso di colpa, per estrarne dei vantaggi: gli «afropolitani» o «afrodiscendenti» hanno imparato a usare le accuse di razzismo per costruirsi rendite di posizione. È illuminante vedere la disinvoltura con cui scrittrici e scrittori originari dell'Africa francofona fanno incetta di premi letterari a Parigi, e al tempo stesso denunciano regolarmente razzismo e colonialismo dei francesi... i quali si sentono spronati a premiarli ancor più di prima. I protagonisti della diaspora africana hanno imparato a presentare se stessi come la punta di lancia di una «colonizzazione alla rovescia», la corsa verso l'Europa che vendica e risarcisce i loro paesi da quella che alla fine dell'Ottocento fu la corsa verso l'Africa.

Né regge l'argomento, apparentemente pragmatico, per cui gli immigrati «salveranno i conti dell'Inps». Chi lo usa parte in realtà da un pregiudizio favorevole all'immigrazione. I numeri che cita sono sempre scelti in modo tendenzioso. Sottovaluta quanta parte dell'immigrazione resta nell'economia sommersa, quindi non paga contributi e non aiuta affatto a finanziare le pensioni future. Non tiene conto del costo legato ai ricongiungimenti familiari. L'immigrazione non può essere solo di giovani adulti in età di lavoro. Prima o poi li raggiungono le famiglie: genitori e figli, soprattutto questi ultimi. L'impatto sul Welfare è negativo: aumentano i costi per asili nido, assistenza sanitaria, istruzione, corsi di lingue, sussidi per le abitazioni. Chi ignora questi costi dà per scontato che li paghi il contribuente europeo, mentre i benefici li incassano i datori di lavoro che attingono a manodopera a buon mercato. È insostenibile. Ed è tanto più folle nel lungo periodo, perché gli immigrati invecchiano, con il passare del tempo fanno meno figli, maturano il diritto alle pensioni; quindi per raggiungere l'equilibrio dell'Inps si tratterebbe di avere un'ingresso di stranieri crescente con il passare del tempo. Questa sì, è un'alterazione degli equilibri sociali, culturali e valoriali che i fautori delle frontiere aperte non osano portare fino alle estreme conseguenze.

Esaurite tutte le altre argomentazioni, che non stanno in piedi, resta l'ultima: l'ineluttabilità. È la tesi per cui l'immigrazione può piacere o non piacere, ma cercare di frenarla non serve a nulla perché le forze in azione sono irresistibili. Squilibrio demografico Nord-Sud più diseguaglianze economiche sono un mix dirompente, qualsiasi tentativo di regolare e limitare i flussi è illusorio. Anche questa è una visione deformata. Non spiega perché il presunto esodo biblico degli africani non si diriga verso la ricchissima Arabia Saudita e gli Emirati, più vicini all'Africa di quanto lo sia l'Europa. L'area del Golfo Persico concentra opulenza, è facilmente raggiungibile dall'Africa, offre perfino una maggiore prossimità religiosa e culturale: la stessa religione islamica viene praticata sulle due sponde del Mar Rosso. Eppure, nessuno in Arabia o negli Emirati pensa di doversi preparare ad accogliere un afflusso di proporzioni bibliche. Riad, Dubai, Abu Dhabi, Qatar, Kuwait selezionano e programmano il reclutamento di immigrati per i numeri che servono alle loro economie, per le qualifiche professionali richieste, per periodi di durata controllati. È un modello praticabile solo perché hanno regimi autoritari? Ma il democratico Giappone, a sua volta, non è affatto invaso dai disperati che non mancano da quelle parti del mondo, per esempio i birmani, né mai aprirà le sue frontiere in modo indiscriminato per far posto ai poveri del Sudest asiatico.

La Cina stessa, a suo tempo, quando era poverissima sotto il comunismo estremo di Mao Zedong, avrebbe dovuto mandare centinaia di milioni di contadini in America o in Europa. Il caso della Repubblica popolare è interessante perché oggi, in seguito all'ascesa economica degli ultimi trent'anni e per effetto della denatalità, dovrebbe essere divenuta una terra di approdo di masse di stranieri. Dopotutto, è circondata da paesi più poveri come la Cambogia o il Vietnam. Il Myanmar, con la sua minoranza etnica perseguitata dei rohingya, fornisce anche quel mix di miseria più violenza e conflitti tribali non dissimile da alcune situazioni africane.

Il caso cinese merita di essere approfondito a proposito delle profezie apocalittiche sui futuri movimenti migratori dall'Africa, perché mette a nudo le incongruenze occidentali. L'Occidente sembra aver «scoperto» di colpo la decrescita della popolazione cinese. Lo fa con toni catastrofisti, e soprattutto con tanta *Schadenfreude*, termine tedesco che indica il sottile godimento per le disgrazie altrui. Ma questa evoluzione non è arrivata di colpo, era prevista da tempo. Non è un problema esclusivo della Cina, la stragrande maggioranza dei paesi occidentali lo conosce in qualche misura, nonché diverse nazioni asiatiche con in testa il Giappone. Di diverso, la Cina ha il fatto che il fenomeno si manifesta con maggiore rapidità e investe una popolazione ben più numerosa di quella giapponese, o italiana. Non è una catastrofe, anche se qualche incognita legata al mix «decrescita + regime autoritario» va presa in considerazione. Dal 2021 al 2022 il numero di nascite nella Repubblica popolare è sceso da 10,62 milioni a 9,56 milioni. Nello stesso periodo il numero di morti (probabilmente anche a causa del Covid) è salito da 10,14 a 10,41 milioni. Di conseguenza la popolazione si è ridotta di 850.000 unità; i cinesi sono passati da 1 miliardo e 413 milioni a 1 miliardo e 412 milioni. Restano parecchi, sicché sentire usare termini come «spopolamento» fa sorridere. Dal punto di vista degli equilibri mondiali, una conseguenza riguarda il confronto tra Cina e India. Proprio nel 2023 l'elefante indiano ha sorpassato le dimensioni del dragone cinese. Questi temi erano già ben noti quando scrivevo *L'impero di Cindia* (2006) e *La speranza indiana* (2007), cioè quasi un ventennio fa.

La svolta cinese verso la decrescita è un evento preannunciato, è arrivato soltanto un po' prima del previsto. Gli antefatti storici sono anch'essi conosciuti e analizzati da anni, ma li ricordo. In un'epoca in cui anche l'Occidente era ossessionato dalla «bomba demografica» («siamo troppi, il pianeta non potrà mai sfamarci», il dogma politicamente corretto degli anni Settanta, quando eravamo 4 miliardi invece degli 8 di oggi), la Cina si convertì a una politica rigida e perfino feroce di controllo delle nascite. Scrivo «si convertì» perché, fino a quando aveva avuto il comando, Mao era rimasto legato a un altro dogma dell'Ottocento e del primo Novecento: i popoli numerosi fanno gli eserciti numerosi. Voleva che i cinesi crescessero e si moltiplicassero, anche se poi li decimava con carestie provocate dai suoi errori criminali, o con purghe feroci e guerre civili come la Rivoluzione culturale.

Morto Mao, il suo successore Deng Xiaoping alla fine degli anni Settanta promulgò la regola del figlio unico. L'applicazione fu crudele, fino a imporre aborti forzati. La Cina riuscì a domare un boom delle nascite che, senza quella politica, le avrebbe dato qualche centinaio di milioni di bocche in più da sfamare. In un certo senso si può argomentare che la politica del figlio unico – con tutti gli abusi e i dolori che ha inflitto – abbia contribuito alla stabilità politica nel dopo-Mao e al miracolo economico. La regola del figlio unico ha finito per avere «troppo successo» e ha portato la Cina a gran velocità verso una transizione demografica. La decrescita era negli schermi radar da un ventennio. Negli ultimi anni Xi Jinping ha cercato di ovviare al problema con diverse correzioni di rotta: prima ha portato a due il numero di figli consentiti, poi a tre, infine ha introdotto incentivi e aiuti alle giovani mamme. Ma ormai la mentalità è cambiata. Le giovani cinesi – e anche i loro mariti – considerano il figlio come un onere, un costo economico, che interferisce con la loro carriera professionale o qualità della vita. Costumi e valori si sono in parte occidentalizzati.

Le specificità cinesi riguardano il ruolo di questa nazione nell'economia globale. Per un trentennio la Repubblica popolare è stata «la fabbrica del pianeta», di recente è diventata anche «il mercato di sbocco del pianeta». La decrescita della popolazione, riducendo sia la forza lavoro sia il numero di consumatori, tenderà a ridimensionare il peso della Cina nel mondo. Di qui la *Schadenfreude*: speriamo di liberarci di un pachiderma che ci sta creando un mucchio di problemi da quando la sua posizione geopolitica è diventata più apertamente antagonista all'Occidente.

Però le transizioni demografiche in corso in altri paesi – Giappone in testa – vengono studiate dai cinesi, in cerca di modelli da emulare. Inseguendo il Giappone, per esempio, da tempo le grandi aziende cinesi investono nell'automazione, nella robotica e nell'intelligenza artificiale per prepararsi a un futuro in cui la manodopera sarà più scarsa e più rara. Xi da tempo teorizza la riconversione da un'economia trainata dalle esportazioni a una trainata dalla domanda interna: anche questo incorpora lo scenario di riduzione della forza lavoro.

Il timore di «diventare vecchi prima di essere diventati ricchi», di cui sentivo discutere a Pechino già vent'anni fa, descrive la difficoltà di costruire un Welfare moderno (quindi costoso) quando ancora il reddito medio, pro capite, è ben al di sotto delle nazioni avanzate come Usa, Giappone o Europa occidentale. Un altro problema, antropologico e culturale prima ancora che economico, riguarda la mutazione di una società che invecchia: spesso tende a diventare meno innovativa. Per spingere la produttività e l'innovazione, Xi dovrà smetterla di penalizzare l'imprenditoria privata. L'evoluzione demografica avviene lentamente, non sconvolge un paese dall'oggi al domani; quella cinese segue un trend su cui molte altre nazioni sono ben avviate.

Qual è la grande assente da tali analisi e dibattiti sulla demografia cinese? L'immigrazione. Nessuno, a Pechino, la presenta come la panacea. Anzi, è più corretto dire che nessuno la prende minimamente in considerazione tra le opzioni per affrontare l'invecchiamento. I cinesi non hanno capito nulla? O sono piuttosto la prova lampante che le teorie su inevitabilità e ineluttabilità dell'esodo biblico dal Sud al Nord sono dottrine ideologiche?

Sulla questione africana i cinesi hanno un approccio ben diverso. Considerano il surplus di popolazione del continente nero una straordinaria risorsa, sì, ma da utilizzare nell'Africa stessa. Dalle grandi infrastrutture della Belt and Road Initiative (Nuove Vie della Seta) alla penetrazione in ordine sparso di un milione di imprenditori cinesi, il continente nero è entrato in un nuovo capitolo della sua storia: l'esperimento di uno sviluppo in stile asiatico, trainato e plasmato dalla Cina, è sotto i nostri occhi. In quanto ad «aiutarli a casa loro», la Repubblica popolare sta facendo qualcosa, che ci piaccia o no. La prima è la confutazione dei teoremi in voga sull'invasione africana dei paesi in decrescita demografica.

Chiudo questo tema ricordando una vicenda che ho affrontato nel mio libro precedente, *Il lungo inverno*: la mancata strage da Covid in Africa. L'ecatombe da coronavirus nell'Africa subsahariana, annunciata regolarmente durante il triennio di quella pandemia, non c'è stata. Il Covid, in proporzione, ha provocato un maggior numero di vittime in Italia che in alcuni dei paesi più poveri del pianeta, benché il loro accesso ai vaccini sia stato scandalosamente basso. La spiegazione scientifica è limpida: la giovanissima età media li ha salvati. È una buona notizia sull'Africa. E come tale, guarda caso, è stata ignorata. L'Africa ci interessa solo per le sue tragedie. Vogliamo occuparcene solo se rientra nel ruolo che le abbiamo assegnato: in quanto epicentro della miseria e sofferenza umana, continente devastato da conflitti armati e guerre civili, nuova frontiera del jihadismo, terra di conquista per il neocolonialismo occidentale o più di recente cinese, bacino di migranti disperati, con l'aggiunta delle prossime ondate migratorie legate alle catastrofi climatiche.

In questo scenario cupo e desolato, quando è iniziata la pandemia abbiamo «deciso» che, ovviamente, avrebbe inflitto danni assai maggiori al continente nero. È scattato il riflesso pavloviano di noi occidentali, l'automatismo umanitario del senso di colpa. Poiché i vaccini – almeno quelli che funzionano – sono stati prodotti in Occidente e soprattutto in America, la nuova ecatombe africana sarebbe stata l'ennesima macchia sulle nostre coscienze. Una strage provocata dall'egoismo dei ricchi. Perché non è andata così? La disparità di accesso ai vaccini esiste; è innegabile e imperdonabile. Ma lo scarso accesso ai vaccini non è stato così letale come si temeva. La spiegazione sta nell'età media di quelle popolazioni: è di 20 anni, contro i 43 dell'Unione europea. La prorompente vitalità demografica, che abbiamo considerato come una piaga, in questo caso rivela un rovescio positivo. La giovinezza è servita da scudo, supplendo ad altre carenze africane. Gli automatismi umanitari che ci hanno fatto velo sono l'ultimo retaggio neocoloniale. Siamo allenati a pensare che tutto ciò che accade nel mondo dipenda da noi. Ci consideriamo l'ombelico dell'universo e il motore della storia, anche se da tempo non lo siamo. In questo caso il *mea culpa* delle coscienze occidentali è scattato a prescindere dai fatti, e ci siamo fustigati per una tragedia mai avvenuta.

Una domanda s'impone, di fronte all'evidenza che tanta parte dell'opinione pubblica italiana e occidentale ha una «preferenza per l'Apocalisse». Gli esempi sono quotidiani, amplificati dal sistema dei media, il quale si è convinto di dover obbedire a una legge del mercato: il pubblico sembra desiderare le cattive notizie e snobbare le buone, gli allarmi giornalieri per la fine del mondo affollano i notiziari. Il fatto che le previsioni apocalittiche vengano smentite non riduce l'appetibilità di quelle che seguiranno subito dopo: sempre sbagliate, sempre popolarissime. Non basta neppure che gli autori di quelle false profezie ammettano i propri errori, come l'Onu per la bomba demografica africana: autocritiche e correzioni vengono ignorate. Cosa c'è dietro? Forse la spiegazione è triste: poiché siamo tutti esseri mortali, e la fine dell'esistenza individuale incombe come l'unica certezza nel futuro, inconsciamente tendiamo a proiettare la nostra mortalità sul genere umano, sulla specie intera, perfino sul pianeta. Però, mentre la finitudine degli umani ci accompagna da quando esistiamo, la visione iperpessimista del futuro è tipica dell'era contemporanea. È una sindrome che di solito affligge le civiltà decadenti. È curioso notare che l'Africa, pur con tutti i problemi di cui soffre, oggi è meno pessimista di noi. Forse perché è più giovane: come contro il Covid, anche contro il pessimismo la giovinezza è un'arma potente. E non vi sembra, questa, una buona notizia?

III
I Bronzi del Benin o lo schiavismo tra africani

«Ha cinque mogli, una Rolls-Royce da mezzo milione, e sta cercando di recuperare opere d'arte del valore di 30 miliardi di dollari che furono rubate ai suoi antenati centoventisei anni fa. Alcune delle quali figurano tra i tesori più pregiati del Metropolitan Museum di New York.» Così cominciava un articolo pubblicato sul «New York Post» il 29 aprile 2023, che ha rivelato una vicenda ricca di colpi di scena, e densa d'insegnamenti sulla storia africana. Anticipo la sorpresa più grossa, e cioè che alcuni militanti black di New York si oppongono alla restituzione di quelle opere di valore all'Africa, con un argomento ineccepibile: è vero che furono sottratte agli avi di un attuale monarca africano, ma loro avevano accumulato quelle ricchezze attraverso il commercio di schiavi. E così, grazie a dei radicali antirazzisti afroamericani, politicamente vicini al movimento Black Lives Matter, si è potuto affrontare un tabù che pochi statunitensi bianchi oserebbero sfiorare: le profonde radici che lo schiavismo e il commercio di carne umana avevano nella tradizione africana, molto prima che nel continente comparissero gli imperi europei.

La vicenda ha avuto uno strascico anche sull'altra sponda dell'Atlantico, a Berlino. La Germania è una pioniera nella restituzione dell'arte rubata durante il periodo coloniale. Negli anni ha trasferito la proprietà di 1100 capolavori noti come «Bronzi del Benin» da cinque musei tedeschi al governo della Nigeria. Ma quando hanno scoperto che tanti capolavori sarebbero stati consegnati alla collezione privata di un monarca anziché a un museo pubblico, alcuni tedeschi si sono sentiti gabbati. Un'autorevole studiosa, l'etnologa Brigitta Hauser-Schäublin, ha scritto sulla «Frankfurter Allgemeine Zeitung» che l'operazione era stata «un fiasco». La polemica si è allargata ai politici. Visto che il trasferimento degli oggetti era avvenuto sotto la coalizione di centrosinistra del cancelliere Olaf Scholz, le proteste sono venute dall'opposizione di destra. La deputata cristiano-democratica Dorothee Bär ha accusato il governo di «aver condannato un patrimonio di arte africana all'oblio, svanito dentro la proprietà privata di un monarca nigeriano». «È una débâcle» ha dichiarato il deputato dell'estrema destra (AfD) Marc Jongen. Di fronte a queste contestazioni venute dalla Germania, e per di più da politici di destra, è scattata una difesa facile. Lo scrittore nigeriano Victor Ehikhamenor si è indignato: «Come osa questa gente, con quale arroganza pensa di decidere cosa dobbiamo fare con degli oggetti dei quali aspettiamo la restituzione da centoventisei anni? Questo è neocolonialismo, è offensivo». L'artista ignorava, o ha finto di non sapere, che quella restituzione veniva contestata dai suoi fratelli black degli Stati Uniti con un'argomentazione progressista.

Il protagonista odierno di questa vicenda è l'oba del Benin, Ewuare II. Un personaggio interessante perché mescola sapientemente modernità e tradizione africana: a 69 anni la sua vita si è divisa tra gli Stati Uniti, dove aveva conseguito un master alla Rutgers University nel New Jersey e aveva lavorato all'Onu, e il paese dei suoi avi. Quando era un funzionario dell'Onu, andava al Palazzo di Vetro in giacca e cravatta, ma quando giunse il suo turno per l'incoronazione tornò in patria a indossare gli antichi abiti della sua stirpe regale. Il Regno del Benin, da non confondere con l'attuale Stato africano che porta lo stesso nome, oggi è incorporato nella Nigeria. Oba Ewuare II non ha potere di governo, almeno ufficialmente, però gode di un'influenza notevole nella sua comunità tribale, gli edo, insediata nella parte meridionale della Nigeria, attorno a Benin City. I monarchi tribali sono corteggiati dai politici nigeriani nelle campagne elettorali e coperti di prebende a spese dello Stato, perché possono portare voti a questo o quel candidato. Aristocrazia a parte, sono tuttora dei notabili potenti.

Le ragioni per cui la stampa newyorchese si è interessata all'ultimo re del Benin, al suo harem e alla sua Rolls-Royce da record sono la sorprendente controversia sui tesori d'arte saccheggiati nel periodo coloniale e la vera storia dello schiavismo. Siamo in epoca di espiazione dei nostri peccati coloniali e tutta la comunità museale d'Occidente è impegnata ad autoflagellarsi per gli orrori del nostro passato. In questi riti di pentimento vengono spesso annunciate restituzioni di opere d'arte alle ex colonie depredate. Interi musei vengono ristrutturati e ripensati, con percorsi di spiegazione e didattica centrati sulla denuncia dei crimini dell'Europa: un caso esemplare si trova nella capitale dell'Unione europea, a Bruxelles. Nel quartiere di Tervuren, in un magnifico parco, era situato il Musée du Congo alimentato dal bottino di re Leopoldo, uno dei colonialisti più spietati e feroci della nostra storia (i suoi crimini ispirarono il romanzo *Cuore di tenebra* di Joseph Conrad). Dopo essere stato chiuso per anni, occupato da lavori di ristrutturazione, quel luogo è stato riaperto al pubblico con un nome diverso – ora si chiama Musée royal de l'Afrique centrale – e un contenuto rimaneggiato. Anziché essere una collezione acritica di tesori rapinati nell'era coloniale, è diventato un centro di educazione al pentimento dei belgi e degli europei sugli orrori del colonialismo. I tesori d'arte che vi rimangono – tanti e importanti – sono piegati a tale missione didattica, riabilitativa. Operazioni culturali di questo tipo sono frequenti in tutto l'Occidente nel nostro tempo. L'Africa è diventata il motore trainante per la riscrittura della nostra storia all'insegna dell'autocondanna: tutte le sofferenze che abbiamo inflitto a quel continente sono la prova che noi siamo l'Impero del Male, gli unici portatori del virus della conquista violenta, dell'oppressione, dello sfruttamento, dell'imperialismo coloniale.

Perciò ci si sarebbe aspettati che i militanti black dell'antirazzismo radicale negli Stati Uniti applaudissero alla scelta del Metropolitan Museum di New York di restituire l'arte rubata ai discendenti dei proprietari originali. Nella fattispecie, i negoziati sul rimpatrio in Nigeria riguardano 154 Bronzi del Benin, una collezione di tesori pregevoli, tra i più interessanti capolavori dell'arte africana custoditi al Met. In parallelo, lo Smithsonian di Washington – il complesso di musei di proprietà pubblica, nella capitale federale – si è già portato avanti restituendo alla Nigeria 29 opere d'arte: «Così abbiamo riparato un'ingiustizia storica» ha dichiarato il capo dello Smithsonian Lonnie Bunch, un afroamericano, in occasione della «cerimonia del rimpatrio» nell'ottobre 2022.

Il valore di questi oggetti restituiti o da restituire è stato suggerito da un'asta pubblica tenutasi in Inghilterra in cui un singolo Bronzo del Benin nel 2021 fu venduto per 13 milioni di dollari. Da quel prezzo di mercato si arriva a estrapolare la stima di 30 miliardi per il valore dell'intera collezione del Metropolitan. Che il governo della Nigeria ha deciso di non tenere per sé: preferisce riconoscere i diritti di proprietà al discendente della monarchia del Benin. Un decreto governativo autorizza oba Ewuare II a custodire quelle meraviglie «nel palazzo degli oba o in qualsiasi altra ubicazione a Benin City o altrove che sua maestà consideri sicura». Il re, da parte sua, si è impegnato a costruire a Benin City un museo *ad hoc*, del costo di 4 milioni di euro, una minima frazione del valore del tesoro di cui tornerà a essere proprietario. (E qui spunta di nuovo la Germania gabbata: il governo di Berlino ha già versato 5 milioni di euro per la costruzione di un museo pubblico a Benin City, che non si farà.)

Gli antenati del re erano stati derubati di quel tesoro in un colpo solo: nel 1897, quando l'Inghilterra organizzò la Spedizione del Benin con una task force di 1200 soldati guidati dall'ammiraglio Sir Harry Rawson, per punire un massacro di inglesi perpetrato dalle forze locali. Il raid militare aveva arraffato diecimila opere d'arte, un patrimonio fantastico, che oggi affascina anche il profano: le opere più incantevoli sono statuette, busti e teste, che rivelano una straordinaria raffinatezza estetica.

Ora quei tesori rischiano di rimanere negli Stati Uniti, malgrado tutta la buona volontà del Metropolitan Museum di espiare le colpe del colonialismo. La causa giudiziaria che punta a bloccare la restituzione è stata avviata da una ong che si chiama Restitution Study Group e si occupa proprio dei ritorni di opere d'arte nei loro luoghi d'origine in Africa. Alla testa dell'organizzazione c'è Deadria Farmer-Paellmann, avvocatessa afroamericana che vive tra New York e New Orleans. Vicina al mondo dell'antirazzismo radicale, legata ai movimenti come Black Lives Matter, la Farmer-Paellmann contesta la legittimità della restituzione con l'argomento di cui sopra: i monarchi del Benin accumularono quei tesori perché erano degli schiavisti criminali arricchitisi con il traffico di esseri umani. «Queste opere d'arte» ha dichiarato l'avvocatessa afroamericana «sono il frutto dello schiavismo e verrebbero restituite agli eredi dei mercanti di schiavi. Così il crimine verrebbe ricompensato due volte.»

La causa giudiziaria intentata dal Restitution Study

Group è clamorosa in quanto infrange un tabù, osa aprire uno squarcio su una realtà storica che non viene insegnata nel sistema scolastico e universitario americano, tantomeno appare sui media o nei film di Hollywood: lo schiavismo come sistema economico radicato nella storia antica dell'Africa, non una mostruosità imposta dai colonizzatori bianchi. Per la cultura oggi dominante negli Stati Uniti, il Vangelo è la Critical Race Theory che si concentra sul «razzismo sistemico» della società americana e delle sue istituzioni. Lo schiavismo viene studiato come un peccato originale nel Dna degli Stati Uniti, un carattere che segna la loro storia fin dalla fondazione da parte di coloni bianchi, un orrore mai del tutto superato. In questo clima americano, evocare l'autonoma tradizione schiavista degli africani è un'eresia. La sfida legale del Restitution Study Group, seppure involontariamente, può contribuire a restaurare la verità storica.

L'Africa ebbe i suoi imperi locali prima che arrivassero i nostri a conquistarla; i loro sistemi economici erano fondati sullo schiavismo; lo scambio di esseri umani a fini di lucro era una pratica antichissima, con radici profonde, tutt'altro che «importata». Come scrive lo storico Martin Meredith in *The Fortunes of Africa*, lo schiavismo era un tratto distintivo di molte società africane da quando ne esistono tracce. L'antico Egitto è solo un esempio, tanti altri imperi africani usavano gli schiavi come forza lavoro gratuita o come soldati, nonché come moneta di scambio, capitale da accumulare. Fin dalle origini della storia africana si hanno tracce delle «razzie», i raid militari con cui una tribù ne attaccava un'altra per catturare prigionieri di guerra da tenere in schiavitù o da vendere. In questo l'Africa non era diversa dal resto del mondo, essendo lo schiavismo praticato ovunque: in Persia, ad Atene e a Roma, in Cina, nelle civiltà precolombiane dell'America Latina.

Lo schiavismo era parte integrante dell'organizzazione sociale in tutta l'Africa occidentale (la prima a sviluppare rapporti intensi con gli europei nell'era moderna): monarchi, alti funzionari pubblici, ricchi mercanti disponevano di un gran numero di schiavi come braccianti, facchini, lavoratori domestici. In particolare, nelle società africane dove non esisteva l'istituto giuridico della proprietà terriera, il principale patrimonio dei ricchi erano gli esseri umani. Erano anche una delle materie prime più scambiate sul mercato, un mezzo di pagamento, come l'oro, l'avorio e il rame. Lo schiavo era una moneta. Lo sviluppo del commercio tra imperi africani avveniva in parallelo con l'aumento negli scambi di schiavi. Le guerre avevano spesso come obiettivo principale la cattura di schiavi: aumentavano la ricchezza dei vincitori e anche la dimensione dei loro eserciti, visto che in gran parte diventavano soldati. Nei periodi di opulenza questo sistema generava dei sovrappiù, delle eccedenze di schiavi, da smaltire con il commercio marittimo. Lo schiavismo africano ha esportato le sue vittime molto prima che arrivassero gli europei a far proprio quel business.

La «globalizzazione» del traffico di schiavi dal continente nero si verifica durante il IX secolo: nel mezzo del nostro Medioevo, un millennio prima della colonizzazione europea dell'Africa, gli schiavisti locali si trasformano in esportatori di carne umana verso terre lontane. «Il traffico di schiavi su lunghe distanze» scrive Meredith «aggiunse una nuova dimensione, terrificante. Dal IX secolo in poi, gli schiavi dell'Africa nera cominciano a essere costretti a lunghe marce attraverso il deserto del Sahara, caricati su navi nei porti del Mar Rosso, trasportati dall'Africa orientale nel Levante, in Mesopotamia, nella penisola araba e nel Golfo Persico. ... Il grosso del commercio terrestre di schiavi da vendere all'estero veniva gestito da mercanti africani e signori della guerra. Grandi fortune vennero create grazie a questo commercio.»

Gli arabi si erano inseriti a loro volta in tale tradizione, diventando intermediari nel business schiavista in un continente nero dove la loro influenza era poderosa. Gli arabi controllavano soprattutto la parte marittima del trasporto e del commercio. Bisogna aspettare settecento anni, e arrivare al XVII secolo, perché si affaccino gli europei ad aprire una nuova rotta, quella atlantica, onde popolare di schiavi neri le colonie del Nuovo Mondo.

Non c'è dubbio che l'irruzione degli europei rappresenti una novità sconvolgente, perché nei secoli successivi la tratta arriverà a colpire un totale di 24 milioni di africani, incluse donne e bambini, di cui almeno 12 milioni solo attraverso l'Atlantico. Gli europei – e poi i loro discendenti americani – continueranno comunque a controllare solo una parte del business schiavista, insieme con gli arabi: l'acquisto, il trasporto e la consegna con vendita ai proprietari finali. La cattura iniziale degli schiavi continuerà a essere gestita perlopiù dagli africani stessi, signori della guerra, capitribù, trafficanti locali, gli eredi di una tradizione di schiavismo millenaria.

I primi europei a entrare in contatto con quella tradizione sono i portoghesi. A partire dalla crociata contro l'Islam del 1415, le incursioni portoghesi sulle coste dell'Africa occidentale si fanno sempre più frequenti. Dal 1440 in poi i portoghesi diventano delle controparti per i capi africani in cerca di nuovi partner nel commercio degli schiavi. Un navigatore veneziano assoldato dal re del Portogallo, Alvise Ca' da Mosto, nel 1455 e 1456 partecipa a diverse esplorazioni della costa africana alle foci dei fiumi Senegal e Gambia. Nei suoi diari intitolati *Le navigazioni atlantiche*, Ca' da Mosto osserva: «Il re locale si mantiene organizzando incursioni che gli procurano molti schiavi, sia nel suo territorio che in quelli dei vicini. Impiega una parte di questi schiavi per coltivare le sue terre ... molti li vende ai Mori, in cambio di cavalli e altri beni». Il prezzo di mercato a quel tempo andava dai nove ai quattordici schiavi per un cavallo arabo. In una missione successiva Ca' da Mosto entra in contatto con il re di Bati e nota che la principale merce offerta in vendita dal monarca sono schiavi.

Nel 1482 una spedizione esplorativa guidata dal capitano Diogo Cão dalle coste dell'Atlantico arriva all'estuario dello Nzadi («grande fiume»), cioè il Congo. Ne risale il corso ed entra in contatto con il potente monarca locale, il ManiKongo. Da due secoli la sua dinastia regnante aveva unificato un vasto impero sottomettendo altri capiclan all'interno di un sistema di potere chiamato MwissiKongo. La loro aristocrazia, nota come i BaKongo, fondava la sua ricchezza su tre «risorse»: il rame, il ferro, e gli schiavi. Uno dei primi omaggi spediti dal ManiKongo al suo omologo portoghese, re Giovanni II, consiste in un gruppo di schiavi. Prima ancora che si apra il nuovo business della tratta di carne umana verso le colonie europee nel Nuovo Mondo, i portoghesi si inseriscono come intermediari per la parte internazionale di quel business, facendo concorrenza agli arabi che lo dominano da secoli.

Anche quando esplode la domanda di manodopera asservita sull'altra sponda dell'Atlantico, prima nei Caraibi, poi in Brasile, infine negli Stati Uniti, e lo schiavismo compie il salto «industriale», la cattura delle vittime continua a essere in buona parte il mestiere di trafficanti locali. Per capire questo dettaglio poco banale è utile ricordare che la storia del colonialismo europeo si dipana lungo molti secoli, e la conquista dell'Africa ne rappresenta solo l'ultimissimo capitolo, il più recente e il più breve. In Asia le prime colonie europee sono del XV secolo, in America Cristoforo Colombo sbarca nel 1492. La «corsa all'Africa», invece, ha il suo poderoso avvio solo con la Conferenza internazionale di Berlino nel 1884-85. È in quel summit che le potenze europee si spartiscono la quasi totalità del continente nero e quindi spingono i loro tentacoli fino all'entroterra. Prima del 1884 c'erano state incrostazioni coloniali europee sulle fasce costiere, ma molti schiavi affluivano dai territori interni, ancora sotto il controllo di potentati locali. Quindi la domanda di manodopera in servitù per le piantagioni delle Antille, del Brasile, poi della Virginia o della Louisiana, precede di tre secoli la conquista europea dell'Africa interna. In quei tre secoli il business schiavista ha continuato a essere alimentato da razzie i cui protagonisti erano africani, depositari di una tradizione diventata ancor più redditizia che in passato.

Dunque il regno del Benin fu solo uno dei tanti esempi di potenze africane la cui prosperità aveva avuto origine dalla cattura e vendita di prigionieri a vita. Quando la consuetudine ancestrale dello schiavismo e del commercio di carne umana scoprì un nuovo mercato – la domanda europea di forza lavoro legata all'espansione degli imperi spagnolo, portoghese, olandese, francese, inglese –, tutti i potentati locali colsero un'opportunità per far compiere al loro business tradizionale un salto di dimensioni. Fra il XVI e il XIX secolo i monarchi del Benin divennero fornitori abituali di schiavi agli europei, accumulando lingotti d'oro, argento e rame, e talvolta convertendo questi metalli preziosi in opere d'arte.

Accennavo che l'azione giudiziaria del Restitution Study Group per bloccare il ritorno dei Bronzi del Benin in Nigeria è un atto di verità, ma involontario. In effetti, la vera motivazione dell'avvocatessa Farmer-Paellmann non è di ristabilire un giudizio storico corretto sulle radici dello schiavismo. La causa punta al bottino, e lo dichiara apertamente. «Noi parliamo» dice la legale «a nome dei 32 milioni di discendenti genetici degli schiavi che dalla Nigeria furono trasportati qui negli Stati Uniti.» L'azione giudiziaria vuole vedere riconosciuto «il diritto morale e legale dei discendenti americani degli schiavi di possedere i Bronzi». L'appello al tribunale americano s'inserisce nella più vasta rivendicazione delle *reparations*: le richieste di risarcimenti per i discendenti genetici degli schiavi. Il movimento che si batte per ottenerle ha conseguito vittorie significative, lo Stato della California è uno dei primi a voler sancire i diritti degli eredi.

Questa è una controversia tutta americana, le cui forzature sono evidenti anche sotto il profilo strettamente storico: negli Stati Uniti arrivarono in stato di schiavitù anche dei bianchi (inglesi, scozzesi, irlandesi ridotti in servitù per debiti, quando ancora la legge dei loro paesi lo prevedeva), dei cinesi e degli indiani, detti rispettivamente *coolies* o *indentured labourers*, ma nessuno dei loro discendenti si sogna di essere incluso nei risarcimenti. Le cifre in ballo sono gigantesche, hanno un potenziale destabilizzante perfino per il bilancio del più ricco Stato americano, che è appunto la California. La task force californiana incaricata dai promotori delle *reparations* di definire i numeri ha proposto di versare fino a un massimo di 1,2 milioni a testa a molti degli afroamericani residenti in quello Stato. Troppo poco, secondo gli attivisti di San Francisco, città in cui un'altra task force ha stabilito che i risarcimenti devono essere di 5 milioni per ogni black. Significherebbe arrivare a un pagamento totale di 100 miliardi di dollari, molto più del bilancio attuale di San Francisco, che è di 14 miliardi annui. Da notare che la California non ha mai avuto un passato schiavista e l'immigrazione nera su larga scala vi cominciò solo a partire dal dopoguerra. Questo cenno al dibattito in corso negli Stati Uniti sulle *reparations* serve a situare nel suo contesto la causa giudiziaria contro la restituzione dei Bronzi del Benin: i militanti dell'antirazzismo vedono l'occasione di tenere quegli oggetti in America, venderli e distribuire il ricavato.

Il versante africano di questa storia presenta – ancora una volta – un grumo di incomprensioni e tensioni tra l'Africa di oggi e i black statunitensi, cugini che si vorrebbero solidali ma si comprendono poco e diffidano gli uni degli altri. In quanto all'ultimo re del Benin, Ewuare II, nonostante il master conseguito negli Stati Uniti e gli anni trascorsi come funzionario all'Onu di New York, ha pensato di risolvere la situazione con un omaggio alla tradizione: ha emesso una «maledizione vudù ufficiale» contro i trafficanti di carne umana che cerchino oggi di ridurre in stato di schiavitù qualcuno dei sudditi del suo regno.

Anche a prescindere dalle strumentalizzazioni ideologiche in corso negli Stati Uniti, il dibattito storico sullo schiavismo è lacunoso in tutto il resto del mondo: dai complessi di colpa che dominano la cultura europea ai silenzi e alle omertà che regnano nel mondo arabo sul suo ruolo nella tratta, fino all'assenza di autocritica da parte degli stessi intellettuali africani, troppo spesso impegnati a coltivare delle rendite anticoloniali attraverso la cultura del risentimento. Lo schiavismo diventa un elemento fondante di una narrazione che abbiamo già incontrato e si può riassumere così: l'Africa e i suoi dirigenti non hanno responsabilità. La storia antica o recente viene piegata a questo fine – dimostrare la passività africana – e un intero continente viene descritto come in balia della malvagità altrui. È anche questa una forma di colonialismo, negare il protagonismo locale. Gli africani trattati come bambini, oggetti e vittime di orrori pianificati sempre da altri.

La storia vera impone di guardare ai dettagli scomodi, quelli che smentiscono i nostri luoghi comuni. L'Etiopia è l'unico paese africano a non essere mai stato veramente colonizzato, visto che l'aggressione italiana benché feroce fu breve e presto sconfitta, tanto che gli stessi etiopi ne parlano come di una «occupazione» temporanea, non usano mai il concetto di colonia. Questo ha dato all'Etiopia un prestigio unico nel continente, ne ha fatto un modello per tutti. Nessun altro leader nell'era dell'indipendenza godette dell'ammirazione e perfino adorazione riservata all'imperatore etiope Hailé Selassié. La manifestazione più estrema la si ritrova tra gli afrocaraibici della Giamaica, dove fu venerato come un dio vivente dai seguaci del rastafarianesimo (dal nome originale dell'imperatore, Ras Tafari). Nelle bandiere nazionali di molti Stati africani ricorrono gli stessi colori della bandiera etiope, un omaggio ben visibile alla madre di tutte le indipendenze.

Proprio la storia dell'Etiopia conferma che lo schiavismo non fu affatto un orrore dell'imperialismo bianco, bensì aveva radici profonde nella tradizione locale. Al punto che Hailé Selassié abolì la schiavitù in Etiopia solo dopo aver preso il potere nel 1916, con grande ritardo rispetto a paesi occidentali come Francia, Gran Bretagna, Stati Uniti. Dietro lo schiavismo c'era un sistema economico simile al nostro feudalesimo. L'imperatore etiope aveva un potere analogo o superiore a certi sovrani dell'Europa medievale, appoggiato dalla Chiesa copta e dalle famiglie dell'aristocrazia. Anche dopo l'abolizione della schiavitù l'imperatore possedeva i tre quarti di tutte le terre coltivabili del paese e i milioni di contadini che ci lavoravano erano di fatto i suoi servi. Erano tenuti a consegnare il 75 per cento dei raccolti al proprietario – l'imperatore stesso o i suoi vassalli dell'aristocrazia – nonché a fornire lavoro gratis per le tenute direttamente controllate dal re. Dovevano anche trasportare i raccolti dell'imperatore, fornirgli legname combustibile, lavorare gratis come servitori alla sua corte o per la costruzione dei suoi silos. Quelli poi che avevano speciali abilità – tessitori, fabbri, artigiani della ceramica o nella lavorazione delle pelli – dovevano fornire questi servizi senza compenso. Vivevano nel timore costante di essere sfrattati dalle terre, visto che queste erano di proprietà dell'imperatore.

L'Etiopia è anche un esempio – non l'unico – di imperialismo africano. Allo stesso tempo in cui le potenze coloniali europee avanzavano le loro pretese sul continente nero, l'impero etiope conquistava territori nell'Oromia e nell'altopiano dell'Ogaden (somalo), soggiogando le etnie che vi abitavano.

La storia etiope contrasta con la narrazione che fu costruita negli anni dell'indipendenza da leader come Julius Nyerere, primo presidente della Tanzania, secondo cui la civiltà africana era stata impregnata di valori comunitari e socialisti, poi distrutti dall'imperialismo bianco.

L'autocensura e l'omertà che oggi occultano il ruolo degli africani nella piaga plurimillenaria dello schiavismo non sono solo un ostacolo alla verità storica. Hanno conseguenze contemporanee. Non affrontare questo tabù lascia aperte delle ferite.

Dietro la guerra civile che ha portato alla divisione tra Sudan e Sud Sudan c'è una storia ancestrale di odio legata alla pratica della schiavitù tra neri. Nell'Ottocento il Sud Sudan era stato saccheggiato sistematicamente dal Nord in cerca di avorio e schiavi. I racconti sullo schiavismo, tramandati nel Sud da una generazione all'altra, avevano alimentato un'eredità di risentimento e di odio verso i sudanesi settentrionali. Questi ultimi continuavano a trattare i meridionali con immutato disprezzo, chiamandoli *abid*, cioè appunto schiavi.

Lo stesso si può dire a proposito della tratta di schiavi che continua oggi in varie forme. I bambini-soldato al servizio di bande mercenarie in alcune guerre civili non sono qualcosa di diverso dagli schiavi costretti a combattere per i capitribù che li catturavano cinquecento o mille anni fa. Il fenomeno delle donne costrette alla prostituzione in Europa per ripagare i loro «protettori-creditori» della mafia nigeriana è la versione contemporanea dell'istituto della schiavitù per debiti. Alcuni flussi di migrazione clandestina sono gestiti da organizzazioni criminali che tengono viva la tradizione dei mercanti di carne umana. Nel mondo arabo, certe forme di reclutamento e sfruttamento di manodopera per i cantieri edili in Arabia Saudita, Qatar, Emirati si prestano a sgradevoli paragoni con il passato. L'Africa e il mondo arabo, però, non praticano la revisione critica della loro storia, le loro classi dirigenti e i loro intellettuali perlopiù preferiscono descriversi come alleati del Grande Sud globale, contro un Nord ricco e predatore.

IV

Cleopatra non era black, e altre lezioni dall'Egitto

Cleopatra era nera? Naturalmente no. Ma quando la Hollywood *politically correct* la deve mettere in scena nel 2023, «naturalmente» il top management americano di Netflix decide di farne un'eroina della causa black, dell'*African pride* (orgoglio africano), nonché del femminismo *ante litteram*. Il problema è che i prodotti americani viaggiano, hanno diffusione globale, e la cultura politicamente corretta promossa dalle élite Usa atterra su mercati poco inclini ad accogliere questo nuovo indottrinamento ideologico.

Per l'Egitto, quella Cleopatra black è stata un'offesa nazionale, ha scatenato un incidente diplomatico e anche un rigetto di massa contro il dogmatismo dei poteri dominanti negli Stati Uniti. Più che sulla questione palestinese, più che sulla guerra in Ucraina, Il Cairo ha preso le distanze dall'America su questo tentativo di manipolare la sua storia attraverso il colore della carnagione di Cleopatra.

La rissa tra due nazioni sull'antica sovrana è rivelatrice: fra le ragioni per cui il soft power americano è in crisi in Africa c'è anche l'estremismo dell'establishment che comanda a Hollywood, nella Silicon Valley dove ha sede Netflix, nei social, nei giornali e nelle Tv di New York e Washington.

Cleopatra è un'icona con cui non si può scherzare, almeno a casa sua. Fu l'ultima di una dinastia di faraoni che in realtà erano poco egizi e tuttavia erano riusciti a farsi accettare come tali. Apparteneva infatti alla stirpe regnante dei Tolomei, di origine ellenistica: li aveva insediati al potere Alessandro Magno. Erano faraoni «stranieri», venuti dalla Macedonia, quindi cugini dei greci, europei. Le gesta e la tragica fine di Cleopatra hanno incrociato capitoli importanti della storia di Roma (fu l'amante sia di Giulio Cesare, da cui ebbe un figlio, sia di Marco Antonio) e hanno colpito la fantasia degli artisti. È rimasta una star per più di duemila anni, immortalata da capolavori della letteratura e della pittura. Shakespeare ne fece il personaggio di una tragedia. Hollywood l'ha messa in scena più volte in passato, tra le star di varie generazioni che hanno impersonato la regina tolemaica figurano Liz Taylor e Angelina Jolie. Tutte scelte esteticamente discutibili, ma comunque un po' più vicine alla realtà originale, rispetto all'ultima versione. Solo l'America dell'antirazzismo totalitario versione 2023 poteva imporre una Cleopatra nera, scegliendo l'attrice Adele James, e pensare di farla franca nel resto del mondo. D'altronde, negli Stati Uniti di oggi se un regista teatrale vuole mettere in scena un Amleto e attirare recensioni positive, assegna il ruolo del principe di Danimarca a un black (verificare per credere). Il dogmatismo che impera a Hollywood non sospetta che le sue certezze possano avere qualche difficoltà a varcare la frontiera.

E così Netflix ha affidato la produzione della sua serie docu-drama *Regine africane* a una celebrity black: Jada Pinkett Smith, per difendere la quale il marito superstar Will Smith mollò un altrettanto famoso ceffone a una serata degli Oscar. La Smith ha avuto la sublime idea di trasformare Cleopatra in una regina nera, reclutando per quella parte l'afrobritannica James, per «mandare un messaggio». «Non ci accade spesso di vedere storie di regine africane, questo era importante per me, per mia figlia, per la mia comunità» ha detto la star hollywoodiana. Il fine giustifica i mezzi: per esaltare l'autostima delle donne black statunitensi, è lecito manipolare la storia. Sono giochi che rimangono impuniti finché vengono gestiti dalla cerchia delle celebrity multimilionarie in America, coccolate e vezzeggiate dal conformismo dei media. Nella realtà, Cleopatra per via degli antenati macedoni aveva la carnagione chiara senza alcun dubbio, tanto più che la dinastia tolemaica praticava l'endogamia, preferiva i matrimoni tra cugini pur di non diluire la purezza del sangue reale. L'unica ipotesi di un parente straniero – peraltro non condivisa da tutti gli studiosi – si riferisce a un possibile antenato persiano nel suo albero genealogico, comunque non un nero.

In Egitto il docu-drama Netflix con la Cleopatra black ha provocato indignazione a ogni livello. Un'authority governativa, il Consiglio Supremo delle Antichità, responsabile per la tutela del patrimonio storico, ha definito quel filmato «una falsificazione della nostra storia». Un popolare anchorman televisivo del Cairo ha accusato l'America di voler «stravolgere la cultura egiziana». Sono state avviate azioni legali per bloccare l'accesso a Netflix sul territorio nazionale. Il governo del generale al-Sisi è intervenuto via Twitter per ricordare che sono rimaste delle statue di Cleopatra e tutte confermano com'era fatta: «Aveva tratti ellenistici, cioè europei, labbra sottili, pelle chiara». La protesta dal basso è stata travolgente: la corrispondente del «New York Times» al Cairo, Vivian Yee, ha constatato che Netflix in Egitto ha dovuto bloccare i commenti sul suo sito, intasato dalle contestazioni.

I giustizieri di Netflix, decisi a promuovere la causa black dal loro quartier generale in California, non si aspettavano cotanta reazione. Erano convinti di aver compiuto un'opera virtuosa, eticamente ineccepibile, che consiste nel demolire l'egemonia bianca sul modo in cui viene raccontata la storia dell'umanità. La loro ignoranza della storia vera, e anche della geografia, li ha resi impreparati di fronte al furore egiziano.

L'episodio è emblematico non solo per ciò che rivela dei rapporti odierni Usa-Africa: sui tanti problemi creati dalla *correctness* nella politica estera di Washington ricordo altrove la crociata Lgbtq+ indigesta a molti africani. Ma l'*affaire* Cleopatra è interessante anche per altre ragioni: per ciò che insegna sui rapporti tra l'Africa settentrionale e quella subsahariana, nonché sulle varie forme di razzismo che esistono tra africani.

L'Egitto fin dalle origini della sua antichissima civiltà è sempre stato un paese-cerniera, un crocevia tra continenti. I faraoni – quelli autoctoni, tremila anni prima di Cleopatra – avevano intensi rapporti economici e culturali con i loro vicini meridionali, territori che oggi appartengono al Sudan, all'Etiopia, all'Eritrea. L'Africa nera costituiva un retroterra importante del loro impero. Avevano però anche una proiezione mediterranea e all'apice della loro potenza estesero la propria influenza verso la Grecia e l'Asia minore.

L'Egitto di oggi è etnicamente irriconoscibile rispetto a quello dei faraoni, avendo subito diverse ondate di invasioni: arabe, ottomane, europee. Un'analisi basata sul Dna dei vari gruppi etnici nell'Egitto contemporaneo può rivelare le stratificazioni di queste ascendenze: dai nubiani ai greci, dai romani agli arabi, dai turchi agli albanesi. Dal punto di vista geopolitico e culturale, l'impronta araba ha lasciato due eredità determinanti: il ruolo importante del Cairo come una delle capitali religiose dell'Islam moderno (soprattutto grazie alla sua università); la relazione stretta tra i governi egiziani e i loro vicini del Medio Oriente. In particolare dalla rivoluzione del colonnello Gamal Abdel Nasser (1952) in poi, l'Egitto ha proiettato le sue ambizioni su tutta l'Africa; al tempo stesso ha voluto essere un interlocutore imprescindibile sulla questione israelo-palestinese e sugli equilibri di potere dell'area mediorientale che arriva fino al

Golfo Persico. L'Egitto è geograficamente un paese africano, ma politicamente e culturalmente questo continente gli sta stretto. È uno Stato membro dell'Unione africana, però vuole essere ascoltato su questioni che riguardano l'intero Mediterraneo. In questo ha delle affinità con altri paesi nordafricani come Algeria e Marocco, anch'essi proiettati dall'ambizione verso il Nord anche se gli eventi talvolta li risucchiano verso il Sud.

L'Egitto è una società multietnica. Ciò non significa che ignori le tensioni razziali. Gli egiziani di pelle chiara si considerano superiori a quelli di pelle scura, in ossequio a una tradizione del mondo arabo. Ai vertici del regime ci sono state personalità di varia ascendenza etnica: Nasser aveva tratti e carnagione di un mediorientale, come i suoi successori (tutti militari) Mubarak e al-Sisi; solo Sadat fu un leader più affine nei tratti somatici alla componente nera della popolazione. In generale, quegli egiziani che si considerano «bianchi» sono sovrarappresentati nelle classi dirigenti e dominano gli affari del paese.

Era prevedibile quindi lo scontro con l'afrocentrismo, l'ultima moda culturale delle élite nordamericane. Per gli afrocentristi che dettano legge nell'intellighenzia Usa, l'antico Egitto era la culla di una civiltà black, da cui ebbe origine un vasto patrimonio artistico e culturale dell'Africa nera, poi svilito dai colonizzatori bianchi. Tipico di questo modo di riscrivere la storia è quanto ha dichiarato al «New York Times» una docente black dell'Hamilton College, nonché nota militante femminista, Shelley Haley: «Cleopatra reagì all'oppressione e allo sfruttamento proprio come farebbe una donna black, perciò dobbiamo abbracciarla come una sorella». In questo senso Cleopatra viene adottata dalle femministe nere, e il colore (inventato) della sua pelle diventa una scelta politica, da imporre con i canoni del 2023 su una realtà storica di due millenni prima. Non è dato sapere come avrebbe reagito all'abbraccio femminista una faraona che aveva fior di schiave al suo servizio. Per la medesima indifferenza al contesto egiziano ha pagato un prezzo l'attore afroamericano Kevin Hart: ha dovuto cancellare una tournée in Egitto, per aver dichiarato che i faraoni erano neri.

Su questa vicenda aleggia un grande tabù, il tema che nessuno degli interessati vuole affrontare in modo esplicito. Se gli egiziani di oggi sono in parte arabi, e segnati in modo indelebile da quella conquista araba che li convertì all'Islam, come tali sono gli eredi di un impero che praticò lo schiavismo su scala massiccia, ricavando enormi profitti economici dal traffico di carne umana. Gli arabi furono mercanti di schiavi molto prima che lo schiavismo approdasse alla sua dimensione «industriale» nelle piantagioni coloniali europee nelle Antille, in Brasile, negli Stati confederati del Sud degli Stati Uniti. È un tabù per le classi dirigenti islamiche di oggi, che non danno alcun segno di voler rivisitare in modo autocritico la propria storia come stanno facendo invece gli occidentali. È un tabù anche per l'élite antirazzista degli Stati Uniti, che preferisce stigmatizzare i bianchi come l'unico gruppo colpevole di orrori e auspica una vasta coalizione di tutte le minoranze etniche oppresse.

La tensione fra il mondo arabo e quello black-afrocentrico esiste sottotraccia anche negli Stati Uniti. Eccola affiorare in questo aneddoto che racconta lo scrittore Richard Hanania, originario di Chicago: «La mia Chicago è abitata per un terzo da black. Come molte città del Midwest, è estremamente violenta, e i crimini sono concentrati in modo preponderante nei quartieri afroamericani. Quando dilagano in altre zone della città, a commetterli sono soprattutto individui che provengono da quei quartieri. Ho molti amici di famiglia che sono immigrati dal Medio Oriente e possiedono negozi in città. Prima o poi qualche loro parente o conoscente è stato rapinato, talvolta ucciso. Il campione di basket (nero) Michael Jordan era ammirato e rispettato da tutti. Ma le conseguenze delle sue vittorie sportive riempivano la comunità di paura, perché ogni sua vittoria in campionato si trasformava in un'opportunità per appiccare il fuoco ai negozi degli immigrati. Quando succedeva uno di questi fatti, gli arabi si esprimevano tra loro per allusioni. "Cos'è successo al negozio di Walid?" "Lo sai, i neri..." "Ah, ho capito." No, per la verità loro non dicono "i neri", dicono "gli schiavi", perché questa è l'espressione usata dagli arabi».

Un viaggio in Egitto all'inizio del 2023 mi offre l'occasione per osservare il cosiddetto «Qatargate» da un'angolatura diversa. A quest'ora gli italiani lo hanno dimenticato... Il Qatargate fece tremare l'Europarlamento per un'inchiesta sulla corruzione di diversi deputati. Fu chiamato così perché una parte della vicenda riguardava i favori comprati dal Qatar nel periodo in cui organizzava i Mondiali di calcio a casa sua, e voleva mettere la sordina alle critiche sugli abusi dei diritti umani. Quello scandalo è ancora vivo nei giorni in cui io mi trovo in Egitto, e mi offre l'occasione per osservarlo con lo sguardo degli egiziani. Il fatto che il Qatar – e altri soggetti del mondo arabo – sia in grado di corrompere le istituzioni europee, per loro è anche una prova di forza. S'inserisce in una fase che alcuni in Nordafrica e in Medio Oriente stanno vivendo come una sorta di «quarta stagione della speranza» per il mondo arabo: dopo i fallimenti del socialismo, del fondamentalismo e delle primavere arabe. Questa quarta stagione è guidata da modelli come Dubai, vetrina di un nuovo esperimento di modernizzazione laica, e dalle riforme del principe Mohammad bin Salman (MbS) in Arabia Saudita. Uno dei segnali di apertura di questa stagione è stata la firma degli Accordi di Abramo, con cui un pezzo di mondo arabo ha smesso di strumentalizzare la questione palestinese e ha avviato rapporti con Israele all'insegna del pragmatismo, cioè del business.

Il Medio Oriente in quei primi mesi del 2023 fa più notizia per i tragici eventi in Iran, una nuova e crudele repressione delle proteste contro il regime. L'Iran e la sua teocrazia sciita per molti vicini è uno Stato canaglia, aggressivo, pericoloso, sostenitore di milizie terroriste. Ma il bilancio per i diritti umani non è positivo neanche in molte nazioni a maggioranza sunnita. Resta fresca la memoria del delitto Regeni che ha inquinato a lungo i rapporti tra l'Egitto e l'Italia; anche se Mario Draghi è stato l'iniziatore di un disgelo legato alle forniture di gas, poi proseguito da Giorgia Meloni. Né è stato dimenticato a carico dell'Arabia l'assassinio del giornalista dissidente Jamal Khashoggi, ordinato dal principe MbS ed eseguito come una macabra macellazione dentro una sede diplomatica saudita in Turchia. Anche qui, però, la Realpolitik prevale: l'America di Biden, dopo aver trattato a muso duro MbS, nel 2023 è tornata a ricucire i rapporti sperando così di contenere l'espansionismo iraniano (e russo-cinese) in quest'area. Il Qatargate dell'Europarlamento si situa in questo contesto.

Se osservata dal Cairo, da una classe media che in passato ha visto tradite tante promesse e speranze di modernizzazione, la fase attuale è meno negativa di quanto sembri a noi. MbS piace perché applica a una superpotenza regionale come l'Arabia Saudita il modello Dubai: niente democrazia, né diritti umani paragonabili a quelli dell'Occidente, però a Riad è in corso una stagione di riforme che migliorano lo status della donna, riducono l'influenza reazionaria del clero nella vita del paese, investono i flussi di petrodollari in progetti avveniristici. Anche l'aspetto generazionale conta, la giovane età di MbS è un distacco dalle gerontocrazie. Potrebbe essere un leader che cancella gli errori del 1979 (l'anno del «grande balzo all'indietro») e apre un nuovo capitolo nella storia del mondo arabo? Stiamo assistendo a qualcosa che assomiglia a una quarta primavera araba?

Le delusioni delle precedenti tre furono tremende. La prima stagione di speranze fu aperta nel 1952 dal colpo di Stato militare che in Egitto portò al potere il colonnello Nasser dal 1954 al 1970. Fu la primavera nazionalista e socialista. Nasser si conquistò un'enorme influenza sul Nordafrica e Medio Oriente, propugnando un nazionalismo panarabo. Piaceva a popoli che avevano conquistato da poco l'indipendenza. Portò l'Egitto nella sfera dell'Unione Sovietica e tentò una via egiziana al socialismo. L'esperimento coincideva con i primi passi che alcuni paesi dell'area muovevano per prendersi il controllo del proprio petrolio. La figura di Nasser ispirò altri leader, da Gheddafi in Libia a Saddam Hussein in Iraq. Fallì miseramente per almeno due ragioni: l'ostinazione a combattere Israele (punita dalla sconfitta militare del 1967, a cui ne sarebbero seguite altre) e il disastro di economie socialiste segnate da corruzione e inefficienze spaventose. Mentre il Nordafrica e il Medio Oriente partivano a quell'epoca da livelli di benessere superiori a Singapore e alla Corea del Sud, sarebbero poi stati incapaci di replicare il miracolo economico dei «dragoni asiatici».

La delusione verso il nasserismo, il socialismo e il panarabismo porterà alla seconda presunta «primavera», quella del 1979: quando grandi masse arabe si rivolgono al fondamentalismo religioso nella speranza che faccia piazza pulita delle classi dirigenti fallimentari. Coincide con due shock petroliferi (1973 e 1979) che arricchiscono a dismisura le élite locali. Il risveglio arabo del 1979 fallisce in maniera disastrosa, ma dopo aver seminato distruzione e sangue nel mondo intero, perché quei petrodollari hanno finanziato moschee e madrasse che istigano il jihadismo, l'odio per l'Occidente, le stragi terroristiche.

La terza primavera araba è quella a cui noi abbiamo incollato questa precisa etichetta, ha le sue punte avanzate in Nordafrica, è la stagione delle proteste democratiche iniziate nel 2011 in Tunisia e passate poi in Egitto e in Libia. Viene abbracciata con frettoloso e ingenuo fervore da Barack Obama, che «molla» Mubarak, salvo poi pentirsi quando si accorge di aver spianato la strada alla vittoria dei Fratelli musulmani. L'Egitto si sposta nel campo fondamentalista: una catastrofe, tenuto conto dell'enorme influenza storica che l'università al-Azhar del Cairo esercita su tutti i religiosi di fede musulmana. Su questo tema è istruttivo il film *La cospirazione del Cairo*, premiato a Cannes nel 2022. Obama si pentirà del suo errore, l'avvento del generale al-Sisi chiuderà l'era dei Fratelli musulmani, le primavere arabe democratiche finiranno male un po' ovunque, Tunisia inclusa. Senza democrazia né diritti umani.

Reduci da tante delusioni, i paesi del Medio Oriente e del Nordafrica entrano nel 2022 in un nuovo shock petrolifero che fa affluire ricchezze immense nelle loro casse pubbliche. I veri padroni delle energie fossili da tempo non sono più le multinazionali occidentali bensì colossi di Stato come l'Aramco saudita. Il Golfo Persico è al centro di dinamiche geopolitiche rilevanti. Se da Dubai si traccia con il compasso una circonferenza che abbraccia tutte le regioni raggiungibili in sei ore di volo, si include un'area popolata da oltre mezzo miliardo di persone, che comprende le coste italiane, quelle dell'India, il Corno d'Africa e il Maghreb. Area ricca di opportunità, con alti tassi di crescita economica e una popolazione giovane. Come gran parte del mondo arabo, il Golfo Persico non prende una posizione netta contro l'aggressione russa in Ucraina, non aderisce alle nostre sanzioni contro Putin, non si schiera nella nuova guerra fredda che oppone l'Occidente al blocco Cina-Russia. È un territorio in forte crescita, un polo di modernizzazione. Non vuole legare il proprio destino esclusivamente alle energie fossili, anzi investe in tutte le alternative: dal solare al nucleare, all'idrogeno. Però condanna la suprema ipocrisia dell'Occidente che fino a ieri dava le energie fossili per defunte e oggi implora l'Opec di aumentare la produzione di petrolio per compensare l'ammanco di quello russo.

Torno al mio punto di partenza: il Qatargate. Visto con gli occhi di un giovane egiziano del ceto medio, che guarda con speranza agli esperimenti del Golfo Persico, l'episodio di corruzione dell'Europarlamento è al tempo stesso banale e rassicurante. Banale, perché la corruzione in questa parte del mondo c'è da sempre, e su scala ben più vasta. Rassicurante, perché l'identità del presunto compratore d'influenza e l'identità dei presunti corrotti stanno a segnalare nuovi rapporti di forze.

È rinato un impero arabo, e si sta comprando l'Egitto, tra l'altro. È una delle «potenze regionali» che contendono a ulteriori protagonisti – America, Cina, Russia – l'influenza su un'area strategica del mondo, che spazia dal Medio Oriente al Maghreb fino all'Africa subsahariana. Nell'aprile 2023 l'Arabia Saudita ha spinto l'Opec a tagliare la produzione di petrolio, un gesto che viene in aiuto a Putin, perché dà un sostegno ai prezzi ed evita un'eccessiva concorrenza tra il petrolio arabo e quello di Mosca (quest'ultimo ha continuato a trovare sbocchi malgrado le sanzioni, soprattutto in Cina e in India). In particolare, è interessante osservare gli usi che Riad fa della ricchezza petrolifera: per modernizzare non solo la propria economia, ma anche quella del gigante nordafricano malato, l'Egitto.

Guardando all'aspetto geopolitico di questa decisione, è l'ennesimo schiaffo che il principe saudita MbS sferra a Joe Biden e a tutto l'Occidente. L'America, e ancora più l'Europa, gli alleati come Giappone e Corea del Sud, hanno interesse a una moderazione nei prezzi petroliferi per contenere l'inflazione. Ma il principe MbS è un trumpiano o un sovranista che usa lo slogan «Saudi First». Non esita a entrare in rotta di collisione con gli interessi degli Stati Uniti, malgrado l'aiuto militare che riceve da Washington. Lo si è visto con il disgelo diplomatico fra Riad e Teheran, un'operazione «firmata» Xi Jinping. L'Arabia non si è fatta scrupolo di usare i buoni uffizi della Cina (sollevando apprensione alla Casa Bianca) nel ristabilire le relazioni con il nemico Iran. L'operazione serve a ridurre le incognite per la stabilità strategica nel Golfo Persico. Più che descrivere un'Arabia che si avvicina a Pechino, bisogna vedere la strategia saudita come coerente con una logica da vera potenza, autonoma e determinata ad affermare i propri interessi.

Tra le priorità del principe MbS c'è la modernizzazione dell'economia: il modello è Dubai, il che include il ridimensionamento del potere clericale e una moderata liberalizzazione delle regole islamiche. Poi ci sono i megacantieri che devono trasformare la fisionomia dell'Arabia: il gigantesco resort turistico in costruzione sul Mar Rosso, che avrà una superficie vasta quanto il Belgio; la megalopoli hi-tech da 500 miliardi di dollari in costruzione in mezzo al deserto, trentatré volte più vasta di New York. Questi sono i progetti vetrina, dietro c'è una strategia che punta a diversificare l'economia saudita rendendola meno dipendente dal petrolio: gli investimenti vanno in tutte le direzioni, da settori tradizionali come il turismo alle energie rinnovabili. Ad alimentarli c'è la potenza di fuoco di un fondo sovrano che amministra 650 miliardi di dollari.

Il nuovo impero arabo ha una proiezione internazionale importante. Presta e investe in molte aree del mondo, soprattutto in Medio Oriente e in Africa. Detta le sue condizioni. Spesso agisce d'intesa con il Fondo monetario internazionale. In questo modo conquista un peso enorme in Egitto, paese chiave per l'influenza che Il Cairo ha esercitato storicamente nel mondo islamico e in Nordafrica. Anche il Sudan è tra i primi destinatari dei nuovi investimenti del fondo sovrano saudita: 24 miliardi di dollari ripartiti su poche nazioni per massimizzare l'effetto.

Il cordone ombelicale che lega l'Egitto all'Arabia Saudita non è una novità. Dal 2013 al 2020 Riad ha versato 46 miliardi di dollari al Cairo, tra prestiti della banca centrale, investimenti diretti, forniture «amichevoli» di petrolio e gas. Molti di quei fondi, però, in passato venivano donati o prestati a condizioni di favore. E l'Egitto, sprofondando da una crisi all'altra, non riusciva a restituirli. La strategia di MbS imprime una svolta. Il nuovo impero arabo ha perso fiducia nella capacità egiziana di gestire gli aiuti. Quindi chiede in cambio che pezzi dell'economia locale finiscano sotto il controllo saudita. Questo converge con una richiesta del Fondo monetario, anch'esso irritato per l'inefficienza del generale al-Sisi. Il Fmi nel suo pacchetto di aiuti ha richiesto al dittatore del Cairo che riduca l'opprimente ruolo del settore pubblico – soprattutto dell'esercito – nell'economia egiziana. L'idea è che l'Egitto potrebbe svilupparsi molto meglio se liberasse le energie della sua imprenditoria privata. La prospettiva più concreta e probabile è che il generale al-Sisi prima o poi ceda a queste pressioni, ma che le privatizzazioni finiscano in mano a imprenditori sauditi. Al Cairo si sono levate voci che lamentano la strisciante perdita di sovranità a vantaggio dell'Arabia. Sono state silenziate dal regime, che non ha potere contrattuale data la sua debolezza economica e deve piegarsi alle richieste di MbS. Un celebre giornalista egiziano, Abdel Razek Tawfik, ha descritto i sauditi come «ex straccioni, ora nuovi ricchi, che non devono dettare il futuro dell'Egitto». Il suo commento è stato cancellato dalla censura di al-Sisi.

Il trattamento riservato all'Egitto potrebbe estendersi anche al suo vicino meridionale, il Sudan, piombato di nuovo in un baratro di golpe militari e guerra civile nel 2023. L'impero arabo in fase di rilancio diventa un altro attore rilevante tra quelli che si contendono un ruolo nel futuro dell'Africa. Riad obbedisce alle sue priorità, che di volta in volta possono convergere o divergere da quelle di Washington, Pechino, Mosca.

In Italia si è diffusa l'opinione – spesso imprecisa se non addirittura infondata – che gli Stati Uniti abbiano «profittato» economicamente della guerra in Ucraina, mentre il vantaggio economico, per l'industria energetica o militare, è trascurabile sul Pil americano. Un sicuro profittatore della guerra invece è proprio l'Arabia: ha chiuso il 2022 con un surplus imprevisto di 28 miliardi di dollari nel suo bilancio statale, grazie all'impennata dei prezzi petroliferi dopo l'invasione dell'Ucraina.

Vedere l'Egitto che nel 2023 scivola verso uno status di colonia dell'Arabia Saudita costringe a riflettere sulle illusioni che aveva acceso nel mondo intero appena dodici anni prima. Di tutti i paesi coinvolti nelle primavere arabe, era di gran lunga il più importante. Alla ricerca di una lezione da estrarre, ritrovo i miei appunti datati dodici anni fa. Eccoli.

Febbraio 2011. Perché proprio ora? La domanda è obbligatoria. Perché tanti regimi nordafricani e arabi, che erano autoritari e dispotici da decenni, hanno visto esplodere proteste di massa proprio in questo inizio del 2011, tutti simultaneamente? Una delle risposte va cercata nelle condizioni economiche. È noto che in Tunisia e in Algeria tutto è cominciato con «le proteste del pane», cioè il malcontento popolare provocato dall'ondata mondiale di rincari delle derrate agroalimentari. Anche in Egitto l'iperinflazione dei prodotti di prima necessità ha avuto un ruolo. Come nel primo semestre del 2008, siamo in una fase di tensione su tutti i mercati delle materie prime e questo è un tipico detonatore dei movimenti di massa. Ma non basta. Com'è evidente al Cairo e ad Alessandria, questa non è una rivolta dei più poveri. A guidare la protesta c'è una gioventù istruita, che ha accesso a Internet, usa Facebook e Twitter. È ceto medio urbano. È una caratteristica comune a molte rivoluzioni: raramente esplodono dalla miseria assoluta. Fin dalla «madre di tutte le rivoluzioni», quella francese del 1789, gli storici hanno appurato che per rovesciare un Ancien Régime occorre sì un forte disagio sociale, ma non solo. Le rivoluzioni accadono quando insieme con la povertà di massa c'è anche un'evoluzione sociale, una modernizzazione, un miglioramento economico che viene distribuito in modi fortemente disuguali.

Ecco quindi una chiave del grande sommovimento che dilaga nel mondo arabo. Che è parte di un continente tutt'altro che fermo. Tutta l'Africa, negli ultimi anni, è entrata a far parte del fenomeno degli «emergenti». L'Egitto l'anno scorso ha avuto una crescita del Pil del 5 per cento, naturalmente distribuita in modo disomogeneo, ma comunque tale da alimentare aspettative che il regime di Hosni Mubarak non è riuscito a soddisfare. A livello mondiale la vera novità di questa fase non è più il boom della Cina o dell'India, bensì il successo degli ultimi della classe: Bangladesh, Tanzania, Etiopia, Uganda, Vietnam, Mozambico, Uzbekistan nel 2005 concentravano i due terzi degli abitanti più poveri della terra, oggi hanno tutti ritmi di sviluppo eccellenti. Uno studio della Brookings Institution, intitolato *Poverty in Numbers: The Changing State of Global Poverty from 2005 to 2015*, rivela che nell'ultimo quinquennio mezzo miliardo di persone è uscito dalla miseria estrema. Entro il 2015 la quota della popolazione africana sotto la soglia della povertà assoluta si sarà ridotta sotto il 40 per cento, un risultato che la stessa Cina ottenne solo a metà degli anni Novanta.

In questo senso l'attenzione ormai ossessiva verso i cosiddetti «paesi emergenti» o Brics (Brasile, Russia, India, Cina, Sudafrica) sembra già una forma di conformismo. Quella è una storia importante, certo, ma ormai così affermata che bisognerebbe chiamarli «paesi emersi». Quando si parla di povertà delle nazioni, denunciano Laurence Chandy e Geoffrey Gertz, che sono gli autori della ricerca per la Brookings Institution, la classe dirigente mondiale continua a usare dei dati vecchi. Il dibattito su questi temi è anacronistico, perché la base fattuale utilizzata da tutti è un lavoro della Banca mondiale che risale ormai al 2005. In quello studio, che è divenuto la bibbia sulla materia, fu calcolata la parte della popolazione mondiale che viveva con meno di 1,25 dollari al giorno, cifra stabilita come soglia della povertà assoluta. «E molti di coloro che discutono questi temi» spiegano Chandy e Gertz «continuano a dire che "oggi" un miliardo e 370 milioni di persone nel mondo sono sotto quel livello, inclusi 456 milioni di indiani e 208 milioni di cinesi. Quelli però sono ancora i dati vecchi.» E in questo periodo, come dimostra la ricerca della Brookings, i cambiamenti sono stati straordinari. L'insieme delle economie dei paesi in via di sviluppo è cresciuto del 50 per cento. Nonostante la grande recessione: che in effetti a posteriori si conferma come una recessione essenzialmente occidentale, meno globale di quanto si era creduto.

L'effetto di quella poderosa crescita sulla povertà mondiale è impressionante. La Brookings elenca i paesi che nel 2005 concentravano ben due terzi di tutti i poveri del pianeta: sono appunto Bangladesh, Tanzania, Etiopia, Vietnam, Uganda, Mozambico e Uzbekistan. Ebbene, dal 2005 a oggi tutti senza eccezioni hanno avuto dei tassi di crescita fenomenali. Gli esperti della Brookings sono partiti proprio dai dati della Banca mondiale, per compiere su quelli il loro lavoro di aggiornamento. Ecco il risultato: tra il 2005 e il 2010, il numero totale dei poveri nel mondo è sceso a 878 milioni di persone. Si tratta ancora di una massa sterminata, beninteso, e il loro dramma resta una vergogna mondiale. Al tempo stesso, bisogna ammettere come fanno gli studiosi della Brookings che «mai prima d'ora nella storia umana un numero così vasto di persone è uscito dalla povertà in un arco di tempo così breve». La scoperta è tanto più confortante, perché questo è avvenuto in un periodo di crisi dell'Occidente, che in altri tempi avrebbe potuto risucchiare verso il basso anche l'emisfero Sud del pianeta.

L'arretramento complessivo dei confini della miseria avviene un po' dappertutto, in ogni continente, anche se a velocità diverse. Ovvio che le due maggiori storie di successo rimangono Cina e India. «Cindia» da sola pesa per i due terzi della riduzione dei poveri, dal 2005. Se si aggiungono le altre nazioni asiatiche, questo continente realizza i tre quarti della riduzione della miseria mondiale in tale arco di tempo. La quota di poveri che abitano in Asia scenderà così dai due terzi del totale a un terzo. Di conseguenza la quota dei poveri di tutto il mondo che si concentrano in Africa salirà fino a quasi il 60 per cento.

Tuttavia, questo aumento relativo rischia di mascherare i progressi notevoli in corso anche nel continente nero. Già nel 2008 la percentuale di poveri nella popolazione africana era scesa sotto il 50 per cento per la prima volta nella storia. Entro il 2015 la miseria in Africa sarà sotto il 40 per cento della popolazione. «Una riduzione di tale rapidità» osservano Chandy e Gertz «non si è verificata neppure in Cina.» La ricerca della Brookings sfata molti miti e i suoi autori non risparmiano frecciate contro il «pensiero unico progressista» che sembra aver scelto di non vedere ciò che accade di positivo: «Si continua a citare il dato secondo cui nel biennio della recessione 64 milioni di persone sono state ricacciate nella povertà, e si preferisce ignorare il dato che centinaia di milioni ne sono usciti nel corso degli ultimi sei anni». Quel che è accaduto in diverse nazioni dell'Africa, d'altronde, è la normale conseguenza dei tassi di crescita sostenuti che sono riuscite a mantenere in questo periodo. Una ragione per cui l'Occidente continua a non aprire gli occhi di fronte a tale realtà positiva è che quei paesi stanno meglio perché il loro ciclo economico è più sintonizzato con quello cinese che con quello occidentale.

Da una parte, quindi, l'Occidente non ha visto la «storia positiva» – la crescita economica africana – che sta dietro la caduta del Muro dei dispotismi. D'altra parte sembra minimizzare i possibili risvolti negativi sul piano economico. Dal canale di Suez, per quanto strategico sia, transita solo il 2,5 delle esportazioni mondiali di petrolio, anche perché il passaggio non è abbastanza largo per le superpetroliere.

Se si aggiunge l'oleodotto Sumed, il transito di greggio attraverso l'Egitto arriva al 4,5 per cento del totale mondiale: siamo ancora a una quota modesta. Le proporzioni cambiano però se si guarda all'export di gas. L'Egitto ha di suo dei giacimenti di gas importanti, che tra l'altro vende a Israele. Se si somma tutto il gas naturale liquefatto (anche originario di altri paesi) che viene trasportato su navi attraverso il canale di Suez, si arriva al 14 per cento delle forniture mondiali, una quota ben più rilevante rispetto al petrolio. Una chiusura del canale obbligherebbe a dirottare tutto il traffico verso la circumnavigazione dell'Africa, allungando di sedici giorni il percorso medio: quindi con costi aggiuntivi che andrebbero ad accentuare le tensioni inflazionistiche mondiali. Gli esperti strategici considerano improbabile la chiusura del canale. Temono di più per gli oleodotti, la cui vulnerabilità nei confronti di attentati terroristici è elevata. L'Egitto è un peso leggero, certo, rispetto ai colossi dei Brics o perfino rispetto ad altre subpotenze emergenti (e produttrici di petrolio) come Messico o Indonesia. Tuttavia, se la transizione nel dopo-Mubarak dovesse sfociare nella presa di potere al Cairo di forze del fondamentalismo islamico, o anche soltanto di una coalizione nazionalista e anti-israeliana, la possibilità di un nuovo conflitto in Medio Oriente tornerebbe all'ordine del giorno.

Il dubbio su cui si concludevano i miei appunti del febbraio 2011 si sciolse nel modo peggiore. Le primavere arabe e nordafricane furono un fuoco di paglia. Dopo il loro fallimento abbiamo avuto le vittorie dei fondamentalismi alle urne, seguite dal ritorno di dittatura militare (Egitto), guerra civile e caos (Libia), guerra civile e vittoria del regime assolutistico con aiuti militari esterni (Assad in Siria, puntellato da Russia e Iran). Mentre scrivo, la democrazia tunisina è sempre in bilico, gli osservatori più severi la giudicano agonizzante. In Algeria i militari resistono a tutto.

Il 2023 oltre che dalla «colonizzazione saudita» dell'Egitto è segnato dal ritorno trionfale del siriano Assad nella Lega Araba, che lo aveva cacciato dai suoi ranghi proprio nel 2011 per castigarlo per le atrocità inflitte alla popolazione civile (l'uso dei gas, contro cui Obama annunciò una «linea rossa» che non fece rispettare). Approfittando – per così dire – del terribile terremoto che ha colpito la Siria, e della necessità di portare aiuti umanitari, il ministro degli Esteri egiziano è stato il primo esponente di alto livello della Lega Araba a visitare Assad anticipandone la riabilitazione dodici anni dopo l'espulsione. Anche in questa operazione l'Egitto si è mosso assecondando il volere del suo nuovo padrone, Riad.

Malgrado gli aiuti militari che riceve dall'America, sempre nel 2023 il generale al-Sisi ha fatto alla Russia un favore importante: ha concesso il sorvolo del proprio spazio aereo alla sua aviazione militare. Altri paesi della regione, come Turchia, Libano e Iraq, lo avevano negato. Grazie all'Egitto, e sia pure a prezzo di una deviazione che allunga i tempi di volo, Putin ha potuto far rientrare in Russia armamenti che teneva in Siria. Per usarli contro l'Ucraina. È un paradosso crudele che l'Egitto, uno dei più grandi importatori mondiali di grano, quindi una delle principali vittime economiche dell'invasione in Ucraina, debba collaborare con Putin: perché la presenza di forze russe o del Gruppo Wagner tra Siria e Libia incute troppo timore ad al-Sisi.

«Se si potesse votare in modo libero e democratico in Egitto? Oggi rivincerebbero i Fratelli musulmani.» È l'amara constatazione che sento fare a un diplomatico occidentale che mi riceve al Cairo. Mi consegna una sintesi delle analisi che sente fare quotidianamente dalle sue fonti locali, ufficiali e non.

Che cosa non capimmo, dunque, delle primavere arabe del 2011, a cominciare da quella più importante di tutte, l'egiziana? Feticismo tecnologico è una delle spiegazioni. Ci bastava vedere tanti giovani in piazza mobilitati attraverso i nostri stessi social, Facebook e Twitter, per dichiarare l'Egitto definitivamente occidentale, assimilato o liberato, con tutti gli annessi e connessi. Il grande fraintendimento dei social è avvenuto più e più volte: alla loro apparizione in varie parti del mondo abbiamo cantato vittoria per delle rivoluzioni che alla prova dei fatti non avevano un seguito di massa adeguato. Poi abbiamo il vizio di scambiare i nostri desideri per realtà, di ingigantire il peso delle élite occidentalizzate. Il ruolo dei nostri media e intellettuali è cruciale. Sulla nostra stampa, nelle nostre Tv, nei nostri festival letterari e nei nostri premi cinematografici, nelle nostre università, ospitiamo solo quelle personalità (egiziane, maghrebine, da tutta l'Africa o dal Medio Oriente) che la pensano come noi sui diritti delle donne, sull'omosessualità e il genere fluido, sulla religione, sull'aborto, sull'immigrazione e la società multietnica, sull'ambientalismo. Di conseguenza la nostra sfera intellettuale, il nostro discorso pubblico, è uno specchio deformante. Ci rappresentiamo un Egitto diverso da quello reale; lo stesso vale per il resto dell'Africa o altre parti del mondo. Così quando un'elezione dà un risultato deludente, crediamo sia truccata, e forse lo è solo in parte. Quando una rivoluzione di piazza apre la strada alla vittoria dei fondamentalisti o al golpe militare, protestiamo che qualcuno bara al gioco, e anche questo è possibile, probabile. Ma anche noi bariamo, continuando a fabbricarci su questi paesi e sulle loro società civili un'informazione selettiva, segnata dalle nostre preferenze.

L'Egitto intanto continua a procedere così: un passo avanti e due indietro. Non ha ancora fatto i conti con il vero inizio di questa storia: Nasser 1954, cioè l'apice di tutte le speranze, il trionfo apparente di una promessa, il grumo di scelte sbagliate che subito condannano il socialismo dei militari in un implacabile duello con i fautori della teocrazia.

V

Dopo tanti fallimenti è l'ora del «modello asiatico»?

Oggi sembra impossibile, ma negli anni Sessanta la città-Stato di Singapore guardava all'Africa come a un modello per sviluppare la propria economia. «Nel 1968» ricorda un ex premier del Kenya, Raila Odinga, «una delegazione da Singapore venne in visita nel mio paese per imparare le nostre lezioni, visto che eravamo più sviluppati di loro. Quarant'anni dopo, fui io a guidare una visita di lavoro dal Kenya a Singapore, portando con me sei ministri. Era solo uno in una serie di viaggi ad alto livello in cui cercavamo di capire e di imparare.»

Davvero nel 2023 stentiamo a crederlo. Singapore (oggi la Svizzera d'Oriente) e la Corea del Sud (che ha superato il Pil dell'Italia) negli anni Sessanta erano più poveri di molti Stati africani. Quando l'economista svedese Gunnar Myrdal vinse il Nobel nel 1974, il riconoscimento gli fu assegnato anche in virtù dei suoi studi sulla miseria; un capolavoro che gli valse il premio s'intitolava *Asian Drama: An Inquiry into the Poverty of Nations* («Dramma asiatico – Un'inchiesta sulla povertà delle nazioni»). Quella sua analisi pubblicata nel 1968 trattava anche il caso Singapore, una città che era una grande baraccopoli, afflitta da malaria e denutrizione.

Non solo non era scontato, ma non era neppure immaginabile il percorso fantastico che Singapore e molti altri dragoni asiatici hanno compiuto da allora, fino a diventare delle aree avanzatissime dal punto di vista del benessere, dell'istruzione, della tecnologia, nonché dell'ordine pubblico e della sicurezza. Forse nemmeno il principale artefice del miracolo, il premier di Singapore post-indipendenza, Lee Kuan Yew, all'inizio arrivò a sognare un risultato così eccezionale.

Chiunque oggi razionalizza a posteriori i numerosi miracoli asiatici – oltre a Singapore e Corea vanno ricordati in ordine cronologico Taiwan e Hong Kong, poi la Cina, infine Vietnam, India, Indonesia e altri ancora – trova delle giustificazioni che sembrano ovvie e invece non lo sono. Ci vuole faciloneria, o malafede, per affermare che «era naturale». Non lo era. Bisogna tuffarsi nella lettura delle analisi ricorrenti negli anni Sessanta o Settanta per confermare che nessuno previde una performance asiatica così fenomenale. Donde il ricorso al termine «miracolo», per quanto discutibile visto che non stiamo parlando di eventi magici o soprannaturali.

Lo stesso vale per il fenomeno opposto, cioè la delusione africana. Non ci sono spiegazioni facili né ovvie. Il primo riflesso di un occidentale medio – allenato a considerarsi il centro dell'universo, il che nella versione odierna significa nutrire i propri complessi di colpa in modo ossessivo – è di trovare una spiegazione «coloniale». Se l'Africa non ce l'ha fatta, in questa versione molto diffusa, deve essere naturalmente colpa nostra. Il colonialismo, seguito da forme di sfruttamento postcoloniali, è invocato come la causa di tutto: «noi» abbiamo reso impossibile un miracolo africano paragonabile a quello singaporiano. La spiegazione non regge per la semplice ragione che anche Singapore è stata una colonia dell'Occidente (della Gran Bretagna, come il Kenya). In effetti ha ottenuto la sua indipendenza solo nel 1965, cioè un anno dopo lo Zambia. Diversi paesi asiatici sono stati colonie dell'Occidente ben più a lungo degli Stati africani. Indonesia e India hanno avuto secoli di storia coloniale, hanno subito periodi di dominio occidentale molto superiori a qualsiasi Stato africano. Perfino Singapore, pur essendo divenuta una colonia britannica in epoca relativamente più recente (1867), lo è rimasta comunque per più tempo di molti Stati africani. Ma mentre il reddito pro capite dello Zambia nel 2019 era di poco superiore a quello del 1964, il reddito pro capite di Singapore era cresciuto quindici volte in confronto all'anno dell'indipendenza, il 1965.

Con il senno di poi, per razionalizzare il miracolo, cioè trovargli una spiegazione logica, si può forse immaginare che Singapore abbia goduto di condizioni molto più favorevoli in termini di pace, stabilità e sicurezza? Non è vero nemmeno questo. La nascita di Singapore come città-Stato indipendente avvenne in modo conflittuale con una secessione dalla Malesia, tensioni con l'Indonesia e conflitti interni di tipo etnico, razziale, religioso. Né l'oppressione coloniale, né le circostanze della decolonizzazione sono spiegazioni adeguate per lo scarto enorme tra l'Africa e l'Asia nel 2023.

Un caso ancora più eclatante, per ricordarci che l'Africa non si differenzia per alcune «sue» piaghe esclusive quali guerre, anche civili, e conflitti etnici, è quello del Vietnam. Il Vietnam ha combattuto guerre spaventose, una dopo l'altra: contro il Giappone, la Francia, l'America e da ultimo la Cina, nel 1979. La sua stessa riunificazione nacque da un sopruso del Nord contro il Sud, e fu segnata da sopraffazioni etniche oltre che dall'imposizione violenta del regime comunista sulla popolazione meridionale. Ancora all'inizio degli anni Novanta il Vietnam sembrava un caso disperato, per gli immani danni economici e umani di tutte quelle guerre contro nemici stranieri e interni. Oggi il paese ha raggiunto gli altri dragoni, la sua economia supera quella cinese per velocità di sviluppo e capacità di attrazione di investimenti esteri. Perfino la piccola Cambogia, colpita da una tragedia atroce come il genocidio perpetrato dal regime comunista dei khmer rossi, ha agganciato il treno dello sviluppo economico, è diventata una destinazione di flussi turistici importanti, nonché una nuova meta nella delocalizzazione del tessile-abbigliamento e del calzaturiero. Solo dall'inizio di questo millennio il suo reddito pro capite è triplicato, una performance che fa sognare la maggior parte delle nazioni africane. Quindi è assurdo ipotizzare che i miracoli dei dragoni asiatici siano stati favoriti dall'assenza di guerre e rivalità etniche, da un contesto di ordine e sicurezza che sarebbe assente solo in Africa.

Il tema del modello asiatico è al centro di molti studi e analisi generati proprio da autori africani. Uno dei più recenti e autorevoli è *The Asian Aspiration – Why and How Africa Should Emulate Asia* («L'aspirazione asiatica: perché e come l'Africa dovrebbe emulare l'Asia»). Tra gli autori di quest'opera collettiva figurano un ex presidente della Nigeria, Olusegun Obasanjo, un ex premier dell'Etiopia, Hailemariam Desalegn, più altri esperti del continente nero. Il rapporto si apre con una sfida: «L'Asia ha sollevato dalla miseria un miliardo di persone in una sola generazione, dando così una definizione concreta al concetto di crescita inclusiva. Può l'Africa essere la prossima Asia?». Prosegue con questa osservazione: «Non molto tempo fa, numerose nazioni asiatiche si trovavano in condizioni simili a gran parte dell'Africa contemporanea: stremate dalla miseria, troppo dipendenti dalla vendita di materie prime, afflitte da problemi di instabilità politica e sociale, e con poche prospettive di impiego per le popolazioni urbane in forte aumento. Dalla fine degli anni Settanta l'Asia orientale era stata devastata economicamente da una combinazione di conflitti e di isolamento dai mercati globali».

Poi quei paesi cominciarono a studiare e a emulare il Giappone, il pioniere orientale nella modernizzazione, la prima nazione che aveva assorbito con successo alcuni ingredienti del progresso occidentale adattandoli alla propria cultura e ai propri valori. L'antefatto nipponico consente di ricordare che non esiste un modello asiatico unico dal punto di vista dei sistemi politici. Alcuni dragoni hanno cominciato la loro ascesa sotto regimi dispotici, poi strada facendo si sono trasformati in democrazie liberali (Giappone, Corea del Sud, Taiwan), altri hanno tuttora governi autoritari, di sinistra o di destra.

Le ricette vincenti vanno cercate sul terreno dell'economia e dell'organizzazione sociale, non necessariamente su quello dell'ideologia politica o dei diritti umani. Sta di fatto che un numero crescente di africani oggi guarda al modello asiatico, per quanto generico sia questo concetto. È innegabile il rispetto che incute la Cina: la più gigantesca delle nazioni povere ancora fino al dopo-Mao negli anni Settanta e Ottanta, è la più grande tra quelle che a oggi «ce l'hanno fatta». Il fascino che esercita la Cina non è un monopolio di élite autocratiche e illiberali che sperano di importarne il modello politico per preservare il proprio potere. Nei suoi confronti c'è anche un interesse da parte di settori della popolazione africana che non sottoscrivono per forza i principi del Partito comunista guidato da Xi Jinping. Ma guardano comunque a Oriente, anziché a Occidente, per il semplice fatto che in Asia esistono i precedenti di uno sviluppo ancora recente, fresco nella memoria, partito da condizioni iniziali non dissimili da quelle africane.

Un capitolo a parte dentro il modello asiatico è la «rivoluzione verde» indiana: che non ha niente a che vedere con il colore dell'ambientalismo, ma è stata la modernizzazione dell'agricoltura indiana avviata a partire dagli anni Settanta con l'uso di macchinari e fertilizzanti. L'India fino a mezzo secolo fa era una nazione a rischio di carestie. Oggi è uno dei maggiori esportatori mondiali di riso, grano, farina. In India oggi viene irrigato il 58 per cento delle terre fertili contro il 5 per cento nell'Africa tropicale.

Tra gli ultimi arrivati nel lungo elenco dei miracoli asiatici ci sono le perle del Golfo: Arabia, Emirati. Si può obiettare che la loro è ricchezza «facile»: a differenza di Singapore, Taiwan, Corea e altri dragoni dell'Estremo Oriente, gli arabi hanno goduto della rendita petrolifera. Sì, però almeno negli ultimi anni hanno saputo metterla al servizio di progetti di modernizzazione, e con quella ricchezza hanno acquistato un'influenza geopolitica in Africa (vedi il ruolo dei sauditi in Egitto e Sudan, per esempio). Mentre sul continente nero petrolio e gas – o altre ricchezze minerarie – ancora non hanno generato una Dubai. Anche i «miracoli» dell'Asia vicina, cioè del Golfo, sono recenti e perciò suscitano interesse, curiosità, talvolta ammirazione, volontà di emulazione o comunque di apprendimento.

Tornando alla Cina, un parallelismo incoraggiante per gli africani riguarda le tradizioni mercantili e imprenditoriali. La Cina del comunismo egualitario durante la dittatura di Mao Zedong – dal 1949 al 1976 – sembrava culturalmente refrattaria allo spirito d'intrapresa, all'iniziativa capitalistica. Ma il successore di Mao, Deng Xiaoping, quando decise la transizione verso un'economia di mercato fu in grado di attingere a tradizioni antichissime, con radici profonde in un paese di mercanti che aveva conosciuto un protocapitalismo prima dell'Occidente. L'Africa ha nella sua storia dei precedenti simili e d'altronde le coste marittime del Corno d'Africa pullulavano di mercanti cinesi e indiani due millenni fa.

Lo spirito d'iniziativa degli africani sul terreno economico è un dato di fatto, anche se non si svolge per forza nelle forme canoniche che piacciono agli occidentali. Uno studio McKinsey, un decennio fa, valutò al 60 per cento la quota della forza lavoro africana impiegata nell'economia sommersa. Non c'era bisogno di scomodare McKinsey... Chiunque visiti l'Africa ne ha un'evidenza empirica. In una grande città, che sia Lagos o Nairobi, l'esperienza di un ingorgo nel traffico urbano coincide con un'immersione in un vasto mercato informale. Sui marciapiedi o in mezzo alla strada, in movimento continuo fra automobili e camion, ci sono venditori di tutto: dai fazzoletti di carta ai caricabatterie, dalla frutta alle arachidi. L'età dei venditori varia dai sette agli ottant'anni. L'automobilista bloccato nel traffico ha un ventaglio di possibilità che vanno ben oltre quello che gli viene offerto a prima vista. Se vuole qualcos'altro basta chiedere. L'ambulante chiamerà con il cellulare un parente, amico, collega in grado di fornire la mercanzia in poco tempo, prima ancora che il traffico si sia rimesso in movimento.

Nel loro libro *The Next Africa* («La prossima Africa») i due esperti Jake Bright e Aubrey Hruby descrivono questa realtà e sfidano i nostri preconcetti sull'economia informale o sommersa. Per noi occidentali, ogni transazione «in nero» – qui inteso come attività economica non dichiarata, clandestina, che non paga tasse né oneri sociali – è sinonimo di arretratezza. Ma è possibile estendere questo giudizio negativo a un sistema dove il sommerso è largamente dominante? Oppure bisogna riconoscere un mondo governato da regole diverse? Per Bright e Hruby, il sommerso delle grandi città africane, dove tutto è comprabile e vendibile sui marciapiedi e in mezzo al traffico, conferma una vocazione commerciale che ha radici antichissime. «I prodotti africani» scrivono «erano venduti in Europa secoli prima che i mercanti europei raggiungessero le coste dell'Africa occidentale. Nel Medioevo, i tre grandi regni mercantili del Ghana, Mali e Songhai coordinavano complesse carovane di cammelli per trasportare oro, noccioline kola, schiavi attraverso il deserto del Sahara fino alle coste del Nordafrica e dell'Europa. Nel XIV secolo il regno del Mali usò le sue ricchezze per edificare Timbuctù facendone un centro culturale e di alti studi. L'imperatore Mansa Musa divenne celebre in terre lontane per il suo epico pellegrinaggio alla Mecca, in Arabia saudita, nel 1324. Fu scritto allora che fece il viaggio con 60.000 persone e 80 cammelli, ciascuno dei quali trasportava 300 libbre d'oro, lungo la rotta commerciale trans-sahariana. Quando sulle coste dell'Africa occidentale si affacciarono mercanti inglesi, francesi, olandesi e portoghesi, trovarono un ceto commerciale già esperto e sofisticato. Il Mali era il più grande produttore mondiale di oro, ma non si limitava a esportare materie prime, i suoi artigiani producevano un acciaio di qualità migliore rispetto a quello europeo, e abiti raffinati a caro prezzo.»

Uno dei paradossi del talento commerciale diffuso in Africa è che si applica anche agli aiuti umanitari. I vestiti usati che noi occidentali doniamo attraverso le ong vengono catturati e redistribuiti – a pagamento – da una vasta rete di intermediari grandi e piccoli. Tra i grossisti ci sono anche dei libanesi. È stato stimato che l'80 per cento della popolazione nigeriana partecipi in qualche modo a questo vasto «riciclaggio» dei nostri doni trasformati in business. In Kenya, il Gikomba Market di Nairobi è uno dei più grandi centri di rivendita di vestiti che gli occidentali credono di aver donato, e che invece sono intercettati dal mondo del piccolo commercio.

Il Dna ancestrale del commercio ha avuto tra le sue filiazioni due Amazon africane, Jumia e Konga, colossi locali della distribuzione online, tutti e due originari della Nigeria. Jumia ha dimostrato una spiccata capacità innovativa per adattarsi alle condizioni africane. Per esempio ha lanciato molto presto WhatsApp come piattaforma per ordinare acquisti: più semplice e veloce che navigare online sul sito. Per ovviare alla diffidenza dei consumatori, Jumia ha previsto fin dalle sue origini la possibilità di pagare la merce solo al momento della consegna. La Nigeria visse prima di noi un fenomeno simile al Covid, che in Occidente ha segnato un boom degli acquisti online. Fu l'epidemia di Ebola del 2014, che, per quanto contenuta con successo in Nigeria, ebbe come effetto di diminuire per qualche tempo la frequentazione degli spazi pubblici. Il decollo spettacolare del commercio online fu accelerato in quella fase. Un dettaglio curioso su un caso di colonizzazione a rovescio è la moda dello street-food, i camioncini-ristoranti parcheggiati in città che offrono cibi caldi a tutte le ore del giorno e della notte. Negli ultimi anni hanno invaso l'America, ma esistono da sempre in Africa.

La convinzione che la speranza per l'Africa stia in una ricetta di sviluppo di tipo asiatico non è una novità recente. Ricordo di essermi imbattuto in un'esponente di questa teoria già nel 2010, in America. È un'economista con un master a Harvard e un dottorato a Oxford, esperienze di lavoro alla Banca mondiale. Dambisa Moyo, cinquantaquattrenne originaria dello Zambia, è una «afropolitana» per eccellenza, che nel 2022 è stata nominata alla Camera dei Lord britannica. Proprio per la sua esperienza cosmopolita, si è affrancata da ogni complesso d'inferiorità verso l'uomo bianco occidentale. Il suo libro *Dead Aid* («Aiuto morto») è ormai un classico: il più efficace pamphlet di denuncia della élite bianca che si è appropriata del tema degli aiuti allo sviluppo. Spesso con le migliori intenzioni, progressiste e umanitarie. Ma con esiti disastrosi. Perciò la Moyo arriva a considerare benefico lo sbarco in Africa di altre potenze dalle mire dominatrici, come la Cina. Non perché siano meno avide ed egoiste degli europei e degli americani. Il beneficio per l'Africa nasce dal fatto che finalmente esiste una vera concorrenza tra gli investitori stranieri.

Dead Aid è un'implacabile requisitoria contro settant'anni di aiuti all'Africa. La studiosa nera lanciava già nel 2010 una tesi radicale: meglio smantellare tutto, interrompere i flussi dai paesi donatori. L'aiuto, secondo lei, è fonte di corruzione e di inefficienza. Ciò che arriva gratis di fatto mette in difficoltà chi opera in loco in condizioni di mercato. I produttori locali sono incentivati a diventare dei parassiti dell'assistenzialismo. I debitori insolventi vengono mantenuti a galla. I politici sono incoraggiati all'irresponsabilità, al clientelismo e alla ricerca di «legami preferenziali» con questo o quello Stato donatore. Dambisa Moyo ne è certa: la cosa migliore che potrebbero fare i nostri governi è annunciare una progressiva eliminazione degli aiuti. Secondo lei, per i politici africani sarebbe un brutale risveglio, dovrebbero imparare ad attirare i capitali contando sulla vitalità delle proprie economie. L'Occidente, a sua volta, deve accettare la logica della sfida con la Cina e l'India per trovare progetti d'investimento competitivi, anziché tacitare la coscienza con un po' di elargizioni umanitarie. L'economista dello Zambia non è un'integralista del neoliberismo. Non si illude che i mercati possano fare tutto da soli. Il suo saggio propone un ventaglio di riforme che vanno dal microcredito a una migliore tutela dei diritti di proprietà per i contadini. Lungi dal predicare il *laissez-faire*, è una fautrice del rinnovamento politico e dell'autodeterminazione della società civile. A conclusione del suo libro ha messo un proverbio africano: «Il momento migliore per piantare un albero è vent'anni fa. Il secondo momento migliore è adesso». E a noi rivolge un appello pressante: è ora che sull'Africa accettiamo di ascoltare il parere degli africani.

Il precedente di Singapore, che negli anni Sessanta era più povera di certi Stati africani e mandava delegazioni governative a studiarne i «modelli», ci impone di ricordare questo: da allora l'Africa non ha avuto un andamento lineare, non possiamo ridurla a una successione di fallimenti segnati dall'eredità coloniale. Ci sono stati tanti capitoli nella storia del continente dall'indipendenza a oggi. Rivisitarli, sia pur brevemente, illustra le tante ricette già sperimentate, i momenti di boom, le speranze africane già accese in passato, le false partenze. Per non appiattire l'Africa su una narrazione unidimensionale e sconfortante, è importante rievocare la sua storia reale e situarla in un contesto più ampio.

Negli ultimi decenni l'Africa ha avuto un ruolo marginale nell'economia globale, se paragonata al peso di America, Europa, Cina, Giappone negli scambi internazionali. Ma non è stato sempre così, anzi. Anche grazie all'abominevole commercio degli schiavi (ma non solo per quello), il continente nero fu al centro di una globalizzazione precedente, quella dei secoli XVII, XVIII e XIX. I flussi triangolari fra tre continenti relegarono l'Africa nel ruolo di fornitrice di materie prime (a cominciare dalla carne umana), mentre consentirono la costruzione di agricolture commerciali e delle prime industrie manifatturiere in Europa e in America, talvolta con l'uso di manodopera africana in schiavitù. Si stima che 12 milioni di schiavi africani furono trasportati sull'Atlantico verso le Americhe, Caraibi inclusi.

Il colonialismo – nel suo capitolo finale che fu la corsa a conquistare possedimenti africani – ebbe per questo continente un battesimo ufficiale molto tardivo nel 1884-85 al vertice internazionale di Berlino. Lì le grandi potenze europee si spartirono gran parte del continente tracciandovi dei confini artificiali, arbitrari, che spesso sono rimasti quelli delle nazioni post-indipendenza. Una parte dei conflitti e delle tensioni che insanguinano l'Africa oggi nasce anche dal fatto che i confini degli Stati non riflettono le geografie umane, etniche, tribali, linguistiche, religiose.

Inglesi, francesi, belgi, portoghesi scelsero di affidare lo sfruttamento dei territori coloniali a società private, come la British South Africa Company, la Compagnie Française de l'Afrique Occidentale, la Companhia de Moçambique, seguendo in parte il modello che inglesi e olandesi avevano inaugurato molto prima in India e Indonesia.

L'estrazione di risorse naturali divenne l'attività principale per i colonizzatori: minerali, caucciù (gomma naturale), olio di palma, caffè, cacao. I prodotti finiti venivano invece importati dai paesi più sviluppati, creando dipendenza. Le reti di trasporto, strade e ferrovie, erano funzionali a trasferire i beni verso gli imperi coloniali, mentre era minimo il commercio tra paesi africani (un limite che ha pesato a lungo).

I movimenti d'indipendenza degli anni Cinquanta e Sessanta promisero una profonda ristrutturazione delle economie locali. Per almeno un decennio dopo l'indipendenza, molti paesi africani conobbero un notevole sviluppo economico. Ci fu, per l'appunto, un miracolo africano prima del miracolo asiatico, come capirono i singaporiani. Dal 1961 al 1970 la Costa d'Avorio ebbe un reddito pro capite superiore a quello della Corea del Sud. Il Sudafrica nello stesso periodo vantava il livello di benessere della Spagna.

L'indipendenza degli Stati africani fu segnata da diverse lune di miele memorabili: tra i leader e i loro popoli; tra le nazioni africane unite nell'euforia; spesso ci fu anche una buona relazione con le potenze ex coloniali. Una nuova generazione di leader, quasi sempre giovani, prese il comando delle proprie nazioni. Avevano popolarità, energia, entusiasmo, progetti ambiziosi. Il mondo intero si convinse che era il momento dell'Africa.

L'indipendenza arrivò accompagnata da un boom economico. I prezzi mondiali delle materie prime più tipicamente africane – dal cacao al caffè, al rame – segnarono dei record storici. Tra il 1945 e il 1960, alla vigilia della loro indipendenza, le economie dell'Africa coloniale avevano avuto tassi di crescita dal 4 al 6 per cento annui. Le produzioni di cotone si erano triplicate, quelle di tè e arachidi raddoppiate. L'economista Andrew Kamarck della Banca mondiale, uno specialista del continente nero, fece questa previsione: «Per la maggior parte dell'Africa il futuro sarà luminoso prima della fine del secolo».

Improvvisamente l'Africa divenne di moda nel mondo anche per la produzione culturale. Un fenomeno di «scoperta dell'Africa» simile a quello che io osservo negli Stati Uniti di oggi era già accaduto allora. Con una coincidenza densa di significato: negli anni Sessanta l'America era percorsa dal movimento per i diritti civili guidato da Martin Luther King, a cui si affiancava un'affermazione della cultura black; la nuova immagine culturale dell'Africa offriva a quel movimento un versante internazionale. Mentre i neri d'America sconfiggevano le leggi razziali negli Stati del Sud, al tempo stesso valorizzavano la propria eredità ancestrale rispecchiandosi in una fase di rinascita politica e culturale dell'Africa.

L'America e l'Europa insieme scoprirono nuove generazioni di scrittori, poeti, drammaturghi del continente nero. Nel 1966 il presidente del Senegal Léopold Sédar Senghor (lui stesso un celebre scrittore) ospitò a Dakar il primo Festival mondiale dell'Arte e Cultura africana: una vetrina per letterati, musicisti, pittori e scultori, nonché per i *griots*, depositari della tradizione orale, poeti e cantori di strada, custodi delle leggende tribali. Lo studio dell'Africa acquistò spazio e nobiltà nelle migliori università occidentali. L'attenzione del mondo fu accentuata dalle scoperte degli archeologi e paleontologi, che proprio negli anni dell'indipendenza trovarono le prove che la specie umana era nata nel continente nero.

Sul piano geopolitico le nuove nazioni dell'Africa indipendente eccitarono l'attenzione dei due blocchi rivali. Si scatenò un'intensa competizione tra Est e Ovest, quando la guerra fredda era all'apice. Il presidente americano John F. Kennedy nel 1962 dichiarò: «Vediamo l'Africa come il campo di manovra più ampio e aperto nella gara mondiale tra il blocco comunista e quello non comunista». Ma una gara altrettanto sfrenata era in corso tra i due poli del comunismo, Urss e Cina. I politici africani divennero abili nel trarre vantaggio dalle rivalità altrui, mettendo un blocco contro l'altro. Un leader idealista come Julius Nyerere del Tanganika (poi Tanzania) predicava il non allineamento, sosteneva che l'Africa avrebbe dovuto rimanere al di fuori della guerra fredda. La maggioranza degli altri cercò di ricavarne il massimo beneficio. Statalismo e socialismo ebbero la meglio come ricette per lo sviluppo postcoloniale, e non solo per l'attrazione fatale verso Urss e Cina. Un forte controllo dei governi sull'economia aveva già segnato l'ultima fase del periodo coloniale. Fior di economisti occidentali teorizzavano che lo sviluppo richiedesse politiche dirigiste. Era minima la fiducia nelle capacità imprenditoriali degli africani. Una delle più autorevoli economiste studiose dello sviluppo, Barbara Ward, scriveva nel 1962 che «in tutto il continente i veri imprenditori africani si contano sulle dita di due mani» e quindi esortava a puntare sullo Stato e sulla pianificazione centralizzata. Molti dei nuovi leader di governo non solo abbracciarono lo statalismo, ma scelsero la versione socialista predicata a Mosca o a Pechino, giustificandosi con la necessità di liberarsi da ogni residuo del capitalismo coloniale.

Prese piede una narrazione secondo cui l'Africa aveva il socialismo nella sua tradizione: la proprietà comunale delle terre; il carattere egualitario della vita nei villaggi; i sistemi di decisione basati sulle consultazioni collettive; le reti di obblighi sociali verso la comunità. La storia vera era ben diversa, come ho ricordato nel capitolo sui Bronzi del Benin e lo schiavismo. Uno dei grandi affabulatori sulle radici africane del socialismo fu Nyerere. «Noi in Africa» disse «non abbiamo bisogno di essere convertiti al socialismo né abbiamo bisogno che qualcuno ci insegni la democrazia. Entrambi sono radicati nel nostro passato, nelle società tradizionali da cui veniamo.» Nella sua ricostruzione di un passato paradisiaco, «gli africani non hanno mai aspirato al possesso di ricchezze personali né al dominio sui propri simili». Era tutta colpa dei capitalisti occidentali, insomma, se quelle brutture erano apparse sul continente.

Lo studioso Martin Meredith, nel già citato *The State of Africa*, esprime un giudizio lapidario su quella fase: «Malgrado tutta l'energia profusa a spiegare questo socialismo africano, rimase un'accozzaglia di idee vaghe e romantiche, prive di coerenza e soggette a interpretazioni discordanti».

Nasser in Egitto, Ben Bella in Algeria, Sékou Touré in Guinea scelsero di copiare il modello sovietico nazionalizzando quasi tutto nelle loro economie. Per qualcuno non bastava neanche quello. Un notevole successo accolse le teorie rivoluzionarie di Frantz Fanon, uno psicoterapeuta nato nella Martinica francese, secondo cui il vero socialismo andava costruito con la violenza, perché solo la violenza poteva distruggere ogni eredità coloniale. Il suo libro *I dannati della terra*, pubblicato nel 1961, divenne un best seller mondiale, la bibbia delle avanguardie rivoluzionarie nel Terzo Mondo.

A questo successo del radicalismo rivoluzionario contribuì la strategia cinese. Mao Zedong guidava un paese povero, molto più vicino alle condizioni dell'Africa che a quelle dell'Occidente o perfino dell'Unione Sovietica. Dopo la morte di Stalin nel 1953 e dopo la destalinizzazione lanciata dal successore Nikita Chruščëv nel 1956, era esplosa quasi subito la rivalità tra Cina e Urss. Era una doppia ostilità, ideologica e geopolitica. Nel Terzo Mondo la Repubblica popolare non poteva competere con l'altra superpotenza comunista sul piano degli aiuti economici, del commercio o delle tecnologie. Perciò l'influenza cinese fu affidata alla diffusione dell'ideologia rivoluzionaria più estremista. La presenza della Cina in Africa a quei tempi era marginale, se paragonata a quella dell'America o dell'Europa o dell'Urss. Però la reputazione dei cinesi era enorme, perché sostenevano e addestravano alcune milizie di guerriglieri dal Congo al Burundi, al Kenya. Quando il premier cinese Zhou Enlai compì una lunga visita ufficiale in diversi Stati africani dal dicembre 1963 al febbraio 1964, fu considerato un disseminatore di rivoluzioni. Il quotidiano nigeriano «Daily Times» lo definì «uno degli uomini più pericolosi del mondo». Dietro i cinesi arrivarono i cubani con una strategia simile, che partiva dall'addestramento di milizie rivoluzionarie; anche se Fidel Castro rimase sempre fedele all'Unione Sovietica e qualche volta ne divenne il braccio armato per gli interventi nei conflitti africani. Il più celebre degli aiutanti di Castro, il rivoluzionario argentino Ernesto «Che» Guevara, soggiornò a lungo in Congo sperando di esportarvi la rivoluzione comunista. Non prestò attenzione all'avvertimento che gli aveva dato l'egiziano Nasser: «Non cercare di diventare un altro Tarzan, il bianco che dirige e protegge i neri». La missione di Che Guevara finì in un disastro, che lui stesso raccontò in dettaglio nel suo diario congolese.

Il compito più arduo per i nuovi leader africani era quello di fondere una varietà di popoli diversi, con lingue diverse e stadi di sviluppo molto differenziati, dentro il corpo delle nazioni. I nuovi Stati africani non avevano dietro di sé delle nazioni. Non possedevano un collante etnico, sociale, ideologico, non avevano delle identità storiche da usare come fondamenta. Per un breve periodo la lotta anticoloniale aveva fornito uno scopo unificante. Una volta ottenuta l'indipendenza, erano tornate in primo piano altre obbedienze e ambizioni.

Politici ed elettori ripiegarono sulla solidarietà etnica. Per i politici era la strada verso il potere. Per gli elettori era la speranza di ottenere una fetta della torta statale. Ciò che questi ultimi cercavano era un protettore etnico che catturasse risorse pubbliche e le redistribuisse alla comunità. Principio guida diventò la fedeltà all'identità tribale. La formazione di partiti su basi etniche cominciò a proliferare. L'ingrediente principale della politica divenne il legame di sangue e di parentela, e l'aritmetica etnica la regola per vincere le elezioni.

Cito ancora il lucido giudizio di Meredith, la cui ricostruzione di quel periodo è esemplare: «C'era all'inizio una convinzione diffusa che l'indipendenza avrebbe generato sviluppo economico, e questo avrebbe modernizzato i paesi superando l'elemento etnico. Invece la dimensione etnica mostrò una capacità notevole di sopravvivere e di adattarsi alla modernità. Non è un anacronismo, è un fenomeno contemporaneo dotato di una forza distruttiva».

Gli esperimenti della prima fase socialista si concludono in altrettanti fallimenti, senza eccezioni. I leader che li hanno condotti si trasformano loro stessi, o vengono sostituiti: subentra la fase dell'uomo forte, dei regimi autoritari, mentre la corruzione aumenta inesorabilmente. Il colonnello egiziano Nasser è uno dei primi esempi di un leader che spende il suo carisma e il suo prestigio di padre dell'indipendenza per costruire un regime di comando personale. Prima la nazionalizzazione delle principali attività economiche, poi il controllo del governo sui media, i sindacati, le organizzazioni religiose e giovanili. Gli egiziani cominciano a paragonarlo ai faraoni. Il controllo dello Stato fa capo a lui. Schiaccia ogni opposizione, dai comunisti ai Fratelli musulmani. In Guinea, Sékou Touré crea un culto della personalità, si fa idolatrare come esperto di tutto, dalla scienza all'agricoltura, dalla filosofia al calcio. I venti volumi della sua *opera omnia* diventano lettura obbligata per i suoi sudditi. Si evolve in quella direzione lo stesso Nyerere: teorizza che il pluralismo dei partiti sia una finta democrazia che eccita i conflitti, mentre il partito unico aderisce meglio a una società «senza divisioni di classe» come quella africana. Un passo alla volta, i leader africani accumulano un potere personale sempre più vasto, allungano i tentacoli del loro controllo in ogni angolo della società. Dilaga il clientelismo, ministeri e parlamenti e ambasciate diventano luoghi dove piazzare parenti, amici, seguaci, raccomandati. Quando gli si chiede che tipo di sistema politico governa la Tunisia, l'allora presidente Bourguiba risponde: «Quale sistema? Il sistema sono io».

In molti paesi lo Stato diventa il principale datore di lavoro, e distribuisce le assunzioni in base ad appartenenze etnico-tribali. Gli appalti per le opere infrastrutturali – ospedali, strade, scuole – seguono la stessa logica. Una élite, spesso non superiore al 3 per cento della popolazione, accumula ricchezze smisurate. Per stipulare contratti con aziende multinazionali, si afferma la regola del 10 per cento di tangenti, che diventa quasi uniforme. I segni esteriori della corruzione si fanno eclatanti. Nel 1962 l'agronomo francese René Dumont – studioso dei problemi dell'agricoltura africana – denuncia il fatto che un deputato del Gabon guadagna più di un parlamentare inglese. «L'insieme dei costi della presidenza, del governo e del Parlamento in Gabon» scrive «equivale all'onere economico che aveva sulla Francia la corte di Luigi XVI nel 1788.» In Africa orientale appare in quel periodo una «nuova tribù», i WaBenzi, nomignolo coniato dall'ironia popolare per indicare i politici corrotti e altri privilegiati che circolano in Mercedes Benz. Un'analisi sulle statistiche del commercio estero di quattordici Stati francofoni nel 1964 rivela che la spesa per le importazioni di bevande alcoliche di lusso vale sei volte le importazioni di fertilizzanti per l'agricoltura. Per acquistare autovetture occidentali spendono cinque volte di più che per importare macchinari agricoli.

Per qualche tempo il boom delle materie prime maschera il fallimento della prima ondata di socialismi africani. Gli anni Settanta, però, segnano una brutale rottura: arrivano shock esterni come il rincaro petrolifero, le recessioni conseguenti, il crollo dei prezzi di molte derrate agroalimentari. Nel frattempo le economie africane non erano riuscite a diversificarsi. Per dirla con Bright e Hruby, «il miracolo lasciò l'Africa e atterrò in Asia». Però non fu un crollo brutale. L'America continuò a credere per un po' in un ritorno del miracolo africano, come dimostra l'elenco di multinazionali Usa che investirono nel continente nero: non solo gruppi petroliferi come Gulf Oil e Texaco ma anche Boeing, General Electric, Firestone, Cargill, e grandi istituti di credito come Citibank e Chase.

Il colpo di grazia arrivò con la bancarotta del Messico nel 1982. Di colpo tutti i debitori dei paesi emergenti divennero degli «appestati» per i creditori. Si fermò anche il riciclaggio dei petrodollari dal Medio Oriente, cioè quei fondi che i paesi arabi ottenevano per il loro petrolio e che reinvestivano altrove. La crisi dei debiti sovrani dei paesi in via di sviluppo colpì l'Africa, ci fu una ritirata dei banchieri.

Questo problema globale venne a coincidere con un fattore più specifico: la mobilitazione mondiale contro il regime dell'apartheid in Sudafrica. Partirono campagne di boicottaggio nei confronti delle aziende sudafricane. L'obiettivo di coloro che condannavano il regime razzista di Pretoria era quello di sabotare l'economia dominata dalla minoranza bianca, per aiutare il leader nero Nelson Mandela (in carcere), il suo partito African National Congress (Anc) e la lotta per l'emancipazione. Però ci fu un effetto collaterale imprevisto. Il Sudafrica a quell'epoca era di gran lunga l'economia più forte del continente. Era anche una «piattaforma» nella quale molte multinazionali occidentali avevano stabilito i loro quartieri generali africani, da cui dirigevano le operazioni nel resto del continente. Quando cominciò la grande fuga dal Sudafrica per le sanzioni – coinvolgendo colossi americani come General Motors e Ibm, che chiusero le loro filiali nel 1986 (l'anno in cui il Congresso di Washington approvò l'Anti-Apartheid Act) –, venne meno un polo d'attrazione di investimenti di cui avevano beneficiato indirettamente anche altri paesi africani.

Un'ulteriore ragione per cui si spense il miracolo economico africano degli anni Sessanta è legata alla lunga stagione di simpatia per i modelli comunisti, che in parte continua ancora oggi. La ragione era comprensibile e legittima: i paesi del blocco comunista non avevano avuto colonie in Africa e avevano appoggiato le lotte del continente per l'indipendenza, anche con aiuti militari. Urss e Cina erano state «dalla parte giusta della storia». Questo aveva creato dei legami profondi, che durano tuttora e di cui vediamo le conseguenze – per esempio – nel comportamento di tanti governi africani sulla guerra in Ucraina. I risultati economici di quell'amicizia ed emulazione furono, esattamente come per l'Urss e la Cina di Mao, disastrosi. L'Africa in preda alla statalizzazione vide esplodere deficit e debiti pubblici anche oltre i livelli sovietici e cinesi, perché gli Stati africani, a differenza di Mosca e Pechino, si rivolgevano alle banche occidentali. A metà degli anni Ottanta nell'economia emersa dell'Africa subsahariana il 50 per cento dei posti di lavoro erano statali. A metà degli anni Novanta il debito estero dei paesi subsahariani valeva due volte e mezzo le loro esportazioni.

La svolta successiva è mondiale ma ha ripercussioni africane importanti: è la caduta del Muro di Berlino nel 1989 con la successiva dissoluzione dell'Unione Sovietica. Il crollo del comunismo nella sua capitale originaria non passa inosservato negli Stati africani che lo avevano considerato un modello. Tra l'altro, già negli ultimi anni della leadership di Gorbačëv, Mosca aveva cominciato a tagliare gli aiuti militari e finanziari ai governi africani. Il risultato è che negli anni Novanta e all'inizio del nuovo millennio si tiene un numero senza precedenti di elezioni democratiche e pluraliste in molti paesi africani. Il modello del partito unico sembra passato di moda. E con la fine dell'apartheid in Sudafrica nel 1994 – anch'essa legata indirettamente al crollo del comunismo – ritornano gli investitori stranieri in quella che era l'economia più avanzata. Questo è il lungo antefatto del penultimo risveglio, il nuovo miracolo economico dell'*Africa Rising* (l'Africa in ascesa) agli albori del terzo millennio.

La prima decade di questo millennio è stata segnata da un decollo africano, che con il senno di poi può sembrare un'altra «falsa partenza». Tra il 2000 e il 2010 si registra un miglioramento su alcuni terreni cruciali, almeno in confronto ad altri periodi storici: meno guerre, meno colpi di Stato, più governi democratici. Sul versante economico questo periodo è segnato anche dall'eccezionale crescita cinese, che traina con sé un boom nei consumi di materie prime, incluse quelle che l'Africa esporta.

In questo senso lo slogan *Africa Rising* in voga negli anni da Zero a Dieci del nostro secolo ci appare oggi un fenomeno drogato dalla domanda cinese, come in altre parti del mondo: non a caso sono gli stessi anni in cui si parla di un «miracolo Brasile» sotto Lula, esagerando i meriti di un singolo leader e sottovalutando la sua dipendenza dal mercato cinese.

Per l'Africa, tuttavia, quel decennio positivo non si può spiegare esclusivamente con le esportazioni verso la Cina. I settori delle risorse naturali (produzione agricola, legname, estrazione dalle miniere, energia) dal 2000 al 2010 pesavano per il 30 per cento della crescita africana, che è tantissimo, però quel dato significa che i due terzi dello sviluppo avvennero in altri settori. In particolare, cominciò allora uno spostamento di forza lavoro dall'agricoltura verso industria e servizi, cioè dal settore a più bassa produttività verso i due settori a maggiore produttività.

Lo abbiamo dimenticato presto, ma il decennio 2000-10 è stato segnato da alcuni exploit africani di rilievo. Per esempio in quel periodo il Ruanda, emerso da poco dalla sua guerra civile e dal genocidio, balzò nella Top Ten mondiale delle economie con maggiore crescita economica. In cinque anni il paese vide triplicare gli investimenti esteri diretti che affluirono sul suo territorio.

È stata una decade in cui per la prima volta gli investimenti privati in Africa sono riusciti a soppiantare la «cultura degli aiuti». Con protagonisti interessanti perché non necessariamente occidentali, e neppure soltanto cinesi. È in quel periodo che sbarcano in Africa come investitori importanti l'India (con l'azienda di telecomunicazioni Airtel di Sunil Mittal, fra le altre), gli Emirati Arabi Uniti, la Malaysia, la Russia, il Brasile. Se messi tutti assieme, nel periodo indicato questi paesi emergenti a tratti superano perfino la Cina come volume di investimenti in Africa.

Un'ulteriore novità interessante di quel decennio positivo è un altro sorpasso: nel 2010 per la prima volta le rimesse degli emigrati superano gli aiuti all'Africa. Segnale benefico anche questo. La nostra cultura degli aiuti presuppone l'antico pregiudizio per cui gli africani non sono capaci di svilupparsi da soli (o, peggio, non sono capaci di svilupparsi affatto, devono vivere di assistenza e di carità). Invece le rimesse degli emigrati sono una forma di investimento. Anzitutto sono investimenti nell'istruzione delle nuove generazioni: la diaspora africana spesso paga gli studi per fratelli e sorelle, figli e nipoti rimasti in patria. Lo vedremo nella storia di André Dakoala, il mio amico del Burkina Faso, che racconto nell'ultimo capitolo. E poi una parte delle rimesse degli emigrati funge anche da «capitale di rischio», sia pure rudimentale: sono finanziamenti e prestiti per parenti o amici che sono rimasti nella terra natale e hanno piccole attività imprenditoriali o commerciali. Dai negozi alle start-up tecnologiche al cinema di Nollywood, il denaro guadagnato dalla diaspora è una fonte di finanziamenti non secondaria. E non crea dipendenza da potenze straniere.

Ho conservato alcuni ricordi di quell'«afro-boom» avvenuto nei primi dieci anni del nostro secolo. Ritrovo nei miei appunti questa mia descrizione di un'*Africa Glamour* che risale al luglio 2010.

È il nuovo mercato dove si lanciano magazine di moda per sedurre consumatori opulenti. È l'area del mondo che ha la più alta crescita di abbonati ai telefonini. Si è lanciata nella corsa alla conquista dello spazio. Non è la Cina, non è l'India né il Brasile. È il continente che da noi di solito fa notizia solo per carestie, guerre civili, epidemie. Abbiamo finito per ridurlo a uno stereotipo, ignorando le novità che maturano. *Africa Glamour* è un fenomeno recente che gli occidentali non hanno ancora avvistato. Moda, tecnologia, sviluppo. A macchia di leopardo, i segnali di un risveglio africano si moltiplicano. I primi a capirlo sono stati i protagonisti locali, cogliendo opportunità che gli stranieri non riuscivano a vedere. È il caso della moda femminile. «Vogue», «Elle» e altre testate celebri concentravano i nuovi investimenti sull'Asia. È un editore nigeriano, Nduka Obaigbena, ad avere lanciato «Arise», il magazine che ha conquistato le giovani istruite e benestanti. Invade le edicole nei quartieri del ceto medioalto di Lagos (Nigeria) e Nairobi (Kenya), Dakar (Senegal) e Luanda (Angola). I contenuti sono tipicamente «afropolitani», come si definiscono gli africani che per reddito e istruzione si considerano cittadini del mondo, hanno studiato all'estero, viaggiano per lavoro o per le vacanze. In copertina «Arise» sfoggia top model nere che sono ormai di fama mondiale: la generazione post-Naomi Campbell ha star che si chiamano Oluchi Onweagba e Rahma Mohamed. I personaggi simbolo intervistati sono guru della nuova creatività culturale nera come i cantautori Akon e V.V. Brown. Le marche della moda occidentale cominciano a intuire il potenziale. Sulle pagine di «Arise» si affacciano pubblicità di Yves Saint Laurent e Loewe, Lacoste, L'Oréal e Tommy Hilfiger. Di fianco ai grandi nomi, sempre più spesso appaiono le pubblicità di stilisti locali come Deola Sagoe, segno di un'effervescenza recente e di una maggiore sicurezza nei propri canoni estetici.

Africa Glamour, naturalmente, è un fenomeno élitario. «Nell'Africa subsahariana» spiega Sakina Balde dell'ufficio studi di Euromonitor International «solo il 5 o il 10 per cento della popolazione, a seconda delle nazioni, è arrivata in cima alla piramide.» Le diseguaglianze sociali sono estreme. Ma non lo sono forse anche in Cina e in India? Questo non ha impedito al capitalismo occidentale di rimanere soggiogato di fronte al miracolo asiatico. In Africa la maggioranza della popolazione deve confrontarsi ancora con i problemi più elementari della sopravvivenza. I livelli di istruzione sono bassi, così come l'accesso ai medicinali. E tuttavia in Nigeria ci sono ormai 110.000 famiglie con un reddito superiore ai 75.000 dollari annui, una soglia di «opulenza» visto il costo della vita locale. A Londra per i negozi di lusso i nigeriani sono ormai al quinto posto tra i clienti più importanti dopo cinesi, russi, americani e arabi del Golfo Persico (in quest'ordine). Non sono solo nuovi ricchi, volgari ed esibizionisti: l'anno scorso hanno speso 750 milioni di dollari per comprare giornali e libri, merce culturalmente «nobile».

Altra sorpresa per gli occidentali è la scoperta che l'Africa oggi è il mercato dalla crescita più rapida per un gadget elettronico che associamo alla modernità: il cellulare. Il boom della telefonia mobile, in realtà, ha la sua vera spiegazione nell'arretratezza di altre tecnologie. In vaste regioni dell'Africa l'accesso alla corrente elettrica è insufficiente per una rapida penetrazione dei computer. Le connessioni Internet sono ancora limitate ai centri urbani, e spesso non con la banda larga. Il cellulare è diventato la scorciatoia per superare quei ritardi. Milioni di africani lo usano per funzioni che noi svolgiamo su computer: per esempio per consultare i propri conti in banca e fare operazioni a distanza; o per comprare e vendere prodotti. Il telefonino si rivela un alleato prezioso nella lotta alla povertà. Costa poco e possono permetterselo anche i contadini. Una volta conquistato quel mezzo di comunicazione, i vantaggi per gli agricoltori sono notevoli: per conoscere le previsioni meteorologiche che influenzano i raccolti, per azionare a distanza l'irrigazione, per informarsi sull'andamento dei prezzi delle sementze e dei raccolti nei mercati di sbocco urbani. E dietro il telefonino può arrivare anche Internet: di recente è stata completata l'installazione di cavi sottomarini che collegano l'Africa orientale al resto del mondo, un'impresa essenziale per l'accesso alla banda larga. E innegabile segnale di progresso tecnologico è l'ingresso di una nazione africana nella corsa allo spazio.

Una crescita media del 2 per cento all'anno nel reddito pro capite, prolungata per un intero decennio: non è ancora un exploit a livelli asiatici, ma equivale al boom economico del Sudamerica. È la performance messa a segno dall'Africa, secondo uno studio pubblicato dal dipartimento dell'Agricoltura americano. Non più solo il Sudafrica, ma vaste aree del continente nero aspirano ormai alla qualifica di «emergenti». Tra i loro motori di sviluppo ci sono gli investimenti cinesi. La Banca mondiale prevede che entro pochi anni la Cina avrà «esportato» ben 85 milioni di posti di lavoro in Africa. E lo avrà fatto in parte con una ricetta che risale a Deng Xiaoping, il padre delle riforme economiche che lanciarono la Repubblica popolare verso il capitalismo trent'anni fa: la creazione di «zone speciali», parchi tecnologico-industriali con esenzioni fiscali e incentivi per attirare gli investimenti esteri.

Di tutto questo in Occidente arrivano quasi soltanto gli echi negativi. E ce ne sono, naturalmente, in abbondanza. La Cina non fa beneficenza, anzi in molti settori gli africani lamentano l'effetto distruttivo dei cing-ciong, come sono definiti in senso spregiativo i prodotti a basso prezzo made in China, la cui invasione ha fatto fallire molte imprese locali provocando fenomeni di deindustrializzazione regressiva. Altre lamentele riguardano gli abusi contro i diritti dei lavoratori, nei settori dominati dalle imprese cinesi in Africa. Una denuncia recente viene dallo Zimbabwe, l'ultima fra le «terre di conquista» che la Cina ha scoperto e su cui si è avventata con avidità, attirata dai diamanti e altre risorse minerarie. Violenze e soprusi sono stati rivelati in un cantiere a nord della capitale Harare, dove il colosso cinese Afecc (Anhui Foreign Economic Construction Corporation) sta costruendo su richiesta del presidente Robert Mugabe una sontuosa accademia militare. Per i seicento operai africani che vi lavorano, alle dipendenze di trecento manager e tecnici cinesi, la futura accademia militare è un cantiere di sfruttamento. Le condizioni di lavoro riportate dalle ong umanitarie sono 4 dollari di salario al giorno per turni dalle 7 del mattino alle 9 di sera. Intimidazioni, pestaggi, licenziamenti «politici» sono all'ordine del giorno contro chi osa ribellarsi. Lo Zimbabwe, che improvvisamente è inondato da 10 miliardi di dollari di investimenti in arrivo da Pechino, sta scoprendo così un problema già esploso in altri paesi africani. Il più noto è l'esempio dello Zambia, teatro di ribellioni violente nelle miniere gestite dai cinesi.

Tuttavia, l'attenzione unilaterale che gli occidentali riservano a questi risvolti degradanti della «sinizzazione» dell'Africa rischia di svilire le dimensioni e la portata di tale fenomeno. Ancora nel 2000 gli investimenti cinesi in Africa erano un'inezia, appena 60 milioni di dollari. Il continente nero era saldamente sotto l'influenza americana ed europea; e bloccato in una stagnazione economica disperante. Da allora il flusso di capitali cinesi si è ingigantito in modo spettacolare, fino a raggiungere livelli duecento volte superiori. E siamo solo all'inizio, perché nell'invasione cinese si sta aprendo una nuova fase. La prima stagione è stata una classica espansione «neocoloniale» alla ricerca di materie prime (energia, minerali, derrate agricole e perfino terre coltivabili); in cambio della quale tuttavia la Cina ha saputo costruire infrastrutture su scala più ampia rispetto agli occidentali. La seconda fase, che si sta aprendo ora, è all'insegna di una vera e propria delocalizzazione. Intere industrie cinesi, afflitte da aumenti salariali in casa propria, stanno trasferendo non solo in altri paesi asiatici (Bangladesh, Vietnam, Cambogia) ma anche nelle aree subsahariane alcune produzioni ad alta intensità di manodopera come il tessile. La politica delle «zone franche», con incentivi ed esenzioni fiscali, punta proprio a questo. Un esempio è la Chinese Eastern Industrial Zone in Etiopia, dove sorge già un cementificio. Una «zona» analoga in Zambia ospita una maxifonderia di rame con seimila posti di lavoro ed esportazioni per 450 milioni. Ghana, Uganda e Congo sono destinatari di progetti analoghi. Anche in questo campo è possibile trovare risvolti negativi – la «delocalizzazione dell'inquinamento» rientra in questa strategia –, e tuttavia l'Occidente ha lasciato della sua presenza in Africa ricordi peggiori.

Riassumo i cicli che ho passato in rassegna finora. L'Africa postindipendenza conosce un decennio di crescita, bloccato dalla crisi petrolifera del 1973. Poi due decenni di stagnazione fino alla fine degli anni Novanta. Il boom successivo è trainato dalla domanda cinese di materie prime. Nel 1997 la Cina era solo l'ottantatreesimo partner commerciale dell'Africa, in appena quindici anni diventa il primo, sorpassando le vecchie potenze coloniali Inghilterra e Francia, infine gli Stati Uniti. L'Africa ha beneficiato del forte aumento dei prezzi delle sue materie prime e degli investimenti in infrastrutture, tutti legati al nuovo ruolo della Cina. Tra il 2000 e il 2010 molte nazioni africane conquistano una crescita economica superiore al 5 per cento annuo e cinque di loro (Angola, Etiopia, Ruanda, Ciad, Mozambico) superano il 7 per cento, una velocità che consente di raddoppiare il Pil in un decennio. In seguito, però, il rallentamento della crescita cinese ha infranto il sogno africano.

Non ha senso trattare l'Africa come fosse una sola nazione e mettere assieme i risultati economici di cinquantaquattro paesi distinti, ciascuno dei quali ha avuto traiettorie diverse. Il prossimo capitolo, intitolato «Successi recenti? Invisibili ma veri», è proprio una guida alla distinzione, dove balza in primo piano la grande varietà di risultati conseguiti negli ultimi anni. Resta un problema comune: l'insieme del continente nero ha agganciato la modernità come consumatore di nuove tecnologie, ma tuttora ha un ruolo molto marginale nella loro produzione, in generale resta un nano in ogni attività manifatturiera. Il dibattito sul modello asiatico – e sugli eventuali benefici dell'espansione cinese – è legato a questa consapevolezza: non si passa dall'agricoltura di sussistenza allo sviluppo basato su servizi e tecnologie senza una tappa intermedia fatta di fabbriche. È una delle lezioni del decollo cinese, e potrebbe essere il capitalismo di quel paese a esportarla anche in Africa.

Questa storia complessa, piena di fallimenti, ma non solo, interessa poco agli occidentali. Nella nostra cultura contemporanea l'Africa viene raccontata appiattendo la sua vicenda in modo così estremo che sembra di rileggere il capo della rivoluzione comunista russa, Lenin, e il suo opuscolo propagandistico sull'imperialismo. La colonizzazione è stata un'impresa di rapina, in parallelo con lo schiavismo ha determinato la rovina dell'Africa. Le colonie hanno offerto all'Europa gli sbocchi commerciali e le materie prime necessarie per il suo sviluppo, oltre che degli investimenti redditizi per i suoi capitali. Grazie alla colonizzazione, all'imperialismo e poi al neocolonialismo, l'Occidente si è garantito un benessere che ha consentito la pace sociale in casa propria, a scapito dei popoli invasi e oppressi. Ci hanno guadagnato solo i conquistatori, mai i conquistati. Il sottosviluppo è la conseguenza di quel crimine storico.

Il pamphlet a firma di Lenin è *L'imperialismo, fase suprema del capitalismo*, datato 1916. «Più il capitalismo è sviluppato, più la scarsità di materie prime si fa sentire, più la concorrenza e la ricerca di risorse nel mondo intero diventano spietate, e più è brutale la lotta per il possesso di colonie», perché solo il colonialismo «dà ai monopoli delle garanzie complete di successo nella lotta contro i rivali». Mentre il capitalismo «è incapace di migliorare il tenore di vita delle masse popolari, che malgrado un progresso tecnico vertiginoso rimangono ovunque oppresse dalla miseria e dalla sottoalimentazione».

Ma quell'analisi è incompleta, superata, o semplicemente sbagliata, già nel periodo in cui scrive Lenin. All'inizio del Novecento, in realtà, la materia prima per eccellenza, che è il carbone, viene estratta in Inghilterra, Germania, Belgio. L'Occidente di quel tempo si divide in due modelli. Il capitalismo più avanzato, quello americano, è anticoloniale, considera gli imperi come inutili zavorre. All'interno degli Stati Uniti il Nord industrializzato e antischiavista ha prevalso sul Sud delle piantagioni proprio perché più efficiente. Il fordismo ha dimostrato che alzando i salari operai si crea potere d'acquisto e l'industria ne trae beneficio.

È solo dopo aver concesso l'indipendenza alle colonie che si verificano miracoli economici, dall'Olanda alla Francia, prima impossibili per il fardello che quelle colonie rappresentavano. Il modello coloniale e imperialista era la versione arretrata e inefficiente del capitalismo, cosa che Lenin non aveva capito. Come non aveva capito l'inefficienza dei monopoli che avevano avuto le colonie in gestione. Le teorie di Lenin hanno esercitato un'egemonia culturale nei campus universitari degli anni Sessanta, ma erano già del tutto infondate allora; eppure vengono rimasticate anche oggi.

Avevo undici anni quando nel 1967 la guerra del Biafra fece irruzione sugli schermi tv del mondo intero. Per la prima volta la mia generazione incontrò il dramma africano. I miei coetanei, o chi ha qualche anno in più, sicuramente conservano nella memoria quelle immagini di bambini con la pancia gonfia, denutriti e malati. Ne avremmo viste ancora tante, negli anni successivi, in seguito ad altri conflitti e guerre civili, altre carestie di massa. Ma quelle erano le prime.

La guerra del Biafra era deflagrata il 30 maggio 1967, data della proclamazione di uno Stato indipendente con quel nome, nella parte orientale della Nigeria. Era l'ultimo atto di una catena di colpi di Stato militari, faide etniche, regolamenti di conti tribali, pogrom e massacri tra le varie componenti della Nigeria indipendente. Un copione non particolarmente originale, destinato a ripetersi altrove. Quello che fu «originale» nel 1967, invece, fu l'uso delle sofferenze per scatenare un'ondata di solidarietà mondiale e la prima operazione umanitaria autenticamente moderna. A orchestrarla fu il tenente colonnello «Emeka» Ojukwu, il regista della secessione del Biafra dalla Nigeria. Un uomo, nella descrizione di Meredith (*The State of Africa*), «ambizioso e intelligente, figlio di un ricco imprenditore dell'etnia igbo, con una laurea a Oxford e un addestramento ricevuto in Gran Bretagna come ufficiale militare». Ojukwu si rivelò «un maestro della manipolazione, felice di concedere interviste, in cui descriveva il Biafra come una nazione minacciata dal genocidio». La situazione del Biafra nel 1968 fu seguita con angoscia in tutto l'Occidente. Ondate di allarme e di indignazione si susseguirono in Europa e in America di fronte alle immagini della fame sofferta da masse di profughi addensati in fetidi campi di accoglienza. L'opinione pubblica occidentale si mobilitò come non era mai accaduto in precedenza. Cominciò la più grande operazione di aiuti umanitari privati nella storia. Le Chiese e le prime ong ne assunsero la guida. All'apice del conflitto, nel 1969, più di quaranta voli speciali, carichi di aiuti, decollavano ogni notte per atterrare su una precaria pista nel Biafra.

Quell'invio di soccorsi non trasportava solo cibo e medicinali. Divenne una fonte di valuta pregiata per Ojukwu. Il colonnello secessionista ebbe una trovata geniale (dal suo punto di vista): sostenne che tutte le spese legate alla distribuzione degli aiuti all'interno del Biafra andavano rimborsate in dollari o valute europee... direttamente a lui. Così fu capace di comprare armi usando quel flusso di finanziamenti, e prolungare la guerra. A un certo punto la Francia, in parte per i propri interessi politici e in parte per rispondere alla pressione dell'opinione pubblica, cominciò a fornire direttamente armamenti. Solo nel gennaio 1970 il Biafra si arrese e la secessione dalla Nigeria ebbe fine. Ojukwu fuggì in esilio in Costa d'Avorio dichiarando: «Finché vivo io, vivrà il Biafra».

Il Biafra era stato la prova generale. Come racconto nel capitolo su *We Are The World*, ispirato dal grande scrittore Wainaina, a metà degli anni Ottanta l'Occidente abbracciò la cultura degli aiuti nella versione pop. Il fattore scatenante fu la grande carestia del 1984-85 in Etiopia, «fabbricata» e poi nascosta da Menghistu. Un reportage della Bbc fece scoprire agli occidentali ciò che il dittatore aveva censurato a lungo, le immagini di fame, di sofferenza e morte in massa. Il cantante Bob Geldof organizzò quell'anno il primo concerto Live Aid per raccogliere fondi da inviare in aiuto al popolo etiope. Fu l'inizio di una nuova era, segnata dall'impegno delle celebrity e, dietro di loro, di nuove generazioni di esperti dello sviluppo che insieme con gli aiuti avrebbero inondato l'Africa anche dei loro consigli.

In mezzo secolo, dal 1960 al 2010, gli aiuti all'Africa sono più che quintuplicati, al netto dell'inflazione. In quel periodo l'Africa ha ricevuto venti volte gli aiuti che il Piano Marshall diede all'Europa. L'unico risultato è stato quello di creare dipendenza, deresponsabilizzare. Gli aiuti allo sviluppo hanno superato il 10 per cento del Pil in ventotto paesi africani e hanno superato il 20 per cento in dieci altri.

In confronto a questo bilancio desolante è mille volte meglio il dibattito attuale sul modello asiatico e ciò che può insegnare agli africani. Cominciando da questa lezione: farla finita con il vittimismo. Singapore è diventata quello che è oggi per tante ragioni, le ricette del suo successo vanno analizzate con cura, senza banalizzarle, senza precipitarsi verso conclusioni facili. Ma una differenza dalla cultura che condiziona la questione africana è innegabile: i dirigenti di Singapore non hanno cercato una rendita politica sul vittimismo postcoloniale, sull'individuazione di capri espiatori in Occidente, sulla richiesta permanente di risarcimenti. Qui merita di essere ricordata la celebre frase dell'ex presidente di Singapore S.R. Nathan: «Non ha senso insistere sui mali del colonialismo, non ha proprio alcun senso. È finito. Ora sei tu il padrone del tuo destino. Continuando a parlare del passato, non trasformerai l'ingiustizia in giustizia. Invece volta pagina e vai avanti con il lavoro che devi fare tu: crea ricchezza e distribuiscila al tuo popolo». In quanto a noi occidentali, il modello asiatico ci ridimensiona e così facendo riduce anche il nostro ruolo sui destini del mondo: non tutto dipende da noi.

VI

Successi recenti? Invisibili ma veri

Se avete tempo per leggere un solo approfondimento sull'Africa di oggi, quello che io considero veramente indispensabile s'intitola *Explaining Successes in Africa*, cioè come spiegare i successi africani.

Successi? Proprio così. L'autrice, una giovane studiosa esperta del continente nero, è andata a caccia di storie positive accadute negli ultimi anni. Ne ha trovate parecchie. Ha voluto spiegarle con metodo scientifico, individuare le cause, smontare nei dettagli le ricette che le hanno rese possibili. È una lettura interessante e confortante. È istruttiva, perché ricca di notizie che sui nostri media non hanno alcuna visibilità. Ispira ottimismo, perché trova delle motivazioni concrete dietro questi progressi. L'autrice è giustamente allergica alla parola «miracolo», che qui e là uso anch'io nei capitoli economici, lasciandomi influenzare dal fatto che fu adoperata a proposito dell'Asia. Lei contesta i «miracoli» in quanto evocano qualcosa di soprannaturale, misterioso e magico. Mentre i successi africani che ricostruisce hanno spiegazioni concrete e terrene.

L'autrice si chiama Erin Accampo Hern, trascorre molto del suo tempo in Africa anche se ha un incarico accademico alla Syracuse University nello Stato di New York. Al suo lavoro hanno collaborato diversi ricercatori africani. Questo studio non è tradotto in italiano e quindi ve ne riassumo gli aspetti più sorprendenti e utili.

Il punto di partenza è una denuncia che a questo punto dovrebbe suonarvi familiare. «Quando insegno la politica africana agli universitari,» spiega la Hern «spesso comincio i miei corsi chiedendo ai miei studenti di scrivere la prima cosa che gli viene in mente quando pensano all'Africa. La maggior parte di loro cita termini negativi: povertà, fame, guerra, colonialismo. Non è sorprendente. I media in genere descrivono l'Africa come uno spazio indifferenziato dove succedono brutte cose. ... I corsi accademici e le ricerche di solito non offrono antidoti a questi ritratti dei media. Nelle analisi di politica comparata, le nazioni africane spesso appaiono come dei casi da manuale di corruzione, politiche economiche fallimentari, instabilità politica, violenza etnica. I paesi che hanno buoni risultati in qualche campo vengono spesso definiti "miracoli", sottolineando che sono l'eccezione, non la regola.»

La cultura dominante in Occidente riguardo all'Africa sembra riecheggiare il titolo di un romanzo classico, il capolavoro pubblicato nel 1994 dal patriarca della letteratura nigeriana Chinua Achebe, *Things fall apart*, un'espressione che le edizioni italiane del libro hanno reso con *Il crollo* oppure *Le cose crollano*, ma che io tradurrei liberamente con «tutto crolla».

In realtà non tutto crolla, anzi. La Hern ricorda che «dal 1990 la povertà è diminuita, grazie alla crescita economica ... ci sono più paesi che tengono elezioni democratiche e proteggono i diritti civili ... la percentuale di donne elette nei Parlamenti nazionali è più che raddoppiata ... l'incidenza della malaria e di altre malattie è scesa drasticamente». Perbacco. Lo sapevate? Forse no, e non è colpa vostra. Le notizie positive sull'Africa «non fanno vendere» e quindi vengono ignorate.

La raccolta dei successi analizzati da questa esperta si concentra sull'Africa subsahariana, esclude le cinque nazioni nordafricane. Parte dalla constatazione dell'enorme diversità che regna nel continente. Per l'appunto, non è una nazione, anche se noi spesso la trattiamo come un aggregato indistinto, cosa che non oseremmo fare per l'Asia mettendo nel mucchio Giappone e Afghanistan, né per l'America assimilando Canada e Bolivia. La varietà delle situazioni africane balza agli occhi in quel misuratore prezioso che si chiama Human Development Index (indice dello sviluppo umano), dove i dati che riguardano il benessere economico si fondono insieme con i livelli di istruzione e la salute. Le Seychelles e Mauritius hanno livelli superiori alla media mondiale e il Botswana le si avvicina! All'altra estremità: i livelli di Repubblica Centrafricana e Niger sono meno della metà rispetto alla media globale. In mezzo a queste due estremità c'è tutto un ventaglio, per cui parlare di Africa come un soggetto singolo è una semplificazione assurda.

Cominciando dall'economia, l'analisi si focalizza su Seychelles e Gabon, due nazioni che hanno avuto risultati positivi nel loro sviluppo economico. Riassumendo, «dal 1976 al 2000 le Seychelles si sono trasformate da un povero esportatore di noci di cocco nella più ricca nazione africana. Ci sono riuscite grazie alla transizione ben governata verso il turismo di lusso, la pesca e la lavorazione del tonno, e i servizi bancari. Il reddito medio degli abitanti delle Seychelles è passato da 814 dollari nel 1976 a 16.198 nel 2019. ... Nel Gabon, consapevole che le riserve petrolifere diminuivano, il presidente Ali Bongo ha inaugurato un ambizioso programma per reinventare l'economia del paese dando forza ad altri settori tra cui il legno, il manganesio, l'olio di palma, la gomma naturale, infine ha investito nella forestazione. Come le Seychelles, anche il Gabon ha conosciuto una notevole trasformazione e il suo Pil pro capite è passato da 282 dollari nell'anno dell'indipendenza (1960) a 7767 nel 2019».

Che cosa possono avere in comune due nazioni così profondamente diverse? Le Seychelles sono un arcipelago di 115 isole sulla costa dell'Africa orientale, nell'oceano Indiano; furono popolate solo dopo la colonizzazione francese del 1768, che vi importò schiavi africani per le piantagioni di canna da zucchero; alla Francia fece seguito il dominio britannico. Il Gabon è all'altro estremo, in Africa occidentale, ed era già abitato quando nel 1903 i francesi vi imposero il loro colonialismo; inoltre, diversamente dalle Seychelles, è esposto alla cosiddetta «maledizione della rendita petrolifera», che può favorire corruzione e autoritarismi. È dunque molto più facile individuare le loro differenze che le affinità. In cerca di un tratto unificante che possa spiegare i successi economici, lo studio indica l'interventismo pubblico, il ruolo del governo, tra i motori dello sviluppo. Non è statalismo generalizzato, una ricetta fallita in tutta l'Africa. La definizione di questo ruolo è precisa e ricorda alcuni modelli asiatici: «Un intervento mirato e temporaneo del governo per proteggere e sostenere specifici settori di attività». Le Seychelles lo hanno fatto per tre volte, con la promozione della pesca del tonno, la creazione di un'industria turistica di lusso e di servizi finanziari offshore. Il Gabon ha operato in questo modo più di recente, con la diversificazione mirata a ridurre la dipendenza dal petrolio.

Non sono due modelli perfetti, tutt'altro. Nelle Seychelles alcuni settori che hanno ricevuto sostegno pubblico sono falliti; le politiche di redistribuzione socialista sono state così costose da risultare insostenibili; il settore pubblico continua a essere segnato dal clientelismo; il ruolo di piazza finanziaria offshore è stato criticato. È un elenco inquietante. Lo diventa un po' meno, però, se proviamo a fare questo esercizio: sostituiamo le Seychelles con qualche caso avvenuto in paesi avanzati, sul quale possiamo esprimere giudizi. L'ex Alitalia come esempio di fallimenti pubblici è solo uno fra tanti nel nostro paese. Le «politiche redistributive insostenibili» della Francia verso i suoi babypensionati. Il clientelismo con cui l'amministrazione Biden ha aiutato aziende politicamente vicine. Il ruolo di piazza finanziaria offshore di Londra, Lussemburgo, Amsterdam, Hong Kong. Sono tutti difetti deprecabili, ma non ci sogneremmo di applicare a questi paesi ricchi il pessimismo con cui giudichiamo gli africani quando sembrano discostarsi dalla retta via.

In quanto al Gabon, la Hern non gli fa sconti: «La dimensione della corruzione sarebbe comica se non fosse tragica». L'analisi severa delle piaghe locali contiene però una lezione positiva. Visto che Seychelles e Gabon sono due paesi da promuovere per il loro progresso economico, ciò significa che «non occorre avere dei governi perfetti perché questi applichino delle politiche utili». L'altra lezione è appunto sul ruolo soggettivo dei governi: «Le loro politiche possono fare la differenza, anche partendo da circostanze avverse».

Un'altra «coppia di diversi» appaiati dal successo è composta da Mauritius e Botswana. Li separano enormi disparità: storia, geografia, demografia. Eppure «ambedue emersero dal colonialismo impoveriti e tuttavia costruirono istituzioni di governo rispettate, dotate di legittimità, capaci di efficienza burocratica, con un bilancio positivo di crescita economica, riduzione della povertà, limitata corruzione, stabilità politica». Cos'hanno avuto in comune? La risposta dello studio chiama in causa quel concetto di *agency* che io tradurrei con questo trio di espressioni: «ruolo soggettivo, assunzione di responsabilità, protagonismo nelle scelte». In particolare il ruolo di leader politici individuali nell'evitare strategie divisive. Questo è un punto importante perché affronta quella che sembra essere una maledizione per diversi paesi africani: la politica su basi tribali, la fedeltà etnica che sovrasta ogni altro valore, le lacerazioni tra diversi clan razziali o comunità religiose.

Dopo l'indipendenza il premier di Mauritius fu Seewoosagur Ramgoolam, un politico appartenente al gruppo etnico maggioritario: di origine indiana e religione induista. Alla vigilia dell'indipendenza il censimento rivelò che gli indù rappresentavano metà della popolazione dell'isola. L'altra metà era suddivisa tra musulmani, creoli, franco-mauriziani e cinesi. Il premier avrebbe potuto manipolare le istituzioni per consolidare il potere della maggioranza indù e farne una fonte di privilegi da distribuire alla sua *constituency* etnica. *Divide et impera*, aizzare le minoranze le une contro le altre per impedire che si coalizzino in un'opposizione unitaria, fu una tattica adottata da molti leader africani subito dopo l'indipendenza. Ramgoolam fece il contrario: respinse fin dall'inizio la politica su basi etniche, cercò di costruire ampie coalizioni d'interessi, puntando alla convergenza delle varie comunità nella soluzione dei problemi del paese.

Nel caso del Botswana, il primo presidente dopo l'indipendenza, Seretse Khama, era in precedenza un capotribù. Il suo partito cercò di costruirsi la base di consenso attirando gli altri capitribù o capivillaggio nei suoi ranghi, e promuovendo un nazionalismo interetnico, che univa tutte le tribù della galassia Tswana (che dà nome al Botswana) sotto la bandiera di uno Stato moderno. Così facendo, ha messo al servizio delle nuove istituzioni le tradizioni ancestrali, come i consigli di villaggio e le riunioni tra capivillaggio.

Analisti superficiali – o sempre desiderosi di scaricare ogni problema sulle spalle dell'Occidente – talvolta descrivono l'Africa come un mosaico etnico «condannato» alla violenza, per effetto di suddivisioni territoriali imposte dalle potenze coloniali senza alcuna aderenza con le antiche differenze tribali.

(Con un singolare deficit di coerenza, gli stessi antioccidentali a oltranza sono di solito i sostenitori di una politica di apertura totale delle nostre frontiere, di un multiculturalismo che mette l'accento solo sui diritti e mai sui doveri degli immigrati: sicché vorrebbero trasformare l'Europa o gli Stati Uniti in quelle «polveriere etniche» che accusano l'Occidente di aver creato in Africa disegnandone le mappe coloniali.)

Sia Mauritius sia Botswana dimostrano che la polveriera etnica non è l'unico destino possibile. Dimostrano anche un'altra cosa: la storia del colonialismo non è una maledizione incancellabile, che condanna le nazioni africane ad avere delle cattive istituzioni e dei governi scadenti. Ci sono Stati africani che dopo l'indipendenza hanno costruito una *governance* di qualità. Le ricette sono variegate come le situazioni di partenza. «Mauritius disegnò il suo sistema parlamentare per assicurare l'equilibrio etnico e religioso nella rappresentanza democratica» spiega ancora la Hern: una descrizione che evoca parallelismi con la Svizzera federale oppure con la tanto deprecata istituzione dei collegi elettorali americani, che garantiscono il peso dei piccoli Stati Usa. «Nel Botswana lo stesso risultato si è raggiunto integrando la struttura endogena dei capitribù dentro la nuova Costituzione democratica.» Se mi permettete l'eresia, non è questo il ruolo dell'antichissima e vituperata Camera dei Lord a Londra? Anche loro capitribù ereditati da strutture sociopolitiche arcaiche...

In ogni caso l'analisi dei gemelli diversi che sono Mauritius e Botswana mostra il merito di chi ha istituito un sistema che premia le politiche «centripete» a scapito di quelle «centrifughe», promuove «élite inclusive» invece di quelle che si creano rendite politiche aizzando il fanatismo della propria base e l'odio per l'avversario. La ricerca del compromesso: una tradizione politica che non attraversa un periodo felice in Occidente...

Mauritius e Botswana non sono gli unici esempi di buongoverno citati in questo studio. Sono affiancati da ulteriori casi tra cui le già citate Seychelles, Capo Verde, Namibia, Ghana e Ruanda: altre nazioni che ottengono buoni voti nelle misurazioni mondiali sulla qualità della *governance*. Non ci sono modelli immacolati, la Hern insiste su questo punto e attira l'attenzione su segnali di involuzione che riguardano anche Mauritius e Botswana: in quest'ultimo, per esempio, è preoccupante che il partito di governo non abbia mai perso un'elezione. Resta ferma la sua convinzione: la storia del colonialismo non è una prigione da cui non ci si possa liberare, «un futuro migliore dipende da cose che sono sotto il controllo dei contemporanei», come disegnare istituzioni inclusive attingendo anche alle migliori tradizioni locali.

Un capitolo decisivo di questa ricerca riguarda i progressi per la salute in molti paesi del continente. A proposito della nostra ossessione maniacale sull'Africa come «buco nero» di sciagure a ripetizione, l'autrice ricorda la reazione smodata che accolse l'epidemia di Ebola in Africa occidentale nel 2014. Alcune università americane «proibirono il ritorno di studenti dall'intera Africa, benché gli studenti del Sudafrica distassero dall'epicentro di Ebola più di chi abitava a Parigi».

Il nostro catastrofismo oscura una realtà sanitaria piena di miglioramenti impressionanti. I dati della Banca mondiale e dell'Oms, tra i più affidabili in questo campo, dicono che dal 1990 la mortalità infantile è crollata del 47 per cento e la speranza di vita media si è allungata del 23 per cento. Una malattia endemica come la malaria ha visto diminuire i casi del 37 per cento. L'Hiv/Aids è precipitato del 71 per cento in vent'anni.

Il panorama dei miglioramenti per la salute non è omogeneo. La ricerca si sofferma sui due paesi che hanno ottenuto i risultati migliori contro la malaria, visto che questa malattia resta la causa del più alto numero di vittime sul continente (oltre mezzo milione all'anno, in maggioranza bambini sotto i cinque anni). I due paesi-modello in questa lotta sono Guinea-Bissau e Malawi, con riduzioni d'incidenza della malaria del 74 e del 50 per cento rispettivamente. All'inizio del millennio la Guinea-Bissau era, al contrario, uno dei paesi più colpiti: quasi metà della popolazione veniva contagiata ogni anno dalla malaria. Il Malawi si avvicinava, con il 44 per cento dei suoi abitanti colpiti in media ogni anno. In questo caso bisogna riconoscere che la «cultura degli aiuti» ha dato il meglio di sé: gestita con professionalità, competenza, efficienza sia da grandi organismi internazionali sia da privati come la deprecata Bill & Melinda Gates Foundation. La medicina occidentale incanalata dentro le organizzazioni giuste, e a costi sostenibili, è stata determinante. In alcuni paesi più che in altri.

Guinea-Bissau e Malawi furono presi di mira con particolare dovizia di mezzi dai donatori stranieri, visto che erano i casi più drammatici. «Il fattore chiave per spiegare i successi ottenuti da allora» conclude l'analisi sul campo «è che gli aiuti internazionali hanno trovato un partner locale legittimo, efficace, capace di raggiungere l'intero territorio nazionale.» In Guinea-Bissau questo partner non poteva essere il governo, dati la sua cronica instabilità, l'inefficienza nell'erogazione di servizi pubblici e il conseguente deficit di legittimità nella popolazione. È stato sostituito da comunità locali di attivisti e volontari, che godevano della fiducia della cittadinanza. Nel Malawi, invece, i programmi antimalaria sono stati applicati dal governo centrale, che gode di una buona reputazione. In questi due casi estremi, così diversi tra loro, un punto in comune è l'alto livello di «capitale sociale»: così viene definita la fiducia nel proprio prossimo, nel vicino di casa e di quartiere, che è al 68 per cento in Guinea-Bissau e all'85 in Malawi, un livello «scandinavo».

Questi due non sono gli unici paesi ad aver compiuto progressi confortanti nella battaglia contro la malaria: Ghana, Burundi, Uganda hanno messo a segno riduzioni superiori al 40 per cento nell'incidenza della malattia. A conferma che «i successi sanitari sono del tutto possibili anche in paesi che hanno scarse disponibilità finanziarie e grossi problemi logistici».

Un'altra lezione che estraggo da questo pregevole lavoro controcorrente riguarda la condizione della donna. Anche qui la narrazione in cui ci immergiamo noi è desolante, o peggio ripugnante. Mutilazioni genitali femminili, schiave bambine, rapimenti di studentesse da parte di Boko Haram, stupri come arma di distruzione di massa nelle guerre e nei conflitti civili: sono i temi che balzano in testa alle classifiche se analizziamo la copertura dell'Africa nei media occidentali. Purtroppo sono piaghe reali. Ma se ci concentriamo solo su quelle, perdiamo di vista il senso di marcia, la direzione in cui si evolvono le cose.

Ruanda e Senegal sono due casi esemplari di miglioramento nella condizione femminile. Il Ruanda, grazie a una mobilitazione delle donne, ha riformato le sue leggi sull'eredità migliorando l'accesso femminile alla proprietà della terra; ha aumentato molto la scolarità delle bambine e ragazze; ha adottato nuove norme contro la violenza domestica; ha realizzato progressi nell'assistenza sanitaria alla maternità. Sul piano politico, l'aumento delle donne in ruoli di governo e parlamentari ha creato una percezione nuova sulla loro efficienza e competenza. Si è radicata «l'idea che le donne siano in media più dedite al lavoro, meno corrotte, più altruistiche nel servizio pubblico». In Senegal la crescita della rappresentanza femminile in Parlamento ha coinciso con altrettanti miglioramenti nella scolarizzazione delle ragazze, e anche lì ci sono state riforme sul diritto di famiglia per equilibrare la parte spettante alle figlie nell'eredità. Un'osservazione di Erin Accampo Hern: «La democrazia di tipo occidentale non sembra essere un prerequisito per dare più potere alle donne. Ciò che conta è che i governi vogliano promuoverne il ruolo».

Le conclusioni generali di questo studio importante evitano facili trionfalismi. L'elenco dei successi ottenuti da paesi diversi come Seychelles, Gabon, Botswana, Mauritius, Malawi, Guinea-Bissau e altri non è una garanzia che gli stessi progressi continuino in futuro. La lista in questione potrebbe registrare bocciature e cancellazioni, così come (si spera) accogliere delle *new entry*. Selezionare casi positivi serve però a curarci da un pessimismo accecante, che ci ha impedito di capire la portata del cambiamento che sta avvenendo in Africa. È uno stimolo a cogliere le diversità di un continente immenso e percorso da tendenze molteplici, «in contrasto con la rappresentazione monolitica nella maggior parte dei media, nell'accademia e nella cultura pop». Una lezione sicura riguarda il protagonismo dei popoli e della politica: a condizione di fare le scelte giuste, è del tutto possibile cancellare le conseguenze negative del colonialismo e metterne a frutto alcune ricadute positive. Proprio come hanno fatto diverse ex colonie in Asia, di cui ho scritto nel capitolo dedicato al «modello asiatico» per l'Africa. Lo studio della Hern ha il coraggio di ricordarci che lo stesso colonialismo fu tutt'altro che monolitico, l'impatto dei belgi o dei portoghesi fu tra i peggiori, quello degli inglesi ebbe anche aspetti positivi, per esempio nel delegare potere alle élite locali contribuendo al consolidamento di una classe dirigente prima ancora della decolonizzazione. Il metodo di lavoro adottato in questa ricerca sul campo è educativo. Lo trovo ben riassunto in un'affermazione: «Determinare perché le cose sono andate bene in alcuni paesi è altrettanto importante che diagnosticare perché sono andate male in altri».

VII

Il nostro nuovo imperialismo «morale» sotto accusa

Nel marzo 2023 Joe Biden ha inviato la sua vice Kamala Harris in Africa per quella che sembrava una *mission impossible*: ricostruire almeno in parte l'influenza degli Stati Uniti nel continente nero, reagire alla penetrazione della Cina. Molti ostacoli sono noti, a cominciare dalla potenza finanziaria che Pechino dispiega investendo nel Grande Sud globale. C'è un'altra ragione per cui il rilancio della presenza americana è problematico: è quella dei cosiddetti *gender rights*, i diritti delle minoranze sessuali nonché il diritto di modificare il proprio orientamento sessuale. Molti paesi africani hanno approvato o stanno varando leggi restrittive in questo campo, in difesa dei loro sistemi di valori tradizionali. Per la Cina questo non è un problema, per l'America invece è un macigno sulla strada del «ritorno in Africa».

Il viaggio di Kamala Harris doveva essere – nelle intenzioni della Casa Bianca – una tappa importante per segnalare una rinnovata attenzione degli Stati Uniti verso l'Africa. La Harris è stata nel 2023 la più alta carica istituzionale di questa amministrazione a recarsi in visita ufficiale nel continente nero. È stata preceduta da altri visitatori di profilo elevato: il segretario di Stato Antony Blinken e la segretaria al Tesoro Janet Yellen. È un attivismo inconsueto, a conferma che la posta in gioco viene considerata strategica. La Harris è un'icona: prima donna vicepresidente, è anche black da parte di padre, un afrogiamaicano. Inoltre suo nonno, che era indiano, lavorò nello Zambia come consulente del governo. Di maggiore profilo «etnico», prima della sua, c'era stata solo la visita in Africa di Barack Obama.

La questione Lgbtq+ ha turbato la visita della Harris. La vicepresidente è arrivata in Ghana proprio mentre il Parlamento locale stava discutendo una proposta di legge intitolata «Promozione dei diritti sessuali appropriati e dei valori delle famiglie del Ghana». Punirebbe come un reato l'atto di dichiararsi gay o transgender. Anche negli altri due paesi visitati dalla Harris, Tanzania e Zambia, i diritti delle minoranze sessuali sono limitati. Negli Stati Uniti la comunità Lgbtq+ vigila perché queste misure siano sanzionate.

In Africa molti governi mettono in guardia l'America e tutto l'Occidente contro l'abitudine di dare lezioni sui diritti umani. Per buona parte delle classi dirigenti africane, questo è un altro modo di praticare il neocolonialismo: l'imperialismo dei valori. Un imperialismo morale che si riveste di ideologie progressiste, ma che una parte della società africana percepisce solo come una nuova versione dell'antica prepotenza e arroganza occidentale. La Cina, agli occhi di questi africani, oltre al volume dei suoi investimenti offre un ulteriore beneficio: non predica questa o quella interpretazione dei diritti umani, tanto meno quelli delle minoranze sessuali. Kamala Harris durante la sua visita in Ghana ha minacciato una riduzione degli aiuti economici come sanzione contro la normativa antigay. Il presidente Nana Akufo-Addo ha cercato di placare l'ira di Washington prendendo personalmente le distanze da quella legge e suscitando la speranza che non sarà applicata in modo severo. Quello che la Harris ha potuto sbandierare in patria come un parziale successo è stato accolto male in Africa. Come ha rilevato «The Economist», «alcuni politici africani hanno citato questo caso come la prova che l'Occidente usa la sua forza di pressione per boicottare delle leggi che molti africani approvano». Nel preambolo al testo di legge votato dal Parlamento del Ghana, la legge antigay viene presentata come una difesa «contro l'infiltrazione di culture straniere».

Il problema è esploso in modo ancora più acuto dopo la visita della Harris, quando è stata l'Uganda a varare una legge anti-Lgbtq+. La normativa, approvata dal Parlamento di Kampala e varata dal presidente Yoweri Museveni il 29 maggio 2023, introduce la pena di morte per le relazioni omosessuali qualora l'imputato sia Hiv-positivo (mentre un portatore di Hiv che abbia relazioni eterosessuali non è punibile). Una pena fino a 20 anni di carcere può colpire chi «promuove l'omosessualità». Cinque anni di carcere incombono su chi «tocca un'altra persona con l'intenzione di commettere atti omosessuali». Sanzioni severe sono previste perfino per chi affitta una camera a una coppia gay. Quella dell'Uganda figura tra le normative omofobiche più drastiche del mondo.

La reazione degli Stati Uniti è stata immediata e durissima. Biden è intervenuto pubblicamente: «Mi unisco a tante persone nel mondo intero e nella stessa Uganda per invocare l'immediata abrogazione di questa legge. Nessuno deve vivere nella paura costante di perdere la propria vita o di essere soggetto a violenza e discriminazione. È sbagliato». Dopo la dichiarazione di principio il presidente ha fatto balenare un arsenale di sanzioni e ha ordinato al National Security Council (la cabina di regia della politica estera e militare alla Casa Bianca) di mettere sotto esame tutti gli aiuti all'Uganda. Il paese africano rischia di perdere l'accesso preferenziale al mercato Usa, dove nel 2022 aveva esportato beni per 174 milioni di dollari. A rischio ci sono anche i sostegni militari che Kampala riceve da Washington per la lotta al terrorismo jihadista nella vicina Somalia. In forse pure gli aiuti sanitari, in particolare i fondi Usa per la lotta contro l'Aids. Infine l'amministrazione Biden ha previsto la possibilità di sanzionare individualmente chiunque (politici o magistrati) sia coinvolto in abusi contro i diritti dei gay in Uganda.

La reazione di Biden è stata approvata dai democratici Usa. Ha sollevato indignazione in Uganda. La portavoce del Parlamento di Kampala, Anita Among, ha dichiarato: «Noi proteggiamo la nostra cultura. L'Occidente non verrà a casa nostra a comandarci. Con questa legge abbiamo dato risposta alle richieste del nostro popolo». La tensione si estende a molte nazioni africane. Una capofila nel varare leggi antigay era stata la Nigeria un decennio fa. Il Kenya è deciso a seguire la stessa tendenza e anche qui la polemica contro l'Occidente è in primo piano: alcuni politici keniani hanno definito la campagna Lgbtq+ «una seconda colonizzazione». A loro avviso, il vero obiettivo dell'Occidente sarebbe quello di promuovere l'omosessualità per ridurre la popolazione africana. Ecco un caso in cui la nostra ossessione sulla bomba demografica africana si ritorce contro di noi: fornisce argomenti a folli teorie del complotto in base alle quali noi occidentali saremmo disposti a tutto pur di ridurre la natalità del continente.

La paranoia e la manipolazione della realtà sono ben distribuite nei due campi. Una prova: secondo Robert Mugabe, lo scomparso presidente/autocrate dello Zimbabwe ben noto per la sua retorica antioccidentale, l'omosessualità era «antiafricana», era sconosciuta nel continente prima della colonizzazione e vi fu importata dagli invasori come «una malattia bianca». Mugabe era un illustre rappresentante di una tendenza radicata nelle classi dirigenti africane: attribuire al colonialismo ogni cosa che disapprovano. Naturalmente l'omosessualità è sempre esistita in Africa come a ogni altra latitudine. Ma l'atteggiamento di Mugabe ha il suo riflesso – simmetrico, speculare, sostanzialmente identico – in quegli ambienti progressisti che sostengono la causa Lgbtq+ e affermano che l'omofobia in Africa... l'abbiamo importata noi. La prova, secondo loro, starebbe nel fatto che in Uganda l'omosessualità divenne un reato nel 1950, quando il paese era una colonia britannica. Questo ovviamente non dimostra che l'omosessualità era ben tollerata negli usi e costumi locali. Di fatto gli inglesi inserirono nel codice locale le sanzioni antigay – che all'epoca esistevano anche nel Regno Unito – senza incontrare la minima resistenza nella società locale perché non confliggevano affatto con la tradizione. Dovrebbe essere evidente l'assurdità di queste teorie: in una fase storica in cui molte élite africane – dai politici agli intellettuali – hanno costruito una rendita di posizione sull'anticolonialismo e l'avversione all'Occidente, perché mai dovrebbero fare un'eccezione e conservare come sacra l'omofobia dei missionari bianchi, se davvero furono loro a importarla?

Sulla stessa lunghezza d'onda, oggi nella lobby Lgbtq+ degli Stati Uniti sta prendendo piede un'altra narrazione: le leggi antigay varate da una vasta schiera di nazioni africane sarebbero state suggerite, sobillate, sostenute dalla destra religiosa Usa. Ancora una volta affiora il solito complesso di superiorità: qualunque cosa accada la causa va cercata nell'uomo bianco, gli africani sono incapaci di intendere e di volere, burattini manovrati da noi. È un implicito razzismo quello di chi pensa che gli africani agiscano sempre con l'imbeccata di qualcun altro, superiore a loro e capace di pilotarli.

Che il movimento antigay stia diventando in Africa una nuova bandiera dell'anticolonialismo lo ha confermato la grande conferenza internazionale convocata dal Parlamento dell'Uganda nel marzo 2023. Vi hanno partecipato i parlamentari di altri paesi, leader di varie comunità religiose e anche molti attivisti di movimenti giovanili che si battono per affermare valori tradizionali.

La componente religiosa è importante. Il sentimento dei fedeli in Africa è agli antipodi rispetto alle campagne Lgbtq+ in Occidente, al punto che la Chiesa anglicana dell'Uganda ha annunciato che si separerà dalla sua «casa madre» britannica, proprio perché le posizioni sull'omosessualità sono diventate incompatibili. L'arcivescovo Stephen Kaziimba, capo della comunità anglicana ugandese, ha condannato la decisione dell'arcivescovo di Canterbury (la massima autorità religiosa in Inghilterra) che autorizza i suoi sacerdoti a celebrare matrimoni gay. «Questo non è più anglicanesimo» ha scritto Kaziimba «e non è più la religione dei nostri santi. Se a Canterbury vogliono trascinare la loro intera comunità religiosa nel ventre di una balena, sono liberi di farlo. Ma non sono liberi di trascinare l'intera comunità anglicana. La comunità anglicana non è un'estensione della Chiesa d'Inghilterra. Quest'ultima ha abbandonato la vera fede anglicana. Sono dei falsi maestri.»

Lo scisma degli anglicani dell'Uganda scatenato dalla questione gay è parte di un fenomeno molto più ampio che travalica perfino i confini del continente africano e si allarga a tutto il Grande Sud globale. Dodici arcivescovi che rappresentano la Global South Fellowship of Anglican Churches, cioè le comunità anglicane in Asia, Oceania e America Latina, oltre che in Africa, hanno firmato una lettera congiunta il 20 febbraio 2023 minacciando lo scisma dalla Chiesa d'Inghilterra per le sue posizioni sull'omosessualità e i transgender.

La rivolta del Sud contro l'Occidente sulla questione Lgbtq+ non si limita agli anglicani né ai soli cristiani. Quando la diocesi cattolica di Kampala ha denunciato «l'agenda globale (dell'Occidente) per distruggere le giovani generazioni» attraverso la promozione dell'omosessualità, le ha fatto eco il Consiglio Supremo dei Musulmani d'Uganda, che ha organizzato manifestazioni di piazza per condannare l'omosessualità definendola «un vizio che prende di mira i nostri giovani». A conferma dell'ampiezza del sostegno della legge antigay, al Parlamento dell'Uganda il suo primo firmatario non è un esponente della maggioranza governativa (che pure ha aderito) bensì un deputato musulmano dell'opposizione, Asuman Basalirwa. Che ha trovato un'accoglienza favorevole e una sponsor autorevole nella moglie del presidente. La First Lady, Janet Museveni, è una devota cristiana evangelica che promuove una visione tradizionale della famiglia, invoca la necessità di un «risveglio spirituale», denuncia l'imposizione occidentale di «una nuova agenda globale per promuovere l'immoralità».

Le vie dell'anticolonialismo sono variegate. Il viaggio di Kamala Harris che doveva servire a rilanciare l'influenza americana in Africa si è scontrato con questa contraddizione: proprio i progressisti Usa, che sono i primi ad autoflagellarsi per le prepotenze dell'Occidente in Africa, oggi vengono visti da una parte consistente della società civile africana come i nuovi prepotenti.

Dietro il fascino che esercitano Cina, Russia, o anche Arabia Saudita e Turchia, in questa parte del mondo, i capitali e le armi non sono l'unico fattore. Aiuta queste potenze antioccidentali il fatto di condividere modelli di valori conservatori e tradizionali, a cominciare dalla famiglia e dalla sessualità. Quando gli aiuti dell'Occidente – che siano donazioni governative oppure filantropia delle ong – arrivano accompagnati dall'agenda Lgbtq+, molti paesi africani li considerano macchiati dalla continuità con il passato. Non importa se i valori occidentali sono cambiati – negli anni Sessanta con la guerra fredda i doni erano impacchettati nell'anticomunismo, oggi sostituito dai diritti delle minoranze sessuali –, l'atteggiamento prevaricatore a loro sembra identico.

In Occidente queste notizie fanno fatica ad arrivare nella loro completezza, perché sembrano quasi incomprensibili. I diritti delle minoranze sessuali sono entrati a far parte della nostra cultura. Perseguitare un essere umano per il genere a cui appartiene, per le sue preferenze sessuali, o perché non si sente a proprio agio nel suo sesso biologico alla nascita, ci sembra un atto crudele, ingiusto, incivile. Come noi la pensano le minoranze Lgbtq+ in Africa, che chiedono appoggio all'Occidente per i propri diritti. Queste minoranze applaudono alla politica estera americana. È una scena che abbiamo visto altrove, con esiti spesso infelici. Quando l'America pretese di esportare la democrazia in Medio Oriente, quando tentò di difendere i diritti delle donne in Afghanistan, i suoi metodi vennero descritti come imperialisti; e le società civili di quei paesi scelsero di rimanere fedeli a credenze religiose, valori morali, gerarchie familiari e ruoli sessuali di tipo tradizionale. In Africa rischia di ripetersi qualcosa di simile sulla questione Lgbtq+.

Un'altra angolatura per osservare la tensione valoriale fra l'Africa e l'Occidente è la storia di Seckie Saleban, un giovane somalo che ha fatto un'andata e ritorno tra le due coste dell'Atlantico, sperimentando due modelli antagonisti di rapporto fra genitori e figli. La vicenda è approdata in prima pagina sul «Wall Street Journal» il 3 febbraio 2023 per il suo impatto simbolico. È un caso di rigetto del Sogno americano quando questo si rivela un inferno di droga e autodistruzione. Il padre di Seckie, Mohamed Saleban, era emigrato dal Corno d'Africa negli Stati Uniti con tutta la famiglia nel 2003. All'epoca Seckie aveva quattro anni. Fuggivano dalla violenza e dalla miseria come altri due milioni di somali hanno fatto negli ultimi trent'anni. Solo negli Stati Uniti ci sono 170.000 immigrati di origine somala. I Saleban erano finiti nel Minnesota, lo Stato Usa che ospita la più vasta diaspora somala. Mohamed, il padre, si era dimostrato il perfetto immigrato laborioso e pronto a ogni sacrificio: prima operaio in una catena di montaggio nella cittadina di Owatonna, poi autista di Uber disposto a lavorare quattordici ore al giorno, sabato e domenica inclusi. Con i suoi sacrifici era riuscito a mandare Seckie al college. Il figlio si era integrato sin troppo bene, fino a diventare un «perfetto» teenager americano: inclusi il consumo di marijuana e le notti in bianco incollato ai videogame. Quando Seckie ha lasciato gli studi e ha cominciato a perdersi in lavoretti precari, a collezionare licenziamenti e debiti, Mohamed ha trovato una sola soluzione: tornare nel Somaliland, dove i figli devono obbedire ai genitori... a costo di finire in carcere.

Nel novembre 2019 la famiglia si è ristabilita nel paese d'origine, a Borama. Pur di sottrarre il figlio alle tossicodipendenze in cui era sprofondato – dalla marijuana era passato ai farmaci oppioidi –, Mohamed non ha esitato a usare le maniere forti: fino a denunciarlo per l'uso di stupefacenti, farlo arrestare e incarcerare. «Ti dimostrerò» aveva minacciato «che l'Africa non è l'America.» All'ultimatum erano seguiti i fatti. L'uso di droghe è un reato penale in molti paesi africani, ma non c'era neppure bisogno di invocare quel crimine nel caso di Seckie. Nel Somaliland la legge punisce con l'arresto un figlio che disubbidisce ai genitori, se questi ultimi lo denunciano. La pena prevista è fino a sei mesi di carcere, più una «messa alla prova», quando il figlio torna in libertà, perché dimostri di avere imparato la lezione. Quello della famiglia Saleban è un caso estremo, tanto da finire in prima pagina su un grande giornale americano, ma non è unico. Migliaia di famiglie somale dopo l'emigrazione negli Stati Uniti sono tornate in patria per rieducare o riabilitare figli precipitati nel tunnel delle tossicodipendenze.

«L'Africa non è l'America», come ha detto Mohamed Saleban a suo figlio prima di farlo arrestare. Quella frase si può declinare in tanti modi, con interpretazioni diverse. È chiaro il punto di vista di Mohamed e di altri genitori africani che abbracciano i suoi stessi valori conservatori: per loro, in nome del «giovanilismo» a oltranza gli Stati Uniti hanno distrutto gerarchie familiari, ruoli dei sessi, disciplina, rispetto dei giovani verso gli anziani. La liberalizzazione della marijuana e di altre droghe leggere viene vista in questo contesto: la dissoluzione della famiglia e dell'ordine sociale, la tolleranza verso comportamenti autodistruttivi. La prova per questi genitori africani sono le scene quotidiane delle strade di Filadelfia e San Francisco, epicentri dell'ecatombe di morti da overdose. Filadelfia e San Francisco condividono questo tragico record: hanno subito molti più morti (quasi il doppio) per le overdose di tossicodipendenti che per il Covid. Il centro di San Francisco trasformato in tendopoli di senzatetto, molti dei quali sono malati mentali e tossicodipendenti, è diventato il simbolo di una scelta di civiltà. Fedele al suo ruolo di capitale della controcultura e del movimento hippy negli anni Sessanta, la San Francisco del terzo millennio si è vantata a lungo di aver depenalizzato il possesso di tutte le droghe e di essere diventata una «città santuario» accogliente verso «stili di vita» alternativi, oltre che lassista verso reati comuni di ogni genere. In altre parti degli Stati Uniti e del mondo, incluse le nazioni africane, ci sono segnali di rigetto verso questa America. Che invece continua a volersi esportare come un modello. La politica estera degli Stati Uniti spesso è portatrice di quei valori o disvalori che hanno generato la San Francisco del 2023.

Un caso che ebbe un'enfasi mondiale si verificò con lo scambio di prigionieri fra Washington e Mosca nel dicembre 2022. L'accordo consentì la liberazione della cestista Usa Brittney Griner. La trentaduenne campionessa americana di basket era stata «presa in ostaggio» da Putin dopo essere stata arrestata a Mosca nel febbraio 2022 alla vigilia dell'invasione dell'Ucraina, e incriminata per quello che nel suo paese non è un reato: nel suo bagaglio erano state trovate delle cartucce di hashish da fumare come sigarette elettroniche. Condannata a nove anni, era stata spedita in una famigerata colonia penale. Il suo trattamento indignò l'opinione pubblica americana e Biden fu applaudito per averne ottenuto la liberazione. Purché l'atleta americana potesse tornare a casa, Washington acconsentì a liberare un noto trafficante di armi legato ai servizi segreti russi, Viktor Bout, detto «il Mercante della Morte». Così Putin riportò in Russia un uomo legato al suo apparato bellico; Biden riportò in America una celebrity dello sport. Il divario era notevole, per liberare la Griner la Casa Bianca aveva rinunciato a ottenere il rilascio di un altro prigioniero americano in Russia, lui sì legato alla sicurezza nazionale: l'ex marine Paul Whelan.

Perché la Griner e non Whelan, quest'ultimo essendo detenuto da più tempo? Per il «Wall Street Journal» non c'erano dubbi: «Lei è afroamericana, donna e lesbica, lui è un maschio bianco». A favore della celebrity sportiva si sono mobilitate lobby potenti, che dettano legge sulla politica estera Usa. Per il resto del mondo il messaggio era chiaro: quella celebrity rappresentava tutte le cause politicamente corrette degli Stati Uniti, inclusa la liberalizzazione della cannabis. Fra i diritti umani che l'America tenta di esportare c'è anche questo; la Russia e la Cina stanno sul versante opposto, tra i paesi che continuano ad applicare norme severe contro tutte le droghe, anche leggere. In Africa quelle fasce dell'opinione pubblica che si riconoscono nelle religioni più diffuse – Islam, pentecostali ed evangelici, cattolici – difendono sistemi di valori che reputano minacciati dall'americanizzazione; i loro politici tendono ad ascoltarli. È un altro fattore che spinge l'Africa a simpatizzare con Cina, Russia, Arabia.

Il Sogno americano per molti africani è ancora fortissimo: lo dimostrano i flussi migratori. L'attrazione degli Stati Uniti come terra delle opportunità supera perfino quella dell'Europa. Al confronto non esistono né un sogno cinese né un sogno russo capaci di attirare immigrazioni consistenti dall'Africa. Però le classi politiche che si contendono il consenso della società civile africana sentono la pressione di fasce tradizionaliste e movimenti religiosi, i quali dell'America hanno un parere opposto: *vade retro* Satana. E la politica estera di quest'America esportatrice di «nuovi» diritti umani, dai transgender alla marijuana, viene facilmente omologata a vecchie imposizioni dell'uomo bianco. Quando Mugabe farneticava sull'omosessualità come «la malattia del bianco», non faceva che riproporre un tema antico e popolare, l'idea di una corruzione morale portata dal colonialismo.

VIII

L'ambientalismo dei ricchi visto da Sud

A gennaio e febbraio 2023 il viaggio di papa Francesco nella Repubblica Democratica del Congo segna un breve momento di attenzione verso la «terra del cobalto», un metallo indispensabile per la nostra transizione a un'economia sostenibile. O almeno, così ce la descriviamo noi. In un mondo futuro dove circoleranno solo auto elettriche – negli Stati Uniti e nell'Unione europea esistono già delle scadenze vincolanti per cessare la produzione di auto a combustibile – pensiamo che riusciremo ad abolire almeno quella fonte di CO_2. In realtà l'estrazione del cobalto è una delle attività più «sporche» che ci siano e ogni auto elettrica nasconde nel suo cuore metallico (la batteria) tanto inquinamento. In Congo questa estrazione avviene anche in forme così primitive da comportare sfruttamento, lavoro minorile, abusi contro i diritti umani. La fame mondiale di cobalto è una componente delle guerre congolesi, tragico sfondo di quel viaggio di papa Francesco. Dalle violenze quotidiane delle milizie locali – spesso foraggiate dal vicino Ruanda – si teme che il conflitto possa dilagare fino a diventare una guerra nell'intera regione africana dei Grandi Laghi.

Il consumo mondiale di cobalto rimase stabile fino alla fine degli anni Novanta, attorno a 20 kiloton (migliaia di tonnellate) all'anno, perché era usato prevalentemente dall'industria chimica. Poi esplose invece un altro utilizzo del cobalto, in associazione con il litio per la produzione di batterie elettriche: quelle che usiamo per i nostri laptop, i nostri telefonini e, sempre più grosse e potenti, per le nostre auto elettriche o per immagazzinare energia eolica e solare. Pur rappresentando per adesso solo il 10 per cento delle vendite mondiali di automobili, le batterie per auto elettriche hanno già contribuito a far schizzare il consumo mondiale di cobalto a 140 kiloton all'anno. Secondo una stima citata da Mark Mills sul «Wall Street Journal», entro il 2026 l'avvento di nuove fabbriche di batterie per auto elettriche farà superare la soglia dei 200 kiloton annui di cobalto.

I tre quarti del cobalto mondiale provengono dal Congo, una quota più che doppia rispetto a quella che il cartello dell'Opec ha nella produzione di petrolio. Questo semimonopolio si accompagna a quello che la Cina ha nella lavorazione dello stesso cobalto: più del 70 per cento della materia prima risultante dall'estrazione viene trasportato nella Repubblica popolare e lì viene trasformato per utilizzarlo nelle batterie elettriche al litio. In tutti questi processi non c'è nulla di sostenibile: sia l'estrazione mineraria in Congo sia la lavorazione in Cina fanno uso di energie fossili e inquinano l'ambiente. È solo perché queste attività avvengono ben lontano dai nostri occhi e dai nostri polmoni che possiamo continuare a parlare di auto elettrica associandola a un mondo decarbonizzato e con «zero emissioni». L'ambientalismo di noi ricchi, visto dagli africani, è un lungo elenco di contraddizioni e ipocrisie come questa.

L'inquinamento è solo una parte del problema. Un libro denuncia scritto dall'attivista Siddharth Kara (*Rosso cobalto*) spiega che una parte dell'estrazione di cobalto in Congo avviene ancora usando metodi «artigianali». Questo aggettivo è un eufemismo, come spiega Kara, che è riuscito a visitare alcune di quelle miniere: migliaia di uomini, donne, bambini minorenni, estraggono a mano usando martello, pala e secchiello. Lavorano spesso in un calore infernale, dentro nuvole di polvere e sotto la guardia di *vigilantes* armati. In una di queste miniere «artigianali» l'autore dell'inchiesta ha rilevato un numero ufficiale di diecimila dipendenti. Eppure nello stesso Congo esistono altre miniere industrializzate, che fanno ricorso a macchinari e risparmiano alla manodopera umana le mansioni più faticose, dannose per la salute, pericolose. Non è facile, però, anzi, forse è impossibile nella situazione attuale, distinguere la provenienza del cobalto che usiamo e sapere se è stato estratto con metodi moderni o «antichi», cioè disumani. La posizione dominante della Cina in questo settore, e l'onnipresenza di imprese cinesi nelle miniere del Congo, garantiscono una trasparenza pari a zero.

La conclusione dell'inchiesta è angosciante, se si pensa che per star dietro alla diffusione prevista delle auto elettriche e dei pannelli fotovoltaici i consumi di cobalto nel mondo potrebbero decuplicarsi in pochi anni. Noi occidentali non sembriamo disposti ad assumerci maggiori responsabilità. Si verificano scoperte di giacimenti minerali anche nei paesi ricchi – di recente importanti depositi di terre rare sono stati individuati in Svezia –, però vengono quasi sempre seguite da mobilitazioni «ambientaliste» che vogliono bloccare ogni attività estrattiva. Eppure da noi le miniere offrono ben altre tutele (a chi ci lavora e all'ambiente) rispetto a quelle del Congo.

La visita di papa Francesco si è svolta quindi in un luogo benedetto e maledetto, che grazie a tesori come il cobalto, l'oro, l'uranio eccita gli appetiti di milizie locali e dei paesi vicini, tutti attratti dal saccheggio. Con cento milioni di abitanti, la Repubblica Democratica del Congo è la seconda maggiore nazione africana. Il suo presidente Félix Tshisekedi in occasione dell'incontro con il pontefice ha accusato il mondo di complicità «attraverso l'inazione e il silenzio». Ha detto che «in aggiunta alle milizie armate, delle potenze straniere avide delle nostre ricchezze minerarie contribuiscono alle crudeli atrocità, con la complicità diretta e codarda del nostro vicino Ruanda». Le Nazioni Unite hanno censito 120 gruppi armati in azione nelle tre province del Kivu settentrionale, Kivu meridionale e Ituri. Le violenze hanno già portato alla migrazione di 520.000 profughi nei primi mesi del 2023. «Provoca indignazione» ha osservato papa Francesco «sapere che queste violenze sono alimentate non solo da forze esterne ma anche dall'interno, per interessi privati.» La presenza di 18.000 caschi blu dell'Onu non ha impedito l'intensificarsi degli attacchi contro la popolazione civile – inclusi stupri di massa, rapimenti, stragi di bambine e bambini – al punto che ci sono state proteste contro l'Onu e richieste di ritiro di questa «forza di pace» così inefficace. Il Ruanda è accusato di sostenere il più aggressivo dei gruppi terroristici, che si fa chiamare Movimento Marzo 23 o M23. Il governo congolese accusa il Ruanda di volersi appropriare di una parte delle sue risorse naturali. La guerra del cobalto non accenna a placarsi.

Come abbiamo visto, nella fabbricazione di batterie indispensabili alle automobili elettriche e anche agli impianti di energia solare o eolica, il cobalto viene usato insieme al litio, per il cui controllo è in corso una competizione globale. In questa gara l'America stringe accordi con l'Australia; mentre la Cina vuole rafforzarsi in Africa e in America Latina.

Che il litio sia «il petrolio del futuro» è ormai evidente. Che la sua produzione sia dominata dalla Cina, pure. A volte la percezione generale si ferma qui. E magari la posizione dominante della Cina viene scambiata come un fatto «naturale», simile alla dotazione petrolifera che l'Arabia Saudita possiede nel suo sottosuolo. Invece non è così. Di litio nel sottosuolo cinese ce n'è poco, solo l'8 per cento delle riserve mondiali. Il fatto è che la Repubblica popolare – con una lungimiranza che è mancata dalle nostre parti – si è accaparrata diritti di estrazione nei territori altrui, o contratti di fornitura da parte di miniere situate letteralmente agli antipodi. Inoltre, la Cina stessa si è conquistata il compito di lavorare, raffinare il minerale grezzo che come tale è inutilizzabile. Questa lavorazione del terriccio contenente litio è un mestiere ingrato, molto inquinante: ragion per cui gli occidentali, in nome dell'ambientalismo, hanno deciso che va fatto il più lontano possibile.

Nel nuovo contesto geopolitico dipendere dalla Cina per tutte le nostre tecnologie verdi è una follia. Perciò Australia e Stati Uniti stanno lavorando di concerto per riprendersi il controllo della «catena del litio». Nessun altro paese al mondo ha un ruolo decisivo quanto l'Australia: attualmente, dalle sue miniere si estrae il 53 per cento del litio mondiale. Ma quasi tutto viene venduto alla Cina. Il principale estrattore di litio, che è la società Pilbara Minerals, dalle sue miniere nell'Australia occidentale prende un terriccio metallifero dal quale si ricava lo spodumene, un minerale che contiene alluminio e litio. Il contenuto di litio è il 6 per cento del minerale grezzo. Lo spodumene viene venduto a 5700 dollari per tonnellata (prezzo del 2023). La raffinazione finale, quella da cui si ottiene il litio da usare nelle batterie, avviene in impianti cinesi, dopo che la materia prima, cioè lo spodumene, è stata trasportata su nave nella Repubblica popolare.

Ora l'Australia vuole tagliare il cordone ombelicale con la Cina e spostare sul proprio territorio anche la fase della raffinazione. La Pilbara Minerals sta collaborando con una società tecnologica australiana, la Calix, per un impianto di raffinazione che dallo spodumene arrivi al litio utilizzabile a livello industriale. Questo consentirebbe ai produttori australiani di incassare sussidi federali degli Stati Uniti. In quanto legata all'America da un trattato di libero scambio, l'Australia può candidare le proprie aziende a ricevere aiuti di Stato nell'ambito dell'Inflation Reduction Act. Questa legge dell'amministrazione Biden è uno strumento di politica industriale con cui Washington vuole recuperare controllo strategico sulle filiere della sostenibilità, come l'industria delle batterie elettriche.

Secondo il governo di Canberra, l'Australia potrebbe riprendersi il 20 per cento della produzione mondiale di litio raffinato entro il 2027. Per gli americani, vista la loro stretta alleanza militare con l'Australia, rilocalizzare la raffinazione del litio in quel paese (sottraendola al monopolio cinese) è una garanzia di sicurezza per il futuro. Naturalmente, il litio raffinato in Australia sarà più caro, perché i salari australiani non sono quelli cinesi e le normative a tutela dell'ambiente sono molto più rigorose. Però il costo aggiuntivo verrà in parte risarcito dal contribuente americano, sotto forma di sussidi.

La Cina avverte il pericolo che il suo semimonopolio attuale le stia scivolando dalle mani. Negli ultimi due anni le aziende cinesi del settore hanno investito 4,5 miliardi di dollari per comprare miniere di litio nel resto del mondo. Visto che l'Australia si chiude, ora l'appetito cinese si concentra in Africa e in America Latina. Gli investimenti cinesi più importanti nelle miniere di litio sono avvenuti in tre paesi africani (Mali, Nigeria, Zimbabwe) e due paesi latinoamericani (Messico, Cile). Non sono zone tranquille. In Mali e in Nigeria gli investitori cinesi devono affrontare problemi di sicurezza, di fronte alle minacce del terrorismo jihadista. In Messico e in Cile le incognite sono politiche: su tutta l'America Latina soffia un vento di nazionalismo populista, molti governi di sinistra parlano di nazionalizzare il litio perché vogliono il controllo delle proprie risorse minerarie. È un remake di ciò che accadde nel mondo arabo con il petrolio negli anni Sessanta. Il Cile, insieme a Bolivia e Argentina, discute la creazione di una «Opec del litio», un cartello oligopolistico sul modello di quello petrolifero.

Un caso interessante in Africa è quello dello Zimbabwe: nel dicembre 2022 il suo governo ha varato un divieto di esportazione del litio grezzo. Il paese non vuole più essere un semplice esportatore di materie prime. Esige che i clienti stranieri vengano a creare sul suo territorio le fabbriche per la raffinazione dei minerali. È una strategia legittima e logica, vuole localizzare vicino alle miniere anche le attività a maggior valore aggiunto, conservando al proprio interno i profitti della raffinazione e creando occupazione al di là del semplice lavoro dei minatori. Lo Zimbabwe potrebbe fare scuola, imponendo alla Cina un modello di relazione economica meno squilibrato, foriero di un'industrializzazione africana.

Uno dei massimi esperti di energia, Daniel Yergin, sostiene che «l'approccio più maturo alla questione del cambiamento climatico oggi è quello dei paesi emergenti». Si riferisce all'idea che «bisogna prima carbonizzare per poi decarbonizzare». In altri termini: per costruire un nuovo modello di sviluppo più sostenibile, basato in modo determinante su energie rinnovabili, bisogna essere ricchi. Per diventare ricchi bisogna industrializzarsi e questo comporta l'uso di energie fossili per una ragionevole durata. Decenni. Questo non è il messaggio che piace a Greta Thunberg né agli imbrattatori di opere d'arte. Ma è il messaggio del realismo, del pragmatismo e anche della scienza. Confligge con l'idea di un abbattimento immediato delle emissioni carboniche, che, se è impraticabile perfino nei paesi ricchi, sarebbe una rovina per quelli poveri. Sposta l'accento, l'attenzione, e gli investimenti, su tutto ciò che dobbiamo fare per rendere accessibili le energie rinnovabili ai paesi africani; e sui passi che vanno compiuti per «adattare» le loro popolazioni a sopravvivere in un clima più caldo. Si può fare, si deve fare tanto in questa direzione, l'importante è avere gli obiettivi giusti, praticabili e raggiungibili. Questo è il linguaggio che vogliono sentire gli africani, non le prediche snob contro quello sviluppo economico di cui loro hanno un bisogno enorme.

L'Africa ci chiede un ambientalismo rispettoso dei paesi poveri, delle loro necessità urgenti, non concentrato sulle utopie adolescenziali dei giovani ricchi. Gli africani vivono sulla loro pelle questa verità: non avere elettricità oggi significa inquinare di più, perché invece della corrente ci si scalda, ci si illumina, si cuoce il cibo con le energie più distruttive, come il legname o la carbonella, che a parità di calore sviluppato generano molta più CO_2 del gas naturale e dello stesso carbone. E possono anche avvelenare le persone, con il fumo nelle abitazioni. Gli ambientalisti da salotto che nei paesi ricchi predicano su un immaginario passaggio velocissimo alle energie rinnovabili non sanno di cosa parlano. Betty, la ragazza etiope di cui ho raccolto la testimonianza che racconto nell'ultimo capitolo, nel suo villaggio non poteva studiare perché mancava la luce. L'energia solare viene meno proprio quando cala l'oscurità; non è una soluzione sufficiente. Oggi, come Betty, decine di milioni di bambini africani dopo il tramonto piombano nel buio, non possono leggere libri né tantomeno accendere un computer. Hanno bisogno di elettricità la notte, e allo stato attuale della tecnologia le uniche rinnovabili che funzionano 24 ore al giorno e 365 giorni l'anno sono il nucleare e l'idroelettrico, entrambe a vario titolo osteggiate dagli ambientalisti del Nord opulento. (Sì, anche le dighe sui fiumi sono contestate dai Verdi dei paesi ricchi.)

I paesi del Sud del pianeta hanno di fronte a sé due modelli concreti. Cina e India sono le due superpotenze a cui s'ispirano tutti coloro che sognano un decollo economico simile al loro. A Nuova Delhi, il premier Narendra Modi si è dato come obiettivo di generare metà dell'elettricità con fonti rinnovabili entro il 2030. Il traguardo è molto ambizioso, ma bisogna precisare subito che, nel suo paese, la parte del leone in queste rinnovabili la fa il nucleare. Inoltre, l'altra metà dell'elettricità indiana resterà affidata a energie fossili. E poiché l'India cresce, le «due metà» del suo fabbisogno elettrico nel 2030 saranno molto più grosse di oggi. Risultato: l'India prevede di aver bisogno di aggiungere una capacità di 28 gigawatt di centrali a carbone e Modi sta approvando l'apertura di nuove miniere di carbone. Carbonizzare per poi decarbonizzare, appunto, senza sacrificare lo sviluppo economico in mancanza del quale non esiste un futuro sostenibile perché non esiste un futuro *tout court*.

La Cina è un esempio ancora più macroscopico di questo pragmatismo. A tutti gli effetti si prepara a diventare la superpotenza «verde» del futuro. Oggi siamo tutti dipendenti dalla Repubblica popolare per i nostri pannelli solari e le batterie delle nostre auto elettriche. Il dominio cinese nelle rinnovabili ambisce a diventare quasi un monopolio. Al tempo stesso la Cina ha investito 400 miliardi di dollari insieme alla Russia per trasportare gas dalla regione artica della Siberia fino a casa propria. In quanto al carbone, oggi la Cina ne consuma più di tutto il resto del mondo messo assieme. E non ha alcuna intenzione di metterlo al bando, né a breve né a medio termine. Nel solo anno 2021 la Repubblica popolare ha costruito il triplo di centrali a carbone (per un totale di 33 gigawatt di produzione elettrica) rispetto a tutto il resto del mondo. Qualsiasi cosa dica e faccia l'Occidente, il futuro delle emissioni carboniche si decide a Pechino e Nuova Delhi molto più che a Washington e Bruxelles.

In cerca di modelli realisti e attraenti, l'Africa guarda a Cina e India, non alle prediche di Greta Thunberg. È chiaro a cosa puntano davvero i paesi africani: ad accelerare il loro sviluppo, che nell'immediato significa più consumo di energie fossili e più emissioni di CO_2. Uno sviluppo alternativo, «tutto e subito pulito», semplicemente non esiste.

Cito dati che erano stati ripresi da Chicco Testa sul «Foglio» il 17 febbraio 2023: «Espresso il consumo totale di energia, non solo quindi quella elettrica, in chilowattore (kWh) procapite, passiamo dai 75.000 degli Usa ai 37.000 dell'Europa, ai 30.000 della Cina, ai nemmeno 4000 (!) dell'Africa». Gli africani, prosegue l'autore, vogliono crescere, crescono, e per crescere ancora hanno bisogno di energia. Il modo più facile ed economico per farlo è il ricorso alle fonti fossili, che assicurano densità energetica, continuità, disponibilità e costi contenuti. La Cina dal 2000 al 2020 ha quadruplicato i suoi consumi energetici e con questo ha conquistato il primato di maggior emettitore mondiale di CO_2. Ma ha strappato alla povertà un miliardo di persone. La speranza africana dipende dalla possibilità di replicare qualcosa di simile, non di seguire i consigli di una ragazzina svedese cresciuta in uno dei paesi più opulenti del pianeta. Gli ambientalisti che girano in Tesla o che traversano l'Atlantico in barca a vela non conoscono i bisogni energetici di Betty, la ragazzina etiope nel villaggio dove manca la luce dopo il tramonto. Non c'è da stupirsi se dall'Africa si accusa l'Europa di «neocolonialismo ambientale».

C'è un altro terreno dove una distanza abissale separa il discorso ambientalista di moda in Occidente e la realtà africana. È l'agricoltura. Nei paesi ricchi prevalgono idee confuse e apocalittiche. È diffusa in mezzo a noi la certezza che il cambiamento climatico produrrà tali calamità da far crollare i raccolti, provocando carestie, con il solito corollario dell'esodo di massa dall'Africa verso il Nord. In parallelo c'è chi affida la speranza a un «ritorno all'antico»: la riscoperta di tradizioni ancestrali, uno Slow Food in versione africana, con metodi agro-biologici, produzioni a chilometro zero, l'abbandono di sementi industriali, la messa al bando dei fertilizzanti chimici. È la retorica ambientalista che piace a chi frequenta l'Africa degli eco-lodge, i resort per turisti ricchi che organizzano zoo safari fotografici simulando rispetto dell'ambiente, emissioni zero, uso di materiali biodegradabili eccetera.

Sul terreno, gli africani si devono confrontare con problemi più urgenti, che esigono capacità di adattamento a un ambiente che si trasforma (com'è sempre cambiato durante la storia del pianeta). Il riscaldamento climatico, il peggioramento delle siccità, il degrado del suolo invocano risposte che si affidano alla scienza, non all'ideale romantico di un ritorno all'Arcadia. Un esempio sono le innovazioni in corso nelle coltivazioni di caffè in Uganda. Le varietà di caffè più diffuse finora – chiamate Arabica e Robusta – sono le più vulnerabili agli effetti del cambiamento climatico. Un esperimento pilota, guidato dall'agronoma ugandese Catherine Kiwuka e dal suo collega britannico Aaron Davis, punta su un'altra varietà di caffè, la *liberica* chiamata Excelsa, più resistente al calore, alla siccità, e ad alcune malattie. *Liberica* Excelsa è una varietà originaria dell'Africa centrale, era stata coltivata alla fine dell'Ottocento, poi abbandonata. «In un mondo che si scalda» hanno scritto Kiwuka e Davis sulla rivista scientifica «Nature» «il caffè *liberica* può emergere come il maggiore raccolto.»

Questi esperimenti investono molti altri tipi di piante. Nel Malawi, un paese di 19 milioni di abitanti a vocazione agricola, la monocultura del granoturco ha contribuito al degrado dei terreni. Ora si provano diversificazioni a favore di colture capaci di ripristinare la qualità del suolo, oltre che di risparmiare acqua: tra queste le arachidi, la soia, le patate dolci. L'agricoltura del Malawi deve vedersela però con la scarsità di fertilizzanti, aggravata nel 2022-23 dalla guerra in Ucraina. I fertilizzanti sono derivati chimici del petrolio. L'alternativa dell'agricoltura biologica non viene presa sul serio da chi ha conoscenze sul campo: il «bio» è troppo caro, ha rendimenti più bassi, condannerebbe alla fame i popoli africani. Proprio com'è accaduto in uno scellerato esperimento «salutista» che si è svolto negli anni scorsi sull'isola dello Sri Lanka. Un saggio di incompetenza che ha avuto per protagonisti alcuni ambientalisti occidentali, e si è concluso con il crollo dei raccolti agricoli, penurie terribili di cibo e violente rivolte della popolazione locale per la carestia.

«Le siccità continueranno,» spiega l'agronoma di Nairobi Phoebe Wafubwa Shikuku «questa sarà la realtà. Dobbiamo affrontarne l'impatto.» Come per gli esperimenti sulle piante di caffè che consumano meno acqua, molte altre varietà di coltivazioni cercano di evolversi in questa direzione: l'adattamento. Lungi dal negare il cambiamento climatico, gli africani cercano di fare ciò che l'umanità ha sempre fatto: mitigarne gli effetti negativi, prepararsi a sopravvivere grazie all'innovazione. Sono strategie che richiedono più sviluppo economico, più capitali da investire nella ricerca scientifica, più travasi di innovazioni dai paesi ricchi a quelli poveri. L'unica cosa che non serve all'agricoltura africana sono le prediche snob sulla decrescita felice.

Il 2014 è l'anno chiave in cui la rivoluzione dello *shale gas* (gas naturale estratto da rocce e sabbie) ha una conseguenza geopolitica fondamentale: l'America non ha più bisogno del petrolio africano. È uno shock. Di colpo tra luglio e settembre 2014 crollano le esportazioni di greggio dalla Nigeria agli Stati Uniti, che un tempo compravano il 40 per cento di tutta la sua produzione. I grandi produttori petroliferi africani, dalla Nigeria all'Angola, alla Guinea equatoriale, devono cercare sbocchi altrove. Molto rapidamente questi paesi si rivolgono alla Cina, che in poco tempo sostituisce l'America con la stessa percentuale di acquisti. È un passaggio storico di cui ancora stentiamo a misurare tutte le ripercussioni. Per quanto riguarda la forza dell'America, la conquista dell'autosufficienza energetica ha costituito un vantaggio enorme. Ma in altre parti del mondo, che possiedono energie fossili, si è arrivati progressivamente a questa conclusione: l'America non ha più bisogno di noi; quindi non possiamo più contare sull'America. Il più potente fra tutti i produttori di energie fossili, l'Arabia Saudita, ne ha tratto le conseguenze prendendosi una libertà strategica senza precedenti, diventando un attore geopolitico autonomo, svincolato dall'America.

I più deboli produttori di energie fossili, tra cui figurano Nigeria, Mozambico, Angola, Gabon e altri, non possono aspirare allo stesso peso strategico e alla libertà di manovra dell'Arabia. Però vivono un tormento analogo e una transizione simile. In Occidente sentono parlare soltanto di abbandono delle energie fossili. L'ambientalismo dei ricchi tratta le loro risorse energetiche come una vergogna da eliminare al più presto. Anziché investire nel petrolio e nel gas africano, magari per affiancarvi industrie di trasformazione come la chimica dei fertilizzanti agricoli, i banchieri di Wall Street inseguono solo progetti che hanno l'etichetta Esg della sostenibilità. All'Africa quale futuro propongono i nuovi iperambientalisti che siedono nei consigli d'amministrazione delle grandi banche americane o europee? Improbabili e inverosimili transizioni verso il «tutto rinnovabile», un traguardo che non è alla portata immediata neppure dei paesi straricchi. Oppure l'elemosina, la carità, la cultura degli aiuti. Tra un petrolio maledetto e un approccio puramente umanitario, cioè assistenziale, si dibatte appunto un caso tipico qual è il Sud Sudan.

Papa Francesco e George Clooney hanno almeno una cosa in comune: l'attenzione per la tragica sorte del Sud Sudan, «la nazione più giovane del mondo», un paese la cui nascita, dodici anni fa, fu circondata da grandi speranze, ma che oggi affonda nella corruzione petrolifera e nella guerra civile tra le due maggiori etnie. Un paese a maggioranza cristiano, ancorché circondato da nazioni islamiche, il che spiega l'importanza che ha avuto nel viaggio africano del pontefice all'inizio del 2023 la tappa a Giuba, la sua capitale.

Nel destino del Sud Sudan s'intrecciano il ruolo degli Stati Uniti, delle celebrity di Hollywood, e quello della diplomazia vaticana incluso l'attivismo della Comunità di Sant'Egidio (molto vicina a papa Bergoglio) che cerca di tenere in vita il dialogo tra le fazioni in lotta. George Clooney va ricordato perché la sua mobilitazione umanitaria ebbe un ruolo dapprima nel sensibilizzare l'opinione pubblica americana sulla tragedia del Darfur, il genocidio perpetrato nel Sudan occidentale a partire dal 2003, con 400.000 morti. In seguito l'attore divenne un paladino per la causa (distinta) della secessione del Sudan meridionale – a maggioranza nero e cristiano – dalla parte settentrionale del paese con capitale a Khartum, dove dominano gli arabi e la religione islamica. L'attenzione di Hollywood contribuì ad accrescere anche quella della Casa Bianca. Nel 2005, sotto l'amministrazione di George W. Bush, fu proprio il primo segretario di Stato afroamericano, Colin Powell, a firmare come garante gli accordi di pace tra i ribelli del Sud e il leader del Sudan Omar al-Bashir. In seguito (2009) quest'ultimo divenne il primo capo di Stato in carica a essere incriminato dalla Corte penale internazionale per il suo ruolo nei massacri del Darfur.

Staccandosi dal Nord nel 2011 in seguito a un referendum con il 99 per cento dei consensi, il Sud Sudan portò in dote nella nuova nazione una popolazione di 11 milioni di abitanti (di cui 6 milioni ufficialmente cattolici), e una ricchezza petrolifera in teoria immensa: mentre il territorio che si è separato rappresenta un quarto dell'ex Sudan, è in quella parte meridionale che si trovano i tre quarti dei giacimenti di greggio del Sudan presecessione. Ma questa ricchezza è più virtuale che reale. Anzitutto perché il Sud Sudan rimane dipendente dal suo vicino settentrionale sul cui territorio transitano gli oleodotti che servono a distribuire ed esportare il greggio una volta estratto; e i due governi di Giuba e Khartum litigano spesso sulle tariffe di uso degli oleodotti (un po' come accadde a lungo tra Russia e Ucraina). Inoltre perché la guerra civile che imperversa dal 2013 (scoppiò appena un biennio dopo l'indipendenza) scoraggia gli investimenti esteri necessari a sviluppare l'estrazione e la lavorazione del petrolio: tant'è che oggi la produzione del Sud Sudan è appena un decimo di quella della Nigeria, primo produttore di energia in Africa.

Il petrolio è anche uno dei carburanti che alimenta la rivalità tra le due maggiori etnie del paese: i dinka, che rappresentano il 36 per cento della popolazione, guidati dal presidente Salva Kiir Mayardit, e i nuer, che sono il 16 per cento e hanno come leader Riek Machar. Tutti cristiani ma fieramente avversi tra loro e decisi ad accaparrarsi i proventi del petrolio. Il greggio alimenta una corruzione spaventosa e Giuba è una città di stridenti contrasti, dove gli inviati al seguito del papa hanno trovato hotel a cinque stelle, prezzi carissimi, casinò con vista sul Nilo in cui si affollano ricchi clienti cinesi. L'ong Transparency International nel 2022 classificava il Sud Sudan come primo assoluto nella lista dei paesi più corrotti del pianeta; nel 2023 è scivolato al secondo posto solo perché lo ha superato la Somalia. Qualche sud-sudanese con il petrolio si arricchisce moltissimo; la stragrande maggioranza è tagliata fuori dal bottino della rapina.

Il disamore degli occidentali per le cause nobili ha colpito ancora. Delusa per le spaventose ruberie dei governanti di Giuba, l'amministrazione Biden continua a versare un miliardo di dollari di aiuti al Sud Sudan e ne rimane il principale donatore, però ha bloccato gli aiuti «non indispensabili per scopi umanitari» erogati dal Fondo monetario internazionale e dalla Banca mondiale. George Clooney da sostenitore dell'indipendenza è diventato un fustigatore della corruzione dei politici locali. Lo stesso papa che sostiene gli sforzi di Sant'Egidio per la pacificazione, nella sua tappa a Giuba ha avuto parole durissime contro i politici ladri. Ma l'attenzione dell'Occidente è effimera e sottile anche perché è difficile applicare a questa tragedia il teorema abituale secondo cui «è tutta colpa nostra». In realtà, se nel Sud Sudan le etnie rivali smettessero di combattersi per mettere le mani sulla rendita da fonti fossili, una pace potrebbe attirare le compagnie petrolifere straniere, aumentare la produttività dell'industria energetica e creare quella ricchezza nuova che oggi manca crudelmente nel bilancio di dodici anni di indipendenza. Purché gli investimenti delle multinazionali possano liberarsi dall'ambientalismo dei ricchi, che prescrivono all'Africa uno sviluppo «tutto verde», il contrario dello sviluppo praticabile messo in opera da Cina e India.

IX

Nigeria, caos creativo e pentecostali

«Finché avremo la star della musica afrobeat Burna Boy, ci sarà speranza per la mia Nigeria.»

«Lagos è un conglomerato unico di sesso, emozioni forti e spettacolo, una metafora spaziale della disfunzione nigeriana e degli impulsi creativi che genera. In questo caos glorioso, in questa illegalità gioiosa, Lagos non ha eguali al mondo, perciò è l'epicentro dell'industria del divertimento.»

«Io forse ho sbagliato strada. Ho fatto prima il giornalista, poi lo studioso, l'esperto, il professore universitario. Se dovessi ricominciare, con quel che so oggi della società nigeriana, per contare davvero dovrei fare il pastore pentecostale.»

«Ho 54 anni, ormai quasi metà della mia vita l'ho trascorsa tra Inghilterra e Stati Uniti. Ma quando sento la voce di mia mamma al telefono dalla Nigeria che mi dà ordini, scatto sull'attenti come da bambino. Mio padre può darmi suggerimenti, consigli. Mia madre mi comanda. Questa è una famiglia africana.»

Chi parla è il mio amico nigeriano, la mia guida, la mia ispirazione per molte analisi sull'Africa. Si chiama Ebenezer Obadare, è un ex collega che ha rischiato la vita facendo il giornalista d'opposizione nel suo paese durante la dittatura militare. Pur venendo da una famiglia molto povera, il suo eccezionale talento lo ha proiettato alla London School of Economics, e da lì è passato a insegnare alla University of Kansas. Per la sua intelligenza e lucidità, per la profondità di pensiero e l'anticonformismo, lo considero uno degli intellettuali più autorevoli nell'interpretare l'Africa di oggi. Non sono l'unico. È stato notato a Washington, dove lo hanno reclutato come esperto sul suo continente in uno dei più autorevoli think tank di geopolitica, il Council on Foreign Relations (di cui sono membro anch'io). Ora viene consultato spesso dalla Casa Bianca e dal dipartimento di Stato quando vogliono un'analisi affidabile su questo o quel paese africano. Non perde i contatti con la realtà di cui si occupa: in un recente incontro nel suo ufficio di Washington, io ero alla vigilia di un viaggio in Sudafrica, lui in partenza per la sua Nigeria. Il suo sguardo e la sua voce, oltre al suo gusto per l'ironia, ci accompagneranno in questo capitolo. La Nigeria è centrale nei destini dell'Africa. E per capire la Nigeria bisogna ascoltare Obadare.

Gli piace partire dalla cultura pop. Il fenomeno Burna Boy, per esempio. Primo cantante africano a riempire come star principale lo Stadio di Londra: 3 giugno 2023, *sold out*. Poco dopo il trentaduenne esponente dell'afrobeat volava a Istanbul dove la sua musica ha preceduto la finale della Champions League fra Inter e Manchester City. Solo qualche settimana prima, negli Stati Uniti era stato ospite del festival Coachella in California e uno dei vip invitati al Met Gala di New York, appuntamento mondano per il gotha internazionale della moda. Il trionfo mondiale di questo giovane nigeriano – che in realtà si chiama Damini Ebunoluwa Ogulu – non è un'eccezione. Di successi analoghi il suo paese ne sforna a ripetizione. Allo stesso Met Gala di New York – dove uno come me farebbe molta fatica a imbucarsi – fra gli ospiti d'onore c'era la ventottenne cantautrice Tems (vero nome: Temilade Openiyi), sua connazionale vincitrice del Grammy Award, che è il più importante premio musicale americano. Questi due nel febbraio 2023 erano stati invitati, insieme con un terzo nigeriano, il ventitreenne rapper Rema (Divine Ikubor), a intrattenere le folle durante l'All-Star Game di pallacanestro della Nba. All'incoronazione di Carlo d'Inghilterra all'abbazia di Westminster, maggio 2023, tra gli artisti è stata invitata la «regina dell'afrobeat», ancora una nigeriana: la quarantatreenne Tiwa Savage. Poi c'è il trentunenne Davido (Adedeji Adeleke), ospite del «Late Show» di Stephen Colbert alla Tv americana nonché coautore della colonna sonora per i Mondiali di calcio del Qatar nel 2022.

Questa «nazionale nigeriana» della musica contemporanea che colleziona successi, denaro e popolarità non ha reciso i legami con la cultura d'origine e la realtà sociale da cui proviene. Burna Boy è un caso interessante, i testi delle sue canzoni sono una chiave di lettura della realtà del suo paese. Nel suo quarto album intitolato *African Giant* («Gigante africano»), la canzone *Dangote* prende il nome da uno degli imprenditori più noti della Nigeria, Aliko Dangote, un magnate del cemento il cui patrimonio di 16 miliardi di dollari ne fa il sessantaquattresimo uomo più ricco del mondo. Nel video musicale Burna Boy ci porta in viaggio fra gli estremi di Lagos, mettendo in scena una fauna significativa: un farmacista ambulante che vende medicinali (e forse droghe?) senza licenza sugli autobus pubblici, un ladro di telefonini, una prostituta, per finire con l'allusione a Dangote: la sua ricchezza è «il sogno nigeriano», è il motore che anima le masse, l'icona che alimenta la lotta quotidiana per la sopravvivenza. In questo caso l'afrobeat non è musica impegnata, non fa comizi, non lancia messaggi di denuncia né tenta di indottrinare le masse, è semmai lo specchio fedele della coscienza popolare con i suoi miti e le sue illusioni. Il sogno Dangote dà energia e ispirazione anche a chi si arrabatta facendo il venditore ambulante in mezzo agli ingorghi di Lagos.

Il mio amico Obadare ha la sua interpretazione del successo dei nigeriani nel mondo, che ho già menzionato nell'Introduzione, e che travalica i confini della musica, si estende a letteratura, cinema, arte e moda. Tra le spiegazioni c'è l'alto livello culturale della diaspora. Negli Stati Uniti, per esempio, gli immigrati dalla Nigeria sono uno dei gruppi etnici con l'istruzione più elevata: «Il 61 per cento di noi ha una laurea, contro il 32 per cento per la media degli americani». Dietro c'è un segreto del suo paese di cui lui stesso va fiero perché ne è stato beneficiario: il colonialismo inglese ha lasciato in eredità alla Nigeria scuole e università di ottima qualità. Avendo 54 anni, Ebenezer Obadare è nato solo nove anni dopo l'indipendenza (1960), fa parte di quelle generazioni che hanno ricevuto nel loro stesso paese una formazione eccellente. Poi il sistema ha cominciato a perdere colpi, come vedremo. «Resta però un enigma» dice Obadare «e cioè come spiegare il divario tra il successo professionale degli espatriati nigeriani all'estero e la famigerata sclerosi politica del mio paese. L'industria nigeriana dello spettacolo conquista l'America, ma la Nigeria come paese ristagna. Non solo è una delle nazioni più corrotte, al 150° posto fra 180 nel Transparency International Corruption Perceptions Index del 2022, ma è famosa per le inefficienze e il degrado nelle infrastrutture.»

Obadare ha una sua teoria sul caos che può rendere compatibili l'eccellenza e il degrado: e se l'una fosse anche conseguenza dell'altro? Lui la definisce teoria della «disfunzione come sorgente». La creatività culturale potrebbe essere proprio la conseguenza della paralisi politica che costringe i nigeriani a sviluppare talenti innovativi. La selvaggia anarchia di una megalopoli come Lagos in questo senso non è solo una metafora, è anche il terreno fertile in cui germogliano artisti e intellettuali «costretti» ad avere una marcia in più per sopravvivere. La bravura come ciambella di salvataggio per galleggiare in acque agitate. È una teoria interessante, la si potrebbe applicare ad altre società che hanno generato diaspore talentuose: dall'India all'Italia. Obadare ci aggiunge delle sfumature. «Non esageriamo nel descrivere una società vitale e piena d'ispirazione in guerra permanente con uno Stato frustrante, perché nella realtà questa società e questo Stato sono avviluppati in ragnatele di relazioni che suggeriscono una sorta di unione morale.» Gli artisti non sono degli outsider in eterna opposizione, fanno anche parte dell'establishment nigeriano. Obadare si chiede se ci sia «un punto di rottura, in cui la provocante vitalità della società soccombe all'etica venale dello Stato». Per esempio, se la fuga dei cervelli e talenti artistici verso New York e Londra possa finire per inaridire la sorgente originaria. La sua risposta è che per adesso la Nigeria non è ancora arrivata a quel punto: «La società, almeno per ciò che esprime in termini di cultura di massa e industria del divertimento, continua a smentire gli osservatori con il suo dinamismo e la sua resilienza». Appunto: «finché c'è Burna Boy c'è speranza».

Ricapitoliamo perché la Nigeria è tanto importante. Con 225 milioni di abitanti è la nazione più popolosa del continente (e presto peserà il doppio della Russia); un abitante dell'Africa subsahariana su cinque è un nigeriano. È il peso massimo anche per le dimensioni della sua economia. È una delle più grandi democrazie del mondo contemporaneo; per quanto si possa obiettare sulla «qualità» della sua democrazia, non sfigura al cospetto di altri giganti emergenti come India, Indonesia, Brasile. Al suo interno, la Nigeria condensa un riassunto della varietà etnico-linguistica di tutto il continente: da sola contiene 350 gruppi linguistici diversi, sicché l'unico idioma veramente nazionale è l'inglese; vi si praticano decine di religioni ancestrali, anche se le fedi dominanti sono cristianesimo e Islam in proporzioni paritetiche. È il più grosso produttore africano di petrolio e a capo dell'Opec (il cartello oligopolistico dei paesi petroliferi) c'è stato spesso un nigeriano. L'arbitro del commercio mondiale, la World Trade Organization (Wto o Omc), ha come capo un'economista nigeriana, Ngozi Okonjo-Iweala, ex ministra delle Finanze nel suo paese ed ex dirigente della Banca mondiale.

È stata la prima nazione africana ad avere un Nobel della letteratura, seguito da generazioni di scrittori e scrittrici di fama mondiale. Ha Nollywood, la Mecca del cinema africano. Abbiamo già visto l'influenza musicale del suo afrobeat. Un altro filone di successo è il teatro: non passa una stagione a Broadway (New York) o West End (Londra) senza che sia messo in scena qualche spettacolo di prosa di drammaturghi nigeriani.

Sotto l'aspetto religioso la Nigeria è un terreno di fusione oppure di scontro (a seconda dei momenti e delle regioni di questo vasto paese) fra Islam e cristianesimo, tema sul quale Obadare ha una competenza particolare a partire dalle sue origini familiari: suo padre è cristiano, sua madre musulmana.

In politica estera la Nigeria ha spesso partecipato a missioni di pace dell'Onu, ha avuto un ruolo attivo negli affari del continente, almeno fino a quando l'emergenza Boko Haram non ha dirottato sulle priorità interne le sue maggiori risorse militari e la sua attenzione politica.

Boko Haram ci ricorda che la Nigeria detiene il titolo della nazione più importante in tutta l'Africa anche per le sue patologie. Questo movimento islamico, fondamentalista e jihadista, ha qui una delle sue roccaforti. La sua notorietà mondiale toccò l'apice con il rapimento di 276 studentesse avvenuto nel 2014 in una scuola di Chibok, nello Stato nordorientale del Borno. Fu l'inizio di una terribile odissea durata anni, e alla quale una parte di loro non è sopravvissuta. È una storia angosciante, che ha un punto di partenza cruciale. Molte di quelle ragazze venivano da famiglie poverissime, perlopiù cristiane. I loro genitori volevano a ogni costo che studiassero. Boko Haram le rapì proprio per questo: osavano contravvenire a un dogma del fondamentalismo islamico, per cui le donne non devono studiare; inoltre, secondo Boko Haram le scuole devono essere solo religiose, anche per i maschi. Mentre le ragazze di Chibok frequentavano un istituto laico. La questione dell'istruzione è essenziale per capire la Nigeria, compresa la proiezione globale della sua diaspora, che occupa posizioni di rilievo fino al vertice del Wto.

Osserva Ebenezer Obadare: «Il petrolio può essere una ricchezza o una maledizione. La storia offre molte varianti. Puoi usarlo per fare cose buone. Oppure può diventare la tua malattia, una rendita che alimenta la corruzione, un freno allo sviluppo. Ma oltre al petrolio noi abbiamo questo genio creativo che spazia dalla letteratura alla musica, dal cinema alla pittura. E poi tanti giovani bravissimi nelle tecnologie. E una diaspora professionalmente qualificata. Perché? L'istruzione che abbiamo ereditato dagli inglesi ci ha dato delle fondamenta solide, non a caso molti della mia generazione sono rimasti anglofili, oltre che anglofoni. Le basi dell'insegnamento, chiamate delle "tre r" per ragioni fonetiche, sono Reading, Writing, Arithmetic. Per molto tempo le scuole nigeriane hanno sfornato studentesse e studenti con una solida preparazione sia nella scrittura che nella matematica. Inoltre, questo sistema di origine britannica allevava delle generazioni con spirito d'iniziativa, cultura imprenditoriale».

Un'eredità positiva ben visibile tuttora è questa: le famiglie nigeriane investono molto negli studi dei figli, anche a costo di mandarli nel privato o all'estero (chi può). «L'altra parte della storia, il versante negativo,» aggiunge Obadare «è la decadenza di tutto il sistema negli ultimi vent'anni. Basta questo esempio: gli ultimi due scioperi dei professori universitari sono durati, rispettivamente, otto e dieci mesi.» Come a dire: due anni di chiusura delle università o quasi. Anche per un pubblico abituato agli scioperi come quello italiano o francese, agitazioni sindacali di questa durata suscitano incredulità, sgomento.

Obadare lega questa vicenda alle peripezie politiche del suo paese. Dal 1960 al 1966, i sei anni iniziali dell'indipendenza sono segnati da un primo esperimento democratico, spezzato nel 1966 dal golpe dell'esercito. La dittatura militare dura fino al 1999, salvo le interruzioni di due brevi governi civili, la Seconda Repubblica (1979-83) e l'effimera Terza Repubblica (1992-93). Obadare è parte di questa storia. Debutta come giornalista proprio nel 1993, anno in cui i militari annunciano di volersi ritirare dal potere, organizzano libere elezioni, poi ci ripensano e il ritorno alla democrazia abortisce per altri sei anni. I sogni di una generazione – la sua – si spezzano. Obadare passa dal mestiere di reporter «normale» al giornalismo d'opposizione, che sotto la dittatura dev'essere per forza clandestino. «Eravamo costretti» ricorda «a spostare le riunioni di redazione in luoghi sempre diversi. L'uomo che sostenevamo per il ritorno alla democrazia perse la vita in prigione. Molti di noi pagarono il prezzo più alto.»

Sei lunghi anni di resistenza politica e giornalistica nella clandestinità hanno fatto di Obadare un tenace difensore della democrazia, anche quando questa è piena di difetti. Le elezioni nigeriane del 2023 sono state per lui un test culturale e generazionale. I più giovani, il popolo dei social media e delle start-up tecnologiche nelle metropoli come Lagos, le élite intellettuali avevano puntato su un candidato che è stato sconfitto, forse anche a seguito di irregolarità. «I suoi fan sono stati troppo rapidi a gridare al voto truccato, a dire che l'elezione era fasulla, a negarle validità. Io e quelli della mia generazione che sono vissuti sotto il regime militare abbiamo un approccio diverso. Non si butta via un'elezione democratica solo perché non ci piace il risultato o qualcosa non ha funzionato. Meglio un'elezione macchiata da qualche episodio di brogli, che nessuna elezione. Guai a delegittimare un governo civile, non si scherza con il fuoco, non bisogna offrire pretesti all'esercito se mai fosse tentato di tornare in gioco. Se ci sono stati dei brogli, bisogna fare ricorso e aspettare le verifiche, il responso della magistratura.»

I media internazionali, cassa di risonanza della Nigeria giovanile e delle élite artistiche, hanno descritto il voto del 2023 come una catastrofe. Per Obadare è un atteggiamento irresponsabile. Ma la sua moderazione, il suo pragmatismo lo hanno messo in rotta di collisione con la scrittrice contemporanea più famosa del suo paese. Vediamo perché.

Nel febbraio-marzo 2023 oltre 93 milioni di nigeriani si sono iscritti ai registri elettorali per scegliere il loro nuovo presidente. Di questi, 87 milioni si sono dati la pena di andare a ritirare il certificato elettorale necessario per partecipare al voto. Ma, dopo tanta fatica, alla fine solo 25 milioni hanno messo una scheda nell'urna. È possibile parlare di un'improvvisa apatia e indifferenza, proprio sul filo del traguardo? Oppure le condizioni in cui è avvenuta l'elezione hanno dissuaso e allontanato molti che desideravano partecipare? La questione è importante. Da venticinque anni la Nigeria ha smesso di essere una dittatura militare ed è diventata una democrazia. Ma se cresce la disaffezione per la democrazia, è un segnale preoccupante per tutta l'Africa.

«Immaginate di stare pazientemente in fila, nell'attesa di votare, e all'improvviso arrivano uomini in moto, armati, che cominciano a sparare. Immaginate bande che fanno irruzione nel vostro seggio elettorale, sequestrano le urne con la violenza e le portano via. Immaginate altre urne piene di schede che vengono distrutte. Immaginate di essere picchiati per impedirvi di votare per un certo candidato, mentre la polizia non fa nulla per proteggervi. Tutto questo è accaduto durante l'elezione presidenziale in Nigeria.»

Chi scrive è la grande romanziera nigeriana i cui libri hanno avuto successo nel mondo intero, Italia inclusa: Chimamanda Ngozi Adichie. La quarantacinquenne Adichie si divide tra il suo paese natale e gli Stati Uniti, dove ha ambientato il romanzo autobiografico *Americanah*, una satira pungente che rivela tra l'altro il razzismo dei black locali contro gli immigrati dall'Africa. La romanziera è un'esponente di punta di quella élite «afropolitana» che abbiamo già incontrato, a suo agio nel mondo intero, le cui opinioni diventano editoriali sulle pagine del «New York Times».

Ebenezer Obadare riconosce che le operazioni elettorali «non hanno passato il test della purezza», ma violenze e intimidazioni secondo lui non sono state così gravi e diffuse da inficiare il risultato. In ogni caso, le irregolarità, in una democrazia, si devono contestare nei tribunali. Perciò lui considera sbagliati gli appelli ad annullare il risultato. Per descrivere il proprio paese, Obadare ha coniato un'espressione forte: cleptocrazia competitiva. I leader devono competere tra loro per conquistarsi il consenso popolare e in questo c'è una caratteristica della democrazia; anche se poi, una volta eletti, praticano la corruzione su una scala massiccia. Ivi compresa l'elargizione di risorse alle proprie *constituency* etniche, tribali, religiose, che in una certa misura condividono i benefici della cleptocrazia. Clientelismo e assistenzialismo su misura dei clan.

Il voto del 2023 era stato preceduto da attese esagerate, legate all'ascesa di un outsider della politica, Peter Obi, candidato di una formazione minore (Partito laburista) con un forte seguito tra i giovani, che costituiscono la maggioranza della popolazione. Alcuni sondaggi davano Obi vincitore; però questi sondaggi avvenivano tramite smartphone e sopravvalutavano la rappresentanza giovanile, l'entusiasmo dei «nativi digitali» per il candidato laburista. Le élite «afropolitane» hanno gonfiato il fenomeno Obi e si sono autosuggestionate al punto da ritenere certa la sua vittoria.

L'adozione di nuove tecnologie per lo spoglio delle schede sembrava offrire garanzie maggiori che nel passato. Alla fine la partecipazione è stata bassa, inferiore a un terzo dell'elettorato potenziale. Ha vinto il candidato dell'establishment, Bola Tinubu, che aveva l'appoggio del presidente uscente Muhammadu Buhari (un ex dittatore militare). Ultrasettantenne afflitto da una salute precaria, Tinubu è un magnate edile multimilionario il cui slogan elettorale più famoso era «adesso tocca a me», un'allusione al fatto di essere stato per molto tempo nell'anticamera del potere, come uno dei sostenitori più influenti del presidente uscente. La sorpresa Obi c'è stata, però è stata molto inferiore alle aspettative alimentate dalla sua popolarità sui social media o presso le élite.

Questo solleva un interrogativo sulla capacità dei giovani di incidere in modo decisivo sull'evoluzione politica dell'Africa: un problema che in fondo accomuna il continente nero alle democrazie occidentali, dove spesso all'esuberanza giovanile sui social non corrisponde altrettanta partecipazione politica. Il guaio è che l'incostanza giovanile si sposa con la leggerezza delle élite afropolitane di cui fa parte la romanziera Adichie: per loro, bocciare la democrazia nigeriana come fasulla non comporta grandi rischi visto che hanno la seconda casa a New York o a Londra. «Poiché ho 54 anni e ricordo cos'era la mia vita sotto il regime militare,» dice Obadare «sono consapevole che non abbiamo costruito la democrazia dei nostri sogni, però da allora abbiamo tenuto sette elezioni libere. Alcune erano più regolari di altre. Nessuna è stata seguita da un golpe e una dittatura. Io mi sento molto protettivo verso questa democrazia, voglio migliorarla, non disprezzarla.»

La traiettoria personale di Ebenezer è rivelatrice. «Io sono finito negli Stati Uniti» confessa «perché se fossi rimasto in Nigeria a fare il professore universitario la mia influenza sarebbe drasticamente ridotta. Io sono una piccola parte di un fenomeno vasto. Gli intellettuali pubblici hanno subito la distruzione del proprio ruolo durante la dittatura militare. L'esercito appena ha preso il potere ha cominciato a demolire le università perché erano un centro di dissenso. L'emigrazione degli accademici – come me – è cominciata allora e non è più cessata.»

Chi ha sostituito gli intellettuali, i professori, nel ruolo che avevano una volta? I predicatori, i pastori, in particolare i pentecostali.

Abbandono temporaneamente il mio amico Obadare che ritroverò più avanti. Il fenomeno pentecostale non riguarda solo la Nigeria. Non riguarda neanche l'Africa soltanto. Abbraccia il Grande Sud globale, incluse l'America Latina e l'Asia. È una religiosità che noi italiani non comprendiamo. Siccome apparteniamo a una nazione di origini cattoliche – anche quando individualmente possiamo avere storie diverse –, tutte le altre religioni ci arrivano deformate dall'interpretazione della Chiesa romana. Che contro i pentecostali è faziosa. Non c'è nulla di strano. Ognuno difende il proprio territorio e quello del cattolicesimo si restringe, minacciato da molti sfidanti. I pentecostali avanzano impetuosi e in Africa hanno ridotto l'influenza del Vaticano. Possiamo condividere o meno l'ostilità cattolica, però prima dobbiamo cercare di capire un fenomeno che sta cambiando intere aree del mondo, Africa in testa. Una delle descrizioni attendibili si trova nel libro *The Scramble for Europe* di Stephen Smith, già citato. Ha il pregio di unire la sociologia dei pentecostali a un'analisi delle conseguenze politiche e perfino geopolitiche di questo movimento.

Insieme con la rivoluzione nella vita quotidiana portata dalla diffusione del telefonino, l'altro cambiamento profondo nell'Africa contemporanea è l'avanzata travolgente di una nuova religiosità, anzi due: sul fronte cristiano e su quello islamico. Giovani e donne forniscono la base di massa di queste due riscoperte religiose. Ma con due segni diversi, opposti. Cristianesimo e Islam indicano due futuri alternativi all'Africa, pro o contro l'Occidente.

L'impatto sarà mondiale perché lo scontro attuale e futuro tra le due grandi religioni monoteiste si giocherà nel continente nero. Già nel 2015 il 16 per cento di tutti i musulmani e il 26 per cento di tutti i cristiani del mondo vivevano a sud del Sahara. Entro il 2026 queste percentuali saranno salite al 27 per cento per i musulmani e al 42 per i cristiani. Cioè quattro cristiani su dieci saranno nell'Africa subsahariana. Però cristiani non vuol dire cattolici. Dall'attivismo di papa Francesco o della Comunità di Sant'Egidio, dalle missioni cattoliche come i padri comboniani della rivista «Nigrizia», si può trarre un'impressione esagerata sull'influenza della Chiesa cattolica in Africa; in realtà, quest'ultima è in declino lì come nel resto del mondo. Chi avanza sono i protestanti, in particolare pentecostali. È un protestantesimo che molti cattolici descrivono in modo caricaturale, ridicolizzandolo: i tele-evangelisti carismatici, le mega-Chiese gestite come dei business, le funzioni religiose tenute negli stadi sportivi con i momenti di «estasi» collettiva che prefigurano il «rapimento in cielo», l'esaltazione del successo economico e quindi la monetizzazione della fede. La diffidenza italiana è legata all'ostilità della Chiesa cattolica verso quel mondo e le sue potenzialità (anche positive).

Altrettanta ostilità trasuda dal mondo islamico, almeno quello che ha imboccato la strada opposta rispetto al protestantesimo. Molti musulmani dell'Africa subsahariana sono storicamente salafisti, fondamentalisti che seguono un'interpretazione letterale del Corano. Per i giovani africani che aderiscono all'Islam, questa fede è una barriera protettiva contro ogni contaminazione culturale dall'Occidente.

I protestanti pentecostali, al contrario, perseguono un'occidentalizzazione estrema. I templi pentecostali in Africa sono stati definiti «le chiese della gioventù» perché l'età media dei fedeli è molto bassa. Eppure il fenomeno dell'avanzata protestante data ormai da quarant'anni. È stato anche chiamato «il Vangelo della prosperità», e questa etichetta cattura un elemento discriminante rispetto al cattolicesimo: proprio come accade nelle Americhe (Nord e Sud), queste forme di protestantesimo non aborriscono il denaro come «lo sterco del diavolo», non predicano la rinuncia, non esaltano la povertà. Del resto, che attrazione avrebbe esaltare il valore morale della miseria in un continente come l'Africa che ne ha troppa? I giovani pentecostali dell'Africa subsahariana – in sintonia con i loro parenti e amici emigrati negli Stati Uniti – sono più individualisti dei loro genitori, credono nel successo economico e nel benessere. Il loro modello di vita ideale, è l'imprenditore. Perciò prendono le distanze da certe abitudini e stili di vita comunitari che appartengono alla tradizione africana.

Stephen Smith fa un esempio tipico, che riguarda la pratica dell'ospitalità e della condivisione. Secondo le antiche regole della socievolezza, se un parente bussa alla tua porta lo accogli e lo inviti a pranzo o a cena. In un'area ad alta natalità questo può significare che la tua sala da pranzo si trasforma in una mensa collettiva, dove si piazzano a tutte le ore eserciti di cugini con coniugi e figli (se il tuo tenore di vita ti qualifica come un benestante rispetto a loro). Il rispetto delle tradizioni rischia di fornire un incentivo al parassitismo.

Una famiglia pentecostale può decidere di voltare le spalle a questa tradizione, in nome di un'etica nuova propugnata dalla sua religione. Anzitutto, questa giovane famiglia protestante probabilmente ha pochi figli: oltre a condannare la poligamia (ancora praticata fra i musulmani, ma perfino tra certi cristiani non pentecostali), adotta delle forme di controllo delle nascite. Il divario nei tassi di natalità è enorme all'interno della Nigeria: in media 8 figli per ogni donna nello Stato a maggioranza islamica dello Zamfara, contro 3,8 negli Stati costieri e petroliferi in prevalenza cristiani. Una famiglia pentecostale può sentirsi finalmente autorizzata a chiudere la porta ai cugini nullafacenti, esortandoli a trovarsi un lavoro. Come militanti di questa nuova etica, i pentecostali dell'Africa subsahariana disdegnano la cultura del vittimismo, respingono il luogo comune per cui ogni problema del presente è ancora e sempre una conseguenza del colonialismo. Questa «rivoluzione carismatica» si percepisce anche come una missione civilizzatrice guidata da nuove generazioni che vogliono svegliare la società civile, renderla protagonista dello sviluppo economico.

Il neoprotestantesimo africano può coglierci impreparati, quando fa irruzione in casa nostra, tanto quanto il fondamentalismo islamico. Tra gli immigrati che arrivano dall'Africa nei nostri paesi, tutte le nuove religioni sono molto diffuse. Sono fedi che comandano il proselitismo e spesso confliggono con i modelli valoriali dei paesi ospiti. Lo shock è già accaduto in Francia, paese di tradizione cattolica come il nostro. I francesi sono stati tra i primi in Europa a subire il trauma delle infiltrazioni jihadiste nelle loro comunità islamiche (vedi le stragi del Bataclan o di Nizza). Ma sono rimasti altrettanto sconcertati quando l'immigrazione africana ha rivelato una poderosa corrente di pentecostali. Jihadisti e protestanti sono i due poli opposti: i primi odiano l'Occidente e vogliono distruggerne i valori; i secondi esaltano una versione dell'Occidente molto più americana che europea, la loro adesione al capitalismo è uno shock culturale rispetto allo statalismo dei francesi. E questo secondo shock è il più inatteso. Non solo nell'anglofona Lagos, ma anche a Kinshasa – la più grande metropoli francofona del mondo, molto più estesa di Parigi – gran parte della popolazione è protestante. Questa «invasione pentecostale», con un'immigrazione africana portatrice del sogno di una rivoluzione capitalista, non è meno difficile da assorbire rispetto al fondamentalismo islamico.

Si capisce che scattino dei riflessi di autodifesa, come appunto la nostra tendenza a cogliere solo gli aspetti deteriori e perfino ridicoli delle nuove sette protestanti. Non si salva neppure una bellissima serie di documentari su YouTube, *Indigo Traveller*. Le sue puntate in Africa, dalla Nigeria al Ghana, dal Sudafrica al Sud Sudan, sono illuminanti. Però, quando vi appare il predicatore di una Chiesa protestante, inevitabilmente l'attenzione cade sulla sua avidità, i presunti miracoli con cui attira il popolo, i rimedi da ciarlatano che somministra ai malati. È tutto vero. Ma di imbroglioni, di favole, di raggiri e di cupidità economica è costellata la storia della nostra Chiesa cattolica nei duemila anni dalla nascita. Anche gli apostoli «parlavano lingue nuove» dopo la Pentecoste, secondo l'insegnamento cattolico che prefigura la glossolalia dei predicatori nigeriani. Questo non ci impedisce di analizzare la rilevanza storica del cattolicesimo, la sua influenza nelle vicende politiche, l'incidenza sui valori e sulla cultura. D'altronde nel XXI secolo anche quella parte dell'opinione pubblica occidentale che si considera laica, atea, razionalista e rispettosa della scienza può prendere delle sbandate dottrinarie per forme di ambientalismo estremista che sono intrise di «pensiero magico», visioni apocalittiche, rifiuto del progresso.

Un atteggiamento davvero scientifico e pacato aiuta a capire ciò che la rivoluzione protestante porta all'Africa, non soltanto ciò che le sottrae. Il grande sociologo tedesco Max Weber scrisse *L'etica protestante e lo spirito del capitalismo*. Oggi potrebbe aggiungere un capitolo africano. Lo stesso aspetto deteriore di certi pastori pentecostali, il loro comportamento da businessmen, non dovrebbe stupirci troppo. La Chiesa cattolica diede un impulso alla nascita di un protocapitalismo europeo quando inventò il Purgatorio e con esso la vendita delle indulgenze (come raccontato dal grande storico Jacques Le Goff); si fece più mercantile e così sdoganò i mercanti. I predicatori pentecostali sono degli imprenditori della religione e della politica, sia perché riempiono un vuoto di valori, occupano uno spazio sul mercato delle idee; sia perché sono capaci di fare soldi. E quest'ultimo non è un talento di cui vergognarsi a priori, soprattutto nell'Africa di oggi.

Ebenezer Obadare è un'autorità per quanto riguarda il fenomeno pentecostale, a cui ha dedicato due libri. Gli do la parola per la sua visione di questa rivoluzione religiosa, incluse le conseguenze sociali e politiche. Non essendo un bianco europeo, non essendo cattolico, ha un approccio da studioso di scienze sociali, sa vedere il pentecostalismo in tutte le sue dimensioni, senza fermarsi agli aspetti che fomentano i nostri pregiudizi.

«Nelle manifestazioni esteriori» dice Obadare «il primo ingrediente del pentecostalismo è la relazione immediata e diretta tra il fedele e Dio. Il secondo è la glossolalia, il parlare in altre lingue, come gli apostoli di Cristo dopo la Pentecoste, l'effusione dello Spirito Santo. Il terzo sono i miracoli con ciò che essi significano: le forze della natura possono essere piegate. Il quarto è la centralità della preghiera, una preghiera combattiva per sconfiggere l'opposizione delle forze del male. I pentecostali sono dei devoti-guerrieri, in questo senso. Parlare di "Vangelo della prosperità", nel loro caso, non è sbagliato. In tutto il Grande Sud globale, che dall'Africa si allarga all'America Latina e a parti dell'Asia, il pentecostalismo ha conquistato nazioni povere, con Stati corrotti, dove le opportunità sociali scarseggiano. Il pentecostalismo fornisce una chiave di comprensione, una teoria del mondo. Fra i mali che vuole combattere ed eliminare, c'è proprio la povertà. Attraverso la creazione di ricchezza, più che con il ricorso alla carità. Il "Vangelo della prosperità" ti dice che la miseria non è il tuo destino. La ricchezza viene elogiata. Un problema che io vedo: questa ammirazione è acritica, non ci si chiede come la ricchezza è stata acquisita. Se sei ricco è perché Dio lo ha voluto. Si rischia di spezzare un legame fra produttività e ricchezza, di chiudere gli occhi sulla corruzione. Perciò l'élite nigeriana apprezza i pentecostali. Questa forma di religione può distogliere l'attenzione popolare dalla genealogia della ricchezza, dalla qualità del governo, dalla trasparenza delle istituzioni.»

Il grande successo dei pentecostali non ha lasciato indifferente l'Islam. La violenza di Boko Haram è solo una delle tante controffensive. C'è un altro Islam, in Nigeria e altrove, che ha raccolto la sfida pacificamente imitando strategie, liturgie, linguaggi dei nuovi protestanti. «È nato così» dice Obadare «quello che io chiamo l'Islam carismatico. Il vecchio Islam era severo, austero, rigorista. Quello nuovo è accogliente, esuberante, quasi irriconoscibile: come i pentecostali, incoraggia la musica, le percussioni, le danze. In Nigeria ha perfino spostato dal venerdì alla domenica il suo giorno festivo. È in corso una vera competizione nel marketing, tra due religioni che si vendono come dei prodotti.»

Obadare non è tenero con il terzo attore di questa competizione, il meno efficace, cioè il cattolicesimo. La «teoria papale del sottosviluppo» non lo convince. Cita per illustrarla il discorso che papa Francesco fece al palazzo presidenziale di Kinshasa in occasione della sua visita in Congo nel febbraio 2023. Il pontefice in quella occasione denunciò «le terribili forme di sfruttamento, indegne dell'uomo» e parlò di un «colonialismo economico» che genera schiavitù. Di qui l'esortazione finale: «Giù le mani dall'Africa! Non è un suolo da saccheggiare». Di lì a poco, lo stesso Santo Padre passò ad accusare i paesi ricchi di chiudere gli occhi di fronte a tante tragedie africane, di non intervenire. «Da una parte» osserva Obadare «il papa chiede alle nazioni ricche di togliersi di mezzo, dall'altra vuole che intervengano: quale dei due? Il papa non ha torto quando allude all'impatto del colonialismo, ampiamente documentato. Il problema è che il colonialismo non fu un fenomeno omogeneo, non ebbe un impatto uniforme sul continente, dovette fronteggiare considerevoli resistenze (talvolta vincenti), e nella lunga durata della storia africana rimane un episodio cortissimo. Invece, secondo papa Francesco, non solo il colonialismo fu una frattura enorme per le società africane, ma il suo effetto perdura e fa sì che gli africani non possano affrontare i propri problemi. Peggio ancora, coloro che un tempo sfruttarono le colonie africane oggi continuano a farlo sotto forma di colonialismo economico.

«Questa è una distorsione della storia. Insiste nel descrivere gli africani come prigionieri impotenti della storia, e questo involontariamente perpetua gli stereotipi razzisti su di noi. Lo stesso razzismo traspare quando la Cina viene denunciata per avere sovraccaricato di debiti alcune nazioni africane: come se i nostri leader fossero incapaci di comprendere ciò che fanno quando stipulano dei prestiti internazionali. Quand'anche fosse vero che alcuni paesi africani continuano a essere sfruttati, molti decenni dopo l'indipendenza, la domanda sarebbe: perché? Ciò che il papa chiama sfruttamento, per noi cittadini africani è un'altra cosa: la conseguenza del fatto che i nostri governi non fanno il nostro interesse.» Il papa può essere animato dalle migliori intenzioni, ma di fatto è portatore di stereotipi razzisti, e forse anche per questo i pentecostali con il loro «Vangelo della prosperità» hanno più successo di lui.

A riprova che il problema africano è la qualità dei governi, i nigeriani sono più poveri oggi rispetto a otto anni fa, all'inizio della presidenza Buhari. Un sondaggio della rete di ricerca indipendente Afrobarometer indica che l'89 per cento degli intervistati vede la Nigeria avviata nella direzione sbagliata, verso un peggioramento. L'impoverimento è sorprendente, in un periodo in cui l'aumento dei prezzi del petrolio avrebbe dovuto beneficiare un grosso produttore come Lagos. Ma l'industria energetica è in una situazione di degrado, uno dei sintomi ne è il «furto massiccio di petrolio», ben documentato nel reportage *The Oil Thieves of Nigeria* (https://newlinesmag.com/reportage/the-oil-thieves-of-nigeria/). È una rapina quotidiana, sistematica e collettiva, che rimane in larga parte impunita: chi può «dirotta» petrolio attingendo alle grandi infrastrutture e lo rivende in mille rivoli su mercati semiclandestini o perfino alla luce del sole. Vandalismo e furti piccoli o grandi spostano verso questo mercato pirata dai 200.000 ai 700.000 barili al giorno, cioè tra il 10 e il 30 per cento della produzione petrolifera nazionale. Questa rapina di massa a opera di ladri piccoli e grandi, che dà vita a un'industria parallela, non incoraggia certo gli investimenti delle multinazionali: proprio quelli indispensabili per modernizzare l'industria energetica e garantire una crescita degli introiti nazionali.

L'esercito dei ladri di petrolio è una delle tante manifestazioni del problema più grave che affligge la Nigeria: l'insicurezza. La violenza ha innumerevoli origini e modi di esprimersi. Le forme più ancestrali sopravvivono negli scontri armati che oppongono popolazioni rurali di contadini sedentari a tribù di pastori nomadi, ancora forti e combattive nell'etnia fulani. Nel nordest, Boko Haram ha ucciso diecimila persone negli ultimi cinque anni e ha provocato la fuga di due milioni e mezzo di abitanti. Nel nordovest dominano gang che praticano sequestri a scopo di estorsione. Nel sudest movimenti separatisti assaltano regolarmente tribunali, commissariati e carceri. Nel mese di luglio 2022 un gruppo jihadista, l'Isis dell'Africa occidentale, ha attaccato un carcere e liberato centinaia di detenuti. In tutto il paese l'industria dei sequestri di persona è un microbusiness capillare: di volta in volta vengono rapite intere scolaresche, viaggiatori, manager o contadini, ricchi e poveri, per riscatti che possono essere di poche migliaia o perfino qualche centinaio di dollari. Una società privata che si occupa di sicurezza delle persone, la Sbm Intelligence, ha censito dal giugno 2021 al giugno 2022 oltre 3400 di questi sequestri, più 564 uccisioni avvenute in scontri a fuoco durante tentativi di sequestro. Un tempo la Nigeria si vantava di esportare sicurezza in altri paesi africani con la sua partecipazione a forze multinazionali in missioni di *peace-keeping*; oggi ha un impatto destabilizzante sui paesi vicini.

Il versante economico di questo degrado si condensa in un dato: nel 1960, anno zero della sua indipendenza, la Nigeria era un grosso esportatore di cibo e aveva un robusto settore manifatturiero. Il suo livello di sviluppo in quell'anno era alla pari con Taiwan, Thailandia, Malaysia. Oggi è costretta a importare buona parte del suo fabbisogno alimentare, l'industria manifatturiera è in grave crisi, le infrastrutture di trasporto sono peggiorate. Il petrolio per questo paese è stato una maledizione per il guadagno che ha dato alla cleptocrazia. Il crollo di qualità dei servizi pubblici comporta una privatizzazione strisciante di quasi tutto: il ceto medio nigeriano deve spendere una quota importante del suo reddito per comprare acqua minerale in bottiglia, generatori diesel che sostituiscano l'elettricità mancante durante i numerosi blackout, scuole private per i figli visto l'assenteismo cronico dei professori in quelle pubbliche.

La letteratura contemporanea offre uno sguardo lucido su tutte queste realtà. Tra i romanzi nigeriani che preferisco c'è *A Spell of Good Thing* («Un incantesimo di cose buone») della scrittrice Ayòbámi Adébáyò. Segue le vicende parallele di due famiglie, una del ceto medio-alto, una del ceto medio decaduto molto in basso. La prima è una famiglia di medici e professori universitari con legami nell'establishment di governo. La seconda fa capo a un insegnante di scuola media che ha perso il lavoro e scivola verso le ristrettezze. È una storia affascinante anche per l'ambientazione, la varietà dei personaggi, l'attenzione al ruolo della donna, dei clan familiari, delle gerarchie sociali e sessuali. Incrocia due delle crisi che abbiamo visto: quella del sistema scolastico, e quella della sicurezza. I destini delle due famiglie precipitano verso un epilogo tragico che le unisce, legato a un violento regolamento di conti tra boss della politica. L'altro romanzo che metto in cima alle mie preferenze è *I pescatori* di Chigozie Obioma. È ancora una saga familiare che si chiude in tragedia; qui una presenza incombente in tutta la storia è la superstizione, la magia nera che coesiste con il peso della religione (cristiana, nel caso dei protagonisti). Dittatura militare e campagne elettorali democratiche fanno da sfondo. Come il calcio, un'altra passione nazionale. Oltre alla qualità sublime di questi due scrittori, colpisce la distanza tra la loro Nigeria – urbana, sviluppata, istruita, moderna – e quella rurale e coloniale del patriarca della narrativa Chinua Achebe.

«*The scramble for Africa*» è un'espressione molto usata in inglese. Viene tradotta di solito con «la corsa per l'Africa». Si riferisce a un preciso periodo della storia, alla fine dell'Ottocento. A quell'epoca gli imperi coloniali europei erano già installati da tempo (in certi casi da secoli) nelle Americhe e in Asia. Invece la presenza coloniale in Africa era limitata a pochi possedimenti, talvolta protettorati o diritti di commercio in qualche città delle coste; anche perché in alcune zone dell'Africa c'era già un impero coloniale, quello islamico-ottomano, a fianco di alcuni imperi autoctoni. È attorno al 1880 che gli appetiti imperialisti degli europei cominciarono a concupire l'Africa in modo consistente. Per quanto sembri strano, vi contribuì in modo decisivo un paese molto piccolo, il Belgio, il cui re Leopoldo divenne un sinistro modello di moderno predatore con le sue orrende gesta in Congo. Un momento chiave per questa «corsa all'Africa» fu il summit di Berlino nel 1884-85, dove quattordici paesi si riunirono per decidere come spartirsi l'Africa. Solo la metà, sette nazioni, ne ricavarono nuove colonie; gli altri non ottennero o non vollero nulla. (È utile ricordare che tra i paesi che erano rappresentati a Berlino, ma non parteciparono alla grande spartizione territoriale, figuravano due superpotenze di oggi: Stati Uniti e Russia.) Berlino fu uno spartiacque, l'inizio di una nuova stagione dell'imperialismo: fino al 1870 «solo» il 10 per cento dei territori africani erano colonie altrui; alla vigilia della prima guerra mondiale, nel 1914, il 90 per cento del continente era ormai colonizzato, si salvavano solo due nazioni indipendenti, Etiopia e Liberia. Quella fu «*the scramble for Africa*», termine che ricorre in tutti i manuali di storia.

Ma perché resuscitarlo oggi? «*The new scramble for Africa*» è diventato un luogo comune. Siamo in presenza di una nuova corsa per la conquista del continente nero. I protagonisti oggi sono altri: la Cina in testa, ma anche la Russia, e dietro arrancano gli Stati Uniti e l'Europa; in certe zone dell'Africa è ben visibile anche il ruolo dell'Arabia Saudita, degli Emirati, della Turchia, dell'India. A cosa si riferisce oggi l'espressione? All'interesse che le potenze esterne hanno per alcune risorse di cui l'Africa è ricca: tante materie prime, in particolare quelle energetiche, minerali, in certi casi agricole. Nel lungo elenco spiccano terre rare e metalli strategici il cui uso è cruciale per la transizione verso un'economia decarbonizzata. Il cobalto del Congo è un esempio ricorrente, in mezzo ad altri. Dunque sarebbe cominciata una nuova corsa, e una nuova spartizione, con l'Africa sempre nel ruolo della preda? Lo stereotipo è fortissimo, irresistibile.

Obadare sferra un attacco fulminante contro il luogo comune della «nuova corsa all'Africa». È una posizione rara per autorevolezza, coraggio, anticonformismo. Di questi tempi è quasi obbligatorio descrivere una competizione fra le superpotenze per la conquista dell'Africa. Come alla fine dell'Ottocento e nel primo Novecento, le vittime sarebbero gli africani stessi, i cui interessi vengono calpestati, le cui risorse vengono depredate a beneficio di altri. Questa narrazione, precisa Obadare, è condivisa da un'ampia parte dei media occidentali, da molti accademici e anche da tanti intellettuali africani. Li unisce «una legittima preoccupazione per il benessere dell'Africa e un sincero desiderio di far sì, quando si abbasserà il polverone della vicenda attuale, che i popoli del continente non si ritrovino ancora una volta dalla parte dei perdenti». Le buone intenzioni e la buona fede di chi rilancia il tema «*new scramble for Africa*» non vanno messi in discussione. Ma non è una descrizione veritiera. Oltre a essere falsa è anche dannosa.

Obadare prende atto che negli ultimi vent'anni America, Cina e Russia si sono adoperate per conservare i propri alleati africani o per conquistarne altri. L'ascesa economica della Cina, e la sua determinazione nel voler spodestare l'America dalla posizione di leadership globale, ha aumentato la posta in gioco geopolitica. La Russia, a sua volta, pur senza avere la stazza economica della Repubblica popolare, cerca di danneggiare gli interessi dell'Occidente. Cina e Russia hanno trasformato la loro «non interferenza» nella politica interna dei governi africani in una virtù. Nella misura in cui l'invasione russa dell'Ucraina ha contribuito ad accentuare le divisioni, le reazioni africane a quella guerra hanno rivelato un'astuzia diplomatica che non ci si aspetterebbe da soggetti «subalterni».

«La rappresentazione di una corsa alla conquista dell'Africa» sostiene l'esperto nigeriano «in cui gli Stati locali sono sfruttati e manipolati da superpotenze globali indifferenti al loro benessere non regge a un esame serio. Al contrario, abbiamo tutte le prove che molte nazioni africane vedono un'opportunità: mettere in competizione tra loro America, Cina e Russia, più altre potenze come India, Turchia, Arabia, Emirati, opponendoli gli uni agli altri. Gli Stati africani, com'è normale, fanno dei calcoli basati su ciò che percepiscono come giusto o sbagliato per loro. Non sono delle semplici pedine manovrate in un gioco sul quale non hanno alcun controllo, non sono alla mercé di chi li usa sullo scacchiere diplomatico. Il vero dibattito che oggi serve non è se le nazioni africane siano padrone del proprio destino diplomatico, ma in che modo stiano usando la loro libertà di scelta.»

Ho tradotto «libertà di scelta», con un piccolo arbitrio linguistico, quello che in inglese Obadare definisce *agency*. È un termine importante, ma non riesco a tradurlo in italiano se non usando una perifrasi. *Agency* descrive la qualità di chi è padrone delle proprie scelte, di chi è un soggetto attivo, non un oggetto passivo in balia degli eventi o delle azioni altrui. Forse posso azzardare «protagonismo». I governi africani sanno quello che fanno, sono maestri nello strumentalizzare le rivalità fra superpotenze per trarne benefici, aiuti: dai finanziamenti alle forniture di armi. E se un alleato si mostra riluttante, basta andare a bussare alla porta del suo rivale. Non è un gioco nuovo: generazioni di leader africani impararono a praticarlo durante la prima guerra fredda, schierandosi di volta in volta con l'America o con l'Unione Sovietica (o in alternativa con la Francia, o già allora la Cina di Mao Zedong), in base a calcoli di convenienza. L'ideologia c'entrava? A volte sì e a volte no. L'adesione a dottrine liberali o marxiste poteva cambiare di colpo, se il leader di turno avvistava l'opportunità di preservare il proprio potere rivolgendosi a un nuovo referente esterno.

Obadare si pone una domanda: perché continuiamo a usare stereotipi falsi? Se la realtà geopolitica del continente contraddice l'immagine di una nuova corsa alla conquista dell'Africa, perché tanti media e l'intellighenzia africana perseverano nell'uso di un concetto che trasuda disprezzo? È evidente un presupposto implicito: gli africani, anche le loro classi dirigenti, devono essere sempre vittime passive perché sono inferiori. Qual è l'origine filosofica di questo riflesso mentale?

Lo studioso nigeriano si dà questa risposta: «Questa è la logica conseguenza di una situazione immaginaria in cui l'Africa, questa entità che merita la nostra costante pietà, è sempre per definizione una vittima. Questa è l'unica spiegazione dietro il convincimento che, poiché è in atto una competizione globale di potere in Africa, qualcun altro sta approfittando e abusando del continente. In questa rappresentazione immaginaria e infantile, una lotta per le risorse in Africa deve per forza significare una penuria per i popoli locali; come se gli Stati africani non potessero commerciare le proprie risorse con il resto del mondo e al tempo stesso conservarne una parte e ricavarne dei benefici». Abbiamo visto questa deformazione all'opera nella «teoria papale del sottosviluppo».

La sua conclusione è severa: «Ci vogliono parecchio paternalismo e ignoranza della storia per pensare che l'Africa di oggi sia la stessa del 1884. Ma questa certezza morale e questa sfacciataggine sono tipiche di quelli che desiderano salvare l'Africa senza fare lo sforzo di capirla. Un tempo c'era un pregiudizio secondo cui l'Africa non aveva storia. Adesso è stato sostituito da un altro: la nostra storia non cambia mai. Quel che era vero allora lo è anche oggi: l'Africa deve temere i propri amici più dei propri avversari».

X
Viaggio in Sudafrica
La profezia di Mandela e i Diamanti Neri

Sono atterrato da poche ore a Città del Capo. Il mio primo incontro, fortuito e fugace, ha l'aria di un presagio. Ho posato la valigia nella mia camera d'albergo e scendo per andare a un appuntamento. Nella lobby dell'hotel, il Westin sul Waterfront, incrocio un personaggio inquietante, con occhiali scuri (al buio) e cappello Borsalino. Da come si veste e si atteggia potrebbe essere un boss dei narcos locali, il capobanda di qualche organizzazione criminale. Il genere di bodyguard che lo circondano, i ceffi che sono le sue guardie del corpo, sono ancora meno rassicuranti. «Benvenuto in Sudafrica» mi dice la persona con cui ho l'appuntamento. «Quello che hai appena incrociato è il nostro ministro della Polizia.» In un paese che gareggia per il record mondiale degli omicidi (pro capite, il numero dei morti ammazzati è il doppio rispetto ai quartieri malfamati di Chicago, che noi americani consideriamo una zona di guerra), questo ministro della Polizia non è famoso per la sua efficienza ma per la sua ricchezza. Appartiene alla categoria che qui chiamano *Black Diamonds*, Diamanti Neri. È l'élite locale andata al potere con la fine dell'apartheid e le prime elezioni democratiche del 1994, poi divenuta smisuratamente ricca grazie alla politica. Questo tema m'inseguirà durante tutto il mio viaggio. Tra i primi assaggi del fenomeno, a

Città del Capo mi viene indicata la megavilla multimilionaria del presidente in carica, Cyril Ramaphosa: affacciata su una delle più incantevoli baie di questa costa, a pochi chilometri in linea d'aria da una delle *township* o *shanty town*, le baraccopoli dove i poveri si agglutinano in casette fatte di lamiera, spesso senza i servizi essenziali.

I capi del partito di maggioranza che governa ininterrottamente da trent'anni, l'African National Congress (Anc), vivono sulla rendita politica del loro leader scomparso, l'eroe della lotta anti-apartheid: Nelson Mandela, scomparso il 5 dicembre 2013 all'età di 95 anni dopo essere stato il primo presidente del Sudafrica libero. Tra i suoi compagni di lotte, allievi e seguaci, si è affermata un'aristocrazia nera della politica che ha usato l'antirazzismo per arricchirsi, abbandonando la maggioranza della popolazione alla povertà e alla mercé della violenza. Il reddito medio dei sudafricani è sceso sotto il livello del 1994. Tra i peggioramenti più recenti c'è il calvario dei blackout elettrici, che getta nel buio una nazione dotata un tempo di infrastrutture energetiche di prim'ordine. La compagnia aerea nazionale è fallita, come tante altre aziende che erano sane ma sono state spolpate dai nuovi padroni. I treni merci, essenziali per trasportare verso le banchine dei porti i prodotti da vendere all'estero, sono spesso fermi. Inettitudine, incompetenza, furti di beni pubblici concorrono al degrado. In grandi città come Johannesburg mancano i trasporti pubblici. Le aziende di Stato sono state occupate e depredate dai Diamanti Neri, con una corruzione fine a se stessa, che in cambio non dà quasi nulla al paese.

Quasi avesse previsto questo tradimento, Mandela aveva lanciato un appello severo e profetico al suo popolo: «Se un giorno l'Anc farà a voi ciò che fecero i nazionalisti bianchi, trattateli come noi abbiamo trattato i nazionalisti». Non siamo certo arrivati allo stesso livello di mobilitazione che segnò la grande battaglia contro l'apartheid negli anni Ottanta. Però fremiti di rivolte popolari contro l'Anc ce ne sono stati di recente e possono riesplodere in qualsiasi momento, soprattutto nelle gigantesche e rabbiose *township*.

I Diamanti Neri non sono nati per caso, sono il frutto di un'operazione d'ingegneria socioeconomica che pervade la vita quotidiana del Sudafrica. Me ne parla un imprenditore italiano, di cui non farò il vero nome per una semplice ragione: lavora con aziende pubbliche, in un paese dove il governo e la politica sono onnipresenti nell'economia, sicché non può permettersi di criticare apertamente i poteri forti del paese. Per tutelarlo, lo chiamerò Alfredo. Comunque, poiché il Sudafrica è una vera democrazia, ancorché corrotta fino al midollo, vi anticipo che incontreremo fior di personaggi (soprattutto neri) disposti a metterci la faccia, a scagliare accuse pesantissime contro i leader di governo firmandole con nome e cognome.

Alfredo è un imprenditore che mi piace e mi sorprende anche perché contraddice pregiudizi e stereotipi. C'è stata un'epoca in cui i bianchi che emigravano in Sudafrica venivano considerati automaticamente dei razzisti, simpatizzanti di un regime ignobile, attratti dai valori reazionari del ceppo originario dei colonizzatori, i boeri, oggi detti «afrikaner», di origine olandese. Questa affinità ideologica è stata sicuramente vera per una parte delle migrazioni europee verso il Sudafrica fino agli anni Ottanta. Non per tutte, però. Inoltre, c'è chi dall'Europa si è trasferito qui dopo la vittoria di Mandela nel 1994, quindi ha scelto di immigrare in un paese dove comandavano i neri. Alfredo è uno di questi italiani. È arrivato a Città del Capo nel 2001, quando l'Anc di Mandela era al governo da tempo, infatti non gli trovo nessuna delle stimmate del razzismo. Anzi, è molto critico verso quella parte della comunità afrikaner, che accusa ancora oggi di avere complessi di superiorità e atteggiamenti inaccettabili verso i neri.

Alfredo ha un progetto che sarebbe di grande utilità ambientale per il Sudafrica. Vuole trapiantarvi una tecnologia che consente di riciclare le polveri tossiche dell'estrazione di minerali, una delle maggiori attività del paese. È un contributo a quell'economia circolare che aiuterebbe il Sudafrica nella transizione verso la decarbonizzazione e nella lotta al cambiamento climatico. Innamorato di questo paese, Alfredo non tornerebbe a vivere in Italia. Questo non gli impedisce di vedere con lucidità i problemi del Sudafrica e le colpe di chi li ha peggiorati. Si prodiga per aiutare la famiglia della sua collaboratrice domestica, dove tutti senza eccezione (adulti e bambini) sono Hiv positivi. Ricorda che la piaga dell'Aids in questo paese è stata ingigantita dal negazionismo di alcuni leader dell'Anc. Nella sua attività imprenditoriale, questo italiano si scontra con l'applicazione concreta delle politiche di emancipazione dei neri. Uno strumento fondamentale è la legge del Black Economic Empowerment (Bee), che nel suo nome annuncia appunto il trasferimento del potere economico ai neri. È una norma che viene applicata in modo rigoroso, i numeri lo confermano. «Ma il modo più semplice per mettersi in regola con la legge» mi dice l'imprenditore italiano «è assumere un nero senza alcuna competenza, dargli un ufficio sontuoso con poltrone di pelle, una Mercedes con autista, due segretarie e tre cellulari, un biglietto da visita con su scritto presidente o vicepresidente. Naturalmente il potere decisionale resta ai bianchi che lo hanno assunto, e che avevano il controllo dell'azienda.»

Come vedremo con altri esempi, però, non sempre il trasferimento di potere ai neri è avvenuto in maniera così sfacciatamente vacua. Spesso, insieme con uffici, segretarie e Mercedes sono passate di mano quote azionarie importanti, anche di colossi industriali. È nata in questo modo una nuova classe dirigente che dal mestiere politico si è convertita all'economia. I Diamanti Neri, appunto. Uno di loro è al vertice del potere proprio adesso. Sul presidente Cyril Ramaphosa potete leggere ritratti biografici che lo descrivono come un *businessman*, un uomo d'affari. In realtà, all'epoca della lotta contro l'apartheid faceva il sindacalista. È uno dei capi dell'Anc che ha saputo sfruttare il Black Empowerment per riconvertirsi in imprenditore. Accumulazione primitiva del capitale, l'avrebbe definita Karl Marx. Ciò che è accaduto con l'arrivo al potere dell'Anc in fondo non è troppo diverso dall'arrembaggio degli oligarchi russi che ai tempi di Boris Eltsin sfruttarono le «privatizzazioni» per convertirsi da boss di partito o dei servizi segreti in industriali miliardari. Qui c'è l'aggiunta della dimensione razziale.

Nel gruppo dirigente formatosi con Mandela, non tutti si sono lasciati attirare dalla corruzione e dall'accumulazione di ricchezze private. A Johannesburg incontro un critico severo dei Diamanti Neri che li conosce tutti personalmente. È l'ex presidente del Sudafrica Kgalema Motlanthe. Ha 73 anni ed è stato un leader storico dell'African National Congress. Durante la lunga battaglia contro l'apartheid ha trascorso dieci anni in carcere nella stessa Robben Island dov'era detenuto Mandela. Finito l'apartheid, è stato uno dei capi del movimento sindacale, insieme all'attuale presidente Ramaphosa. A differenza di quest'ultimo, però, Motlanthe non ha usato la carriera nel sindacato come un trampolino di lancio per trasformarsi in *businessman*. È rispettato come un leader di rara onestà, è un'autorità morale del paese, prende le distanze pubblicamente dai suoi compagni di lotte sprofondati nella corruzione. «Ramaphosa» mi dice quando lo intervisto «aveva annunciato una rinascita, una nuova alba, la liberazione dalla corruzione che era esplosa a livelli estremi sotto il suo predecessore Jacob Zuma. Invece, la sua presidenza è offuscata dalla scoperta di una montagna di banconote in un divano di casa sua, di cui non sa o non vuole spiegare la provenienza. Siamo al remake degli anni di Zuma. Non abbiamo imparato nulla. Il Parlamento ha fallito nei suoi doveri di controllo. Anni fa io dissi che l'Anc mi sembrava ormai condannato. Da allora il partito ha subito diverse sconfitte elettorali, a livello locale. Molte municipalità sono governate dall'opposizione. L'Anc ha perso la maggioranza perfino nella metropoli più grande, Johannesburg, una città che ha un bilancio più grosso di tutta la Namibia. Queste sconfitte elettorali hanno forse insegnato qualcosa? Niente. L'Anc si è aggrappato al potere formando coalizioni con altri partiti più piccoli. Non c'è un'etica, c'è solo l'opportunismo di chi vuole il potere a ogni costo.»

Motlanthe è nero quindi non sospetto di risentimenti razziali. Ha speso dieci anni della sua vita in carcere, perciò nessuno può accusarlo di essere un nostalgico di quell'apartheid che ha contribuito a rovesciare. Quando punta il dito contro Jacob Zuma, il suo successore alla presidenza del paese dal 2009 al 2018, Motlanthe sa di cosa parla. Tutti e due fanno parte del gruppo dei padri fondatori, i leader storici dell'Anc cresciuti all'ombra di Mandela. Poi Motlanthe è stato anche il vice di Zuma. Ha visto da vicino, senza riuscire a contrastarla, la metastasi di un sistema di corruzione che alcuni hanno definito «uno Stato di mafia», altri descrivono come «la cattura dello Stato» da parte di alcuni clan. È impressionante la velocità – e la brutalità – con cui il nucleo originario degli eroi della resistenza anti-apartheid si è trasformato in un'aristocrazia di profittatori. Diamanti Neri, appunto. Che fino a ieri hanno spesso respinto le critiche imputandole al rancore dei bianchi privati dei loro privilegi. Questo sotterfugio non regge di fronte alle accuse di Motlanthe e alla crescente disaffezione dei neri. Basta passare alcune ore ad ascoltare i più diffusi talk show: sono sempre più spesso neri gli spettatori che chiamano per sfogare il proprio disgusto nei confronti della corruzione. Ed è la popolazione «di colore» – meticci o discendenti di schiavi malesi e indiani – che a Città del Capo ha portato al governo locale il principale partito di opposizione, la Democratic Alliance. Il paradosso è che oggi questa parte sudoccidentale del paese è la meglio amministrata e la più vivibile – dagli indici di criminalità fino alle buche nelle strade – e al tempo stesso è quella dove la percentuale di popolazione nera è la più bassa, circa un terzo. Perciò il «ricatto razziale» con cui l'Anc esige una disciplina di voto dalle sue *constituency* etniche funziona meno nella regione occidentale del Capo.

Il Sudafrica, nonostante la sua posizione periferica nella punta meridionale, rimane un paese leader per tutto il continente. Per un insieme di ragioni vi si rispecchiano in modo estremo i problemi e le sfide delle altre nazioni africane. Malgrado il suo declino, conserva l'economia più avanzata del continente, oltre che un livello scientifico e tecnologico di prim'ordine in molti settori come la medicina, la biogenetica, l'informatica, l'aerospaziale. È l'unica nazione africana a sedere nel G20 e tra i Brics, il club delle potenze emergenti. Anche per questo, ha una politica estera più visibile e uno status globale più prestigioso dei suoi vicini. Pesa la sua storia particolare, che condivide solo con lo Zimbabwe (ex Rhodesia). È qui che il dominio bianco è durato più a lungo, tanto che la liberazione del Sudafrica dall'apartheid e la prima vera elezione democratica del 1994 sono episodi ancora vivi nella memoria di molti di noi. Mentre la decolonizzazione del resto dell'Africa, avvenuta tra gli anni Cinquanta e Sessanta, è ormai già remota.

Il paesaggio del Sudafrica è impregnato di questa storia politica. Anche i turisti di passaggio, diretti verso i parchi naturali e i fotosafari tra le belve, se hanno un briciolo di consapevolezza si sentono in dovere di visitare il memoriale dell'apartheid di Johannesburg e quello dedicato alle rivolte giovanili di Soweto, nonché la famigerata isola ex carcere di Robben Island. Un percorso museale in questo paese è istruttivo perché rivela la «narrazione su se stessi» che i capi dell'Anc hanno in mente. È la loro costruzione di un'identità nazionale, con cui si presentano agli stranieri e anche al proprio popolo.

Il Museo dell'apartheid sottopone ciascuno di noi a uno shock tremendo. Oserei definirlo quasi paragonabile a ciò che proviamo in una visita a Yad Vashem, il memoriale dell'Olocausto a Gerusalemme. A Johannesburg la visita comincia con un piccolo esperimento psicologico. I turisti vengono divisi, a caso, nel momento dell'emissione dei biglietti d'ingresso. Ad alcuni viene venduto un biglietto con su scritto «Bianco», ad altri «Nero» (a prescindere dalle loro origini etniche reali). Gli ingressi sono separati. Fin dall'inizio siamo sottoposti a una piccola – infinitesimale – esperienza di un sistema che discrimina secondo il colore della pelle. Mia moglie è entrata nella corsia separata per neri, io sono finito nell'ingresso per bianchi.

Tutta la storia del «razzismo scientifico» ricostruita nel museo di Johannesburg è intrisa di contraddizioni. L'apartheid, in fondo, nacque un po' per caso. I primi europei ad affacciarsi da queste parti – i portoghesi dal 1485-87, poi gli olandesi dal 1647 – per molto tempo usarono alcuni porti sudafricani come Città del Capo in una funzione di supporto tecnico e approvvigionamento per le navi dirette in India, in Cina, in Indonesia. Prima della costruzione del Canale di Suez bisognava circumnavigare l'Africa e oltrepassare il Capo di Buona Speranza per entrare nelle acque dell'oceano Indiano e da lì raggiungere l'Asia. Furono gli inglesi a definire il primo progetto di insediamento coloniale in Sudafrica, all'inizio dell'Ottocento. Si scontrarono con i nuclei di agricoltori olandesi, che furono sospinti all'interno del paese, in zone dalle quali a loro volta cacciarono popolazioni africane indigene.

Peraltro l'area geografica dove oggi si trova il Sudafrica veniva da una storia antichissima di invasioni nere che avevano allontanato con la forza o soggiogato altri neri. Lo stesso Museo dell'apartheid le rievoca accuratamente. Ricorda che nella preistoria i cacciatori-raccoglitori che popolavano quest'area furono aggrediti da tribù di pastori nomadi venuti dall'Africa centrale e occidentale. In uno di questi episodi, nel IV o V secolo dopo Cristo i bantu aggredirono, invasero e poi assorbirono le etnie preesistenti dei khoisan, khoikhoi e san. Oggi la storia si ripete, perché il Sudafrica ribolle di tensioni contro gli immigrati che arrivano dallo Zimbabwe, dal Congo, dal Burundi.

Dunque i bianchi inglesi non furono i primi colonizzatori. Il loro conflitto con i coloni olandesi che li avevano preceduti, gli afrikaners, fu aggravato da interessi economici giganteschi dopo la scoperta di diamanti (1867) e oro (1884) che scatenarono la «rivoluzione mineraria». La competizione per le risorse era stata preceduta da una frattura ideologica profonda tra queste due comunità di bianchi, le cui tracce restano visibili ai nostri giorni. Gli inglesi avevano abolito lo schiavismo dal 1834 e si misero alla testa di una crociata internazionale contro la tratta di esseri umani. In Sudafrica questo esasperò il conflitto con i boeri: il ceppo di origine olandese era convinto che Dio avesse creato gerarchie razziali, mettendo i bianchi al di sopra dei neri.

Dietro lo scontro fra culture, ideologie e religioni, s'intravede in quel pezzo di storia una divaricazione di sviluppo economico analoga a quella che negli Stati Uniti aveva generato la guerra civile tra nordisti e sudisti. In America gli Stati industrializzati del Nord avevano un capitalismo più moderno, che si fondava sul lavoro operaio salariato (e in seguito avrebbe trasformato gli operai in consumatori), mentre i latifondisti del Sud basavano la loro arretrata economia agricola sulla forza lavoro meno qualificata ma ben più economica degli schiavi. In Sudafrica l'impero britannico puntava su un'economia mineraria per la quale servivano operai salariati, spesso minatori qualificati venuti dall'Europa: più costosi e più combattivi sindacalmente. I boeri erano rimasti in gran parte agricoltori e legati allo sfruttamento degli schiavi.

Le guerre anglo-boere combattute fra il 1899 e il 1902 furono orrende carneficine tra bianchi sul territorio sudafricano. I boeri sperimentarono tattiche feroci di guerriglia. Gli inglesi inaugurarono i primi esempi di «campi di concentramento», dove detenevano anche donne e bambini di origine olandese. Gli atti di barbarie furono praticati da ambo le parti e lasciarono risentimenti profondi tra le due comunità bianche. Tant'è, l'autonomia politica del Sudafrica dall'impero britannico conquistata nel 1909 segnò una netta ripresa d'influenza del ceppo di origine olandese. Fu in quel contesto che le leggi di segregazione razziale divennero sempre più dure, dalla prima restrizione alla proprietà terriera dei neri (1913) fino al vero e proprio apartheid («separazione») con cui il Partito nazionalista stabiliva nel 1948 rigide regole per le vite separate di tre gruppi: bianchi, neri e «gente di colore o misti». Quest'ultima categoria era il contenitore di altri popoli, immigrati o più spesso deportati come schiavi, tra cui la forte comunità indiana. Della separazione forzosa e delle sue umiliazioni fece le spese anche un giovane Gandhi, emigrato in Sudafrica all'inizio della sua carriera di avvocato.

Questa «visita guidata» negli ultimi due secoli di storia del Sudafrica, come li ricostruisce con molta intelligenza il memoriale dell'apartheid voluto dall'Anc, è indispensabile per capire certi paradossi contemporanei. Per esempio: i bianchi con antenati inglesi sono spesso più progressisti e simpatizzanti dell'Anc, nonostante questo partito li abbia privati dei privilegi e stia applicando una discriminazione razziale alla rovescia. Gli afrikaners di matrice olandese, che continuano a parlare una sorta di fiammingo arcaico, spesso rimangono i più reazionari: i loro padri e nonni fornirono la classe dirigente di quel Partito nazionalista dove era abbastanza normale esibire simpatie per il nazismo. Infine la comunità «di colore» è spesso un ago della bilancia negli equilibri politici; ha conosciuto una formidabile ascesa economica, al punto che la famiglia più ricca e al centro del maxiscandalo di corruzione sotto la presidenza Zuma erano i Gupta di origine indiana.

Il memoriale di Johannesburg sull'apartheid è un luogo ricchissimo di informazioni e reca anche una chiara impronta ideologica. È «mandeliano» nella sua ispirazione. Al suo ingresso accoglie i visitatori con una galleria di storie personali, testimonianze di alcuni sudafricani di oggi che raccontano le origini e la storia dei propri avi: c'è di tutto, dai discendenti degli zulu agli ebrei, ci sono immigrati venuti dalla Grecia, nipoti di «schiavi per debiti» cinesi (*coolies*) o indiani (*indentured labourers*). Il contenuto del museo afferma con entusiasmo che il Sudafrica è una «nazione arcobaleno»: multietnica, inclusiva di tutte le differenze, dal colore della pelle agli orientamenti sessuali.

In Occidente, molti vedono un solo aspetto di questa impronta: la decisione che Mandela prese fin dall'inizio della sua vittoria e ascesa al potere di non lanciare una campagna di vendette ed espropri contro i bianchi (a differenza di Robert Mugabe nel vicino Zimbabwe). Certo rimane come una pietra miliare nella storia di questo paese la decisione con cui Mandela, nonostante la persecuzione che gli avevano inflitto i bianchi, inaugurò una stagione di riconciliazione nazionale. Ma c'è molto di più che la mancata vendetta sui bianchi. Intanto perché il Sudafrica da molti secoli non è solo «bianco o nero» ma contiene tutte quelle varietà di colori, inclusa la componente asiatica, di cui Mandela coglieva l'importanza. Poi perché «i neri» non sono un gruppo etnico omogeneo, al contrario sono divisi tra origini etnico-tribali, comunità linguistiche, appartenenze religiose, per cui la loro coesione è tutt'altro che scontata. Le faide tribali erano forse la minaccia più incombente sul Sudafrica post-apartheid, e rimangono tuttora un problema serio (ci torneremo a proposito di Zuma).

Attualmente, la lungimiranza di Mandela è messa a dura prova dai comportamenti distruttivi dei suoi successori. Se all'inizio della rivoluzione democratica, nei primi anni Novanta, ci fu una fuga di bianchi spaventati dal post-apartheid, oggi c'è una robusta emigrazione di neri: in fuga da una corruzione dell'Anc che distrugge opportunità proprio per loro. Chi se ne va viene sostituito almeno in parte da immigrati dei paesi vicini, ancora più poveri o peggio governati. Tra Cape Town e Johannesburg ho girato con una miriade di tassisti e autisti di Uber immigrati da Zimbabwe, Burundi, Congo. Che lamentano il razzismo o la xenofobia dei neri sudafricani contro di loro.

Il secondo museo più importante sulla storia dell'apartheid si trova nel cuore di Soweto, una delle più note *township* ai limiti di Johannesburg. Nata come una delle tante baraccopoli, Soweto è cresciuta fino ad annoverare al proprio interno tutte le stratificazioni sociali: ci sono ancora vaste aree di baracche poverissime in lamiere metalliche (roventi d'estate, gelide d'inverno), ma anche aree relativamente ricche con costruzioni in muratura. Il museo in questione, voluto dai leader dell'Anc, celebra la storia di un giovanissimo martire nella lotta contro l'apartheid: il dodicenne Hector Pieterson, ucciso dalla polizia il 16 giugno 1976, durante una delle più massicce proteste in cui morirono altri 170 manifestanti. È un museo piccolo e tuttavia indispensabile per capire chi e come riuscì ad abbattere il regime dell'apartheid. Nella seconda metà degli anni Settanta un ruolo lo ebbero gli alunni delle scuole, in rivolta contro l'imposizione della lingua Afrikaaner. Queste proteste ebbero una risonanza mondiale, anche in Occidente la gioventù divenne protagonista dei movimenti di solidarietà con i neri del Sudafrica. Lo ricordo perché ero un adolescente del Nord Europa quando partirono fra noi le campagne di boicottaggio contro l'economia sudafricana. Fu uno dei rari casi di sanzioni davvero efficaci. I giovani americani ci avevano dato l'esempio. Se i governi di Washington cominciarono a cambiare atteggiamento in quel periodo – le campagne del presidente democratico Jimmy Carter per i diritti umani misero sotto pressione i leader bianchi di Pretoria –, lo si deve al fatto che la società civile Usa si era ormai schierata.

L'arcobaleno di Mandela, la sua visione inclusiva, lo ritrovo nella sua versione più strepitosa e *glamour* in un terzo museo che considero utile per capire il Sudafrica. È il Mocaa sul Waterfront di Città del Capo, un fantastico monumento in omaggio all'archeologia industriale e alla storia portuale di questa metropoli. Il Mocaa è stato creato dal magnate filantropo tedesco Jochen Zeitz, ex amministratore delegato di Puma e ora di Harley-Davidson, nonché militante ambientalista e guru religioso. È dedicato all'arte contemporanea «panafricana», offre un concentrato di capolavori di quella nuova generazione di artisti afropolitani che reinterpretano la storia del proprio continente, l'identità black, e catturano un'attenzione crescente nel mondo intero. È obbligatorio ricordare un'anomalia, storicamente antecedente alla stessa figura di Nelson Mandela: il partito dell'Anc si chiama Congresso nazionale «africano», non «sudafricano». Nella coscienza black di questo paese c'è una lunga tradizione che vuole legarsi a un destino continentale, e a volte c'è riuscita. Ho detto della solidarietà di noi giovani occidentali negli anni Settanta verso le rivolte anti-apartheid. Ancora più significativo è questo fatto: la coesione delle altre nazioni africane a sostegno di Mandela e dell'Anc fu forse l'ultimo episodio che vide l'Africa unita e compatta, come negli anni della decolonizzazione. Tutti gli altri leader e popoli africani si riconobbero nella battaglia di Mandela; e dopo la sua vittoria caricarono di enormi aspettative l'esperimento sudafricano post-apartheid.

Un altro sguardo sulla diversità sudafricana ci attende nelle campagne intorno a Cape Town. Luoghi come Stellenbosch e Franschhoek sono noti agli enologi di tutto il mondo, sono la versione locale del «Chianti-shire» o delle terre del Barolo. La regione del vino sudafricano – una delle eccellenze da esportazione – assomiglia forse di più, per la geografia naturale, architettonica e umana, alle sue omologhe in California (Napa e Sonoma County). Ospita relativamente pochi neri, mentre ha un nucleo di discendenti degli ugonotti, i protestanti francesi costretti all'esilio dalle persecuzioni religiose. In particolare dopo la revoca dell'Editto di Nantes da parte del Re Sole, Luigi XIV, la Francia sprofondò in uno dei peggiori periodi di intolleranza religiosa. Gli ugonotti in fuga portarono con sé i propri talenti, inclusa la viticoltura e la vinificazione: prima in Olanda, poi in Sudafrica. Per questo lì la tradizione del vino è così raffinata, e per questa storia tormentata i discendenti degli ugonotti parlano afrikaans, non francese.

Nella regione sudafricana dove portarono le arti antiche del Bordeaux e del Bourgogne il tempo sembra quasi essersi fermato. Le case locali hanno uno stile nordeuropeo. L'impronta franco-anglo-olandese resta forte. Ma il Museo degli ugonotti a Franschhoek ha recepito le lezioni dell'apartheid. Ci invita a riflettere su un'epoca in cui eravamo «noi» a emigrare in Africa, per paura o disperazione, in fuga dalle nostre miserie, guerre civili o persecuzioni. Lo fa anche con l'ausilio di un italiano illustre: sulla parete d'ingresso campeggia una citazione di Umberto Eco da *Il nome della rosa*, sul fanatismo religioso. Stefania, mia moglie, è colpita da un fenomeno che sembra inconcepibile a chi vive negli Stati Uniti come noi: l'immobilità della toponomastica. Nella regione del vino così come in tante altre zone del Sudafrica, abbondano i casi di strade e piazze, o università e altre istituzioni importanti, che prendono il nome da personaggi olandesi la cui storia è inevitabilmente legata al razzismo e alla segregazione. In America quei nomi sarebbero già stati rimossi e sostituiti da tempo, nel furore di cancellare ogni riferimento ai «Cattivi della Storia». In Sudafrica, benché molte politiche attuali realizzino una discriminazione alla rovescia in favore dei neri, la toponomastica è cambiata poco.

L'esperimento sudafricano contiene dunque un'altra anomalia. Non è solo l'ultima nazione sul continente a essersi liberata dalle vestigia del colonialismo, in quella sua ultima versione che fu il dominio di una minoranza bianca. È anche l'unico caso in cui gli eredi e discendenti dei colonizzatori hanno deciso – in larga parte – di rimanere. Per capire la portata di questa presenza, fortissimamente voluta dallo stesso Mandela, bisogna provare a immaginarsi un'Algeria in cui vivessero ancora oggi un milione di francesi e magari pure diecimila italiani. In Sudafrica la maggioranza dei bianchi ha deciso di restare, realizzando il desiderio di Mandela. Il quale comprese con lucidità il contributo che potevano garantire in molti campi, dall'industria alla scienza, dalla medicina all'istruzione. E forse, nella sua profezia severa sul futuro dell'Anc, intuì anche l'utilità di trattenere delle minoranze etniche in funzione di bilanciamento, contrappeso. In vista del giorno in cui i liberatori si sarebbero trasformati in oppressori.

«Tutti i fallimenti dei governi», così si può intitolare la diagnosi tremenda che mi confida un personaggio autorevole dello stesso partito dominante, l'Anc. Si chiama David Makhura ed è stato governatore della provincia-regione nordorientale del Gauteng, la più piccola ma la più ricca e importante di tutto il paese. Su una popolazione nazionale di 60 milioni, più di un quarto vivono nel Gauteng: lì si trovano la maggiore metropoli (Johannesburg) e la capitale politica (Pretoria). Makhura dopo quell'incarico è diventato il responsabile della formazione quadri dell'Anc. Il suo ruolo più influente si svolge dietro le quinte: è lui che per conto del presidente Ramaphosa sta negoziando le alleanze elettorali del 2024. Poiché le previsioni indicano che l'Anc scenderà sotto la maggioranza assoluta anche a livello nazionale – dopo averla persa già in diverse province e municipalità –, Makhura è il grande tessitore delle coalizioni che dovrebbero prolungare il controllo del potere da parte dello stesso gruppo che lo esercita da un trentennio. È dunque un uomo ben insediato ai vertici dell'establishment. Eppure mi traccia un quadro spaventoso su quelli che lui stesso definisce, appunto, «i molteplici fallimenti dei nostri governi».

Tutto d'un fiato mi propone questo elenco: «Lo Stato ha fallito nel suo compito di garantire la sicurezza dei cittadini contro il crimine. Lo Stato ha fallito nel dovere di fornire servizi essenziali come la corrente elettrica. Sullo sfondo, non abbiamo saputo costruire un'economia che rispecchi i valori della nostra democrazia liberale. Di fatto stiamo riproducendo nella sfera socio-economica una nuova forma di apartheid, perché questa economia soddisfa solo i bisogni di una minoranza. Le violente rivolte del 2021, dietro le quali molti hanno visto la regia dell'ex presidente Zuma inseguito dalla giustizia per corruzione, avevano però una radice profonda nei fallimenti dello Stato. Oggi questi fallimenti provocano due risposte polarizzate e contrapposte. All'estrema sinistra c'è chi vuole eccitare un razzismo dei neri contro i bianchi, propone di fare in Sudafrica ciò che Robert Mugabe fece nello Zimbabwe, cioè espropriazioni massicce e violente delle proprietà dei bianchi, con risultati disastrosi. A destra c'è chi dice più o meno esplicitamente che la nuova classe dirigente nera ha rovinato il paese e che perfino i poveri stavano meglio sotto l'apartheid con i bianchi al potere».

Come siamo arrivati fin qui, a questa lista agghiacciante di fallimenti? È possibile spiegare tutto con un mix di avidità umana, familismo amorale nella sua declinazione tribale, incompetenza e impreparazione? La risposta più diffusa chiama in causa sia la responsabilità dei bianchi (non hanno preparato il ricambio, non hanno addestrato una classe dirigente nera all'altezza delle nuove responsabilità) sia la carenza di un'etica pubblica nella cultura di questa élite black (appena arrivati al potere, molti di loro si sono comportati come capitribù o boss mafiosi, sequestrando risorse collettive per elargirle a parenti, amici, complici, sicari). È una chiave di lettura semplificata che si può estendere ad altre realtà africane. Contiene elementi di verità, ma non è sufficiente.

Per illuminare la patologia del Sudafrica mi faccio aiutare da due autorevoli esponenti della comunità imprenditoriale. Un nero e un bianco. Il primo è Thero Setiloane. Ha avuto numerosi incarichi ai vertici di grandi aziende; è stato più volte invitato al World Economic Forum di Davos e ai convegni di The European House - Ambrosetti come una delle voci più rappresentative dell'economia sudafricana. L'altro, con una storia parallela, si chiama Bobby Godsell, ha collaborato con Ramaphosa ed è stato anche uno dei top manager del colosso minerario Anglo American. I due sono amici, hanno vedute simili, li incontro e li intervisto insieme passando mezza giornata con loro a Johannesburg. Quel che segue è un mio sunto della loro analisi congiunta.

Molto prima che il regime nazionalista bianco crollasse, gli industriali avevano capito che non era sostenibile. La segregazione razziale, il governo in mano a una minoranza bianca, non erano compatibili con le esigenze di un'economia moderna. A partire dagli anni Settanta e Ottanta i maggiori potentati capitalistici come Anglo American si stavano preparando a un dopo-apartheid. Incideva anche il contesto internazionale: la campagna mondiale contro l'apartheid trasformò il Sudafrica in uno Stato paria, sempre più emarginato e boicottato anche dai suoi partner occidentali. Negli anni Novanta la comunità degli imprenditori cominciò a porsi questo problema concreto: come affiancare un'agenda della prosperità all'agenda della democrazia, cioè come garantire che la transizione verso le libertà politiche fosse accompagnata da sviluppo economico e benessere. Il problema è che il gruppo dirigente dell'Anc (con l'eccezione dei detenuti come Mandela o Motlanthe) si era formato in esilio, soprattutto in paesi comunisti, Unione Sovietica e Germania Est. La nuova classe dirigente, costituita in maggioranza da esuli, era stata indottrinata al socialismo.

Sia chiaro, le origini più antiche dell'Anc non erano affatto marxiste. I padri fondatori di quel movimento nel 1912 erano dei moderati, il loro obiettivo era la conquista dei diritti civili. Erano insegnanti, preti, ceto medio. I comunisti erano una piccola minoranza. Però di quella minoranza circolava una celebre descrizione: i comunisti erano i primi ad arrivare alle riunioni, erano gli ultimi ad andarsene, non bevevano, e si assumevano il compito di stilare i verbali. Insomma erano i più disciplinati. Poi la stretta repressiva del Partito nazionalista nel dopoguerra costrinse molti militanti dell'Anc a entrare per lunghi periodi nella clandestinità.

Nella guerra fredda l'America appoggiava il regime di Pretoria. L'Unione Sovietica e i suoi satelliti diedero ospitalità a molti dirigenti dell'Anc. Ironia della sorte, il loro rientro in patria nei primi anni Novanta avvenne quando il socialismo sovietico era già defunto. Ma loro erano ormai impregnati delle sue teorie e non avevano la minima esperienza di come funziona un'economia di mercato. Un personaggio influente come Thabo Mbeki (vicepresidente con Mandela, poi presidente dal 1999 al 2008) non aveva neppure un conto in banca. Quel gruppo dirigente sapeva gestire un movimento di liberazione, molto ideologico, ma non aveva mai governato. Personaggi privi di qualunque esperienza dovettero gestire una grande nazione mentre non sapevano neppure come si costruisce una rete fognaria.

(Mia osservazione. Pur rinchiuso in carcere, essendo rimasto in Sudafrica, Mandela aveva invece maturato una visione molto più pragmatica. Oltre alla riconciliazione con i bianchi, che aveva un evidente beneficio economico, lui come primo presidente fu attento a richiamare in Sudafrica quegli investimenti esteri che si erano inariditi durante le sanzioni e i boicottaggi anti-apartheid.)

Tutto ciò che accade nel paese oggi ha le sue radici in quella genesi, la formazione della classe politica dentro il blocco socialista. L'Anc ha cominciato a riempire i consigli d'amministrazione di politici fidati. Questi non avevano la minima esperienza di come si gestisce un'azienda. La diffidenza originaria dell'Anc verso il mercato e il capitalismo non è mai cessata, benché oggi molte aziende siano state lottizzate proprio da loro. L'impronta statalista e dirigista rimane forte. Questo è un paese che soffoca sotto un eccesso di burocrazia e di regole. Perfino uno Stato che continua a definirsi socialista, il Vietnam, in tutti i raffronti internazionali risulta molto più permissivo e amichevole verso le piccole imprese. Quanto ai comunisti cinesi, l'ambasciatore di Xi Jinping a Pretoria si è lamentato pubblicamente perché i loro investimenti minerari qui sono penalizzati: con i treni che non funzionano, non riescono a far viaggiare il carbone estratto dalle miniere del Limpopo fino ai porti. Per dare un'idea della mania governativa di regolare tutto, il Sudafrica è l'unico paese al mondo che durante la pandemia ha deciso di vietare anche la vendita di bevande alcoliche e sigarette. Si aggiunge il paradosso per cui questo paese ha abbracciato la versione più estrema e sistematica della *affirmative action*, cioè le quote obbligatorie riservate ai neri in tutti i settori, ma il risultato non è soltanto un abbassamento del livello, è un'emigrazione dal Sudafrica dei neri che ormai supera quella dei bianchi. La legge del Bee, il Black Empowerment, non ha mantenuto le promesse neanche verso i suoi beneficiari.

Fin qui la ricostruzione storica dei due imprenditori, che riceve un'implicita conferma nel mio colloquio con il dirigente dell'Anc Makhura, l'ex governatore del Gauteng. Ho illustrato la sua lucidità, perfino spietata, nell'elencare i fallimenti dello Stato sotto la guida del suo partito. Poi, però, Makhura si lancia in un'arringa contro tutti i mali del capitalismo, gli orrori del liberismo, l'ignobile piaga dell'individualismo occidentale. Tutti pregiudizi ideologici che non quadrano con questo dato di fatto: trent'anni di governo dell'Anc, con la sua cultura socialista e statalista, consegnano al Sudafrica uno dei coefficienti di Gini più alti del mondo: cioè un record di diseguaglianze molto superiore a quello del «Far West capitalista», l'America.

Tutti i miei interlocutori, di ogni gruppo etnico, ceto sociale e professione, sono d'accordo nell'attribuire all'ex presidente Zuma responsabilità enormi. Il degrado sudafricano ha subito un'accelerazione estrema durante la sua presidenza, dal 2009 al 2018. Un giornalista del «Daily Maverick», Peter Fabricius, riassume così: «Zuma era un vero criminale. Sotto la sua presidenza è nata da noi quell'espressione che denuncia una cattura dello Stato, cattura delle istituzioni da parte di interessi privati, da parte di clan mafiosi. Per capire fino a che punto fossimo arrivati basta questo: i Gupta, i magnati di origine indiana legati a Zuma, a un certo punto facevano i colloqui di assunzione per i candidati all'incarico di ministro delle Finanze. Cioè il presidente lasciava scegliere a loro il titolare del dicastero economico. Quando nel luglio 2021 Zuma è stato indagato e incriminato (per l'ennesima volta) per corruzione, poi arrestato, sono scoppiati violentissimi disordini nella sua regione, il KwaZulu-Natal, probabilmente istigati da lui stesso all'interno della sua *constituency* etnica, gli zulu. Il bilancio ufficiale parla di 354 morti. Da quando alla guida del paese c'è Ramaphosa, ha iniziato a fare pulizia di alcuni seguaci di Zuma. Con risultati modesti. O non ha avuto abbastanza coraggio, oppure gli è mancato un sostegno adeguato dell'Anc. Il potere di Zuma è in declino anche nella sua roccaforte, però il marcio che ha lasciato rimane. Quanto ai Gupta, inseguiti dalla nostra giustizia, si sono rifugiati prima a Dubai poi in altri paradisi bancari e fiscali che non concedono estradizione».

Una star del partito di opposizione (Democratic Alliance) che governa la regione del Capo è Natasha Mazzone, di origini italiane. Appena ventenne è stata la più giovane deputata del paese; oggi, poco più che quarantenne, ha accumulato incarichi di primo piano: è stata capogruppo parlamentare e quando la intervisto è la portavoce dell'opposizione. La Mazzone ha fatto della battaglia contro la corruzione la sua missione. Mi parla del suo paese come di uno «Stato fallito», aggiungendo ai sintomi del degrado il fatto che nel 2023 il Sudafrica è stato *greylisted* dalla Financial Action Task Force (Fatf), l'organizzazione internazionale che combatte il riciclaggio di denaro sporco. È finito sulla «lista grigia» dove figurano Siria, Nigeria e Panama. Si teme quindi che sia diventato terra di asilo per grandi organizzazioni criminali, mercanti d'armi e di droga, per la facilità con cui il sistema bancario accoglie capitali illeciti e operazioni sospette. La Mazzone abbraccia la definizione di «Stato mafioso» e mi offre un esempio concreto: mi fa vedere la messaggeria del suo cellulare, piena di minacce di morte. «Ne ricevo decine al giorno, puntualmente riferisco alla polizia e alla magistratura.» Scherza sulle origini campane della sua famiglia, con battute da brivido del tipo: se i miei avi sono sopravvissuti alla camorra, io non mi farò impressionare qui.

Nonostante l'ostilità che subisce, Natasha Mazzone ama il Sudafrica e riesce a emanare ottimismo sul suo futuro. Sottolinea la tenuta della democrazia: «La nostra Costituzione del 1996 viene considerata da molti come la migliore del mondo. Abbiamo una giustizia indipendente, il presidente della Corte costituzionale è andato in Parlamento a denunciare la corruzione e l'inazione del potere legislativo. La libertà di stampa è un'altra garanzia». Forse il Sudafrica è la più giovane delle democrazie in questo continente, eppure pochi temono o prevedono quelle involuzioni autoritarie che altrove sono all'ordine del giorno. La Mazzone è altrettanto positiva sul tema raziale. «I miei genitori» dice «hanno frequentato una scuola che all'epoca era per soli bianchi. La mia è la generazione post-apartheid, i miei studi li ho fatti insieme ai neri. I Millennial come me sono cresciuti in una società autenticamente multietnica, dove il colore della pelle non è più rilevante. Nel bene e nel male: oggi abbiamo un tasso di disoccupazione altissimo, che colpisce in modo egualitario giovani neri e giovani bianchi. Una democrazia nata nel 1994 è ancora giovanissima, può e deve imparare molto, dobbiamo lavorare per migliorarla.»

A sorpresa, mi lasciano su una nota di speranza anche i due imprenditori Setiloane e Godsell. Dopo aver segnalato il rischio di «gravi scontri sociali» sul modello del 2021, dopo aver deprecato l'inettitudine dell'amministratrice politica nominata ai vertici delle ferrovie («non riesce a capire che se i treni non viaggiano le aziende esportatrici falliscono, lo Stato perde gettito fiscale, diventiamo tutti più poveri»), spiegano perché sono fiduciosi nel futuro: «Questo è un paese pieno di giovani talenti. Pullula di trentenni e ventenni che padroneggiano a meraviglia le nuove tecnologie e capiscono come funziona l'economia di mercato. Lo capisci quando ti addentri nelle *shanty town*, le baraccopoli, e vedi la vitalità imprenditoriale di quel mondo sommerso, dove è nato perfino un mercato immobiliare dinamico. L'unica cosa che manca a quei giovani sono le strutture amministrative e politiche adeguate per valorizzarli. Dobbiamo costruire quelle: un sistema che promuova ai vertici delle gerarchie nazionali le persone giuste per le ragioni giuste, cioè il contrario di quel che accade oggi».

Del mio viaggio in Sudafrica, al termine di una lunga serie di incontri e interviste, una cosa mi colpisce: la quasi assenza di vittimismo. Mi riferisco a quel discorso che unisce certe élite africane specialiste nell'eludere le proprie responsabilità e una parte dell'opinione pubblica occidentale che adora autoflagellarsi per «espiare» i propri peccati: tutti d'accordo nel cercare sempre e solo nell'Occidente le cause di ogni problema africano. È curioso che proprio «l'ultima nazione decolonizzata» sia abbastanza libera da quella sindrome dello scaricabarile. In altri paesi, indipendenti da tre quarti di secolo, i grandi predatori criminali delle cleptocrazie locali hanno imparato a usare l'Occidente come un alibi per nascondere le proprie colpe. Il Sudafrica ha solo trent'anni di libertà e autogoverno, tuttavia nel discorso pubblico interno al paese non è ossessivo il richiamo alle colpe dei bianchi. Salvo in una formazione estremista, gli Economic Freedom Fighters, ovvero «combattenti per la libertà economica», che vorrebbero ripetere qui il feroce esperimento di vendetta contro i bianchi con cui Mugabe ha rovinato lo Zimbabwe. Li ritroveremo presto.

Anche se la caccia alle colpe dell'Occidente non è così popolare in Sudafrica come in altre parti del continente, forse c'è qualcosa che noi possiamo fare? Nel prossimo capitolo racconto un caso interessante di «aiuto intelligente» in cui mi sono imbattuto durante il mio viaggio.

XI

Viaggio in Sudafrica

Violenza criminale e aiuti scandinavi

Per vocazione e per mestiere viaggio molto. Cerco di non prendere rischi inutili, ma mi capita di dover visitare zone considerate pericolose. Accetto volentieri i consigli di chi abita sul posto. In Sudafrica mi sono dovuto confrontare con un problema che conosco: gli amici locali fin troppo preoccupati, protettivi in modo angosciante. Ossessionati dalla sicurezza, hanno fatto di tutto per trasmettermi la loro paura (a fin di bene). «Non andare qui, non andare lì. Mai a piedi, sempre in auto. Fatti accompagnare da qualcuno. Togliti tutto di dosso, perfino la fede nuziale, se non vuoi che un rapinatore senza scrupoli ti tagli un dito per rubartela.» Poiché spesso viaggio con mia moglie anche per i reportage di lavoro, i divieti e le raccomandazioni raddoppiano. Hanno cercato di terrorizzarci. Non serviva precisare che abitiamo in una città, New York, dove gli omicidi sono aumentati del 20 per cento dopo la pandemia, e dove abbiamo continuato a usare il metrò malgrado alcuni crimini orrendi che hanno allontanato un po' di passeggeri dalla nostra Subway. Né serviva aggiungere che abbiamo passeggiato anche per le vie di Città del Messico e San Paolo del Brasile, altre due metropoli dove alcuni amici locali ci ingiungevano di fare una vita blindata.

A sentir citare New York o San Paolo i nostri interlocutori scrollavano le spalle come a dire: allora non avete capito cos'è il Sudafrica. Qualcuno ammetteva che forse esiste un paese ancora più pericoloso, la Nigeria. Però, aggiungevano, non è un paragone sensato perché in alcune zone della Nigeria agiscono milizie armate jihadiste come Boko Haram. Né valgono raffronti con altri paesi africani dove imperversano guerre civili. Il problema – insistevano – è che in Sudafrica non c'è guerriglia, né terrorismo, né separatismi etnici: la violenza criminale qui avviene in un contesto «normale», dentro uno Stato-nazione stabile e pacificato. D'altronde non erano solo gli amici, e qualche bravo diplomatico di lungo corso, a trasmetterci un'idea di pericoli gravi. A Johannesburg abbiamo visto dei tassisti locali girare alla larga da certe *township* o baraccopoli, spiegandoci che non osavano entrarci neppure da soli e senza stranieri a bordo. All'altra estremità della piramide sociale abbiamo osservato ville recintate con alte muraglie, filo spinato, garitte per sentinelle, ogni sorta di fortificazione con vigilanza umana o elettronica. Un noto imprenditore, nero, ha rincarato la dose dicendomi: «Qui ci sono commissariati di polizia che assoldano vigilantes privati per proteggersi, e non rispondono alle chiamate di emergenza per non correre il rischio di avventurarsi in certe zone».

Con queste premesse, una delle interviste più utili nel mio viaggio è stata centrata sul tema della violenza. È indispensabile affrontarlo, vista la sua onnipresenza nella vita dei sudafricani e i costi (umani, psicologici, economici) che infligge a questa società. Ho conosciuto così un vero e proprio «scienziato del crimine», un grande esperto a capo di una squadra che lavora per affrontare questa piaga nel modo più efficace possibile. Il suo mestiere consiste nell'aiutare tutte le forze che hanno un ruolo nel rendere la società più sicura, a cominciare dalle sue componenti più deboli, che sono sempre le prime vittime. Questo professionista si chiama Gareth Newham, è sudafricano. È il capo del Justice and

Violence Prevention Programme, nell'Institute for Security Studies con sede a Johannesburg: la città più grande e anche un epicentro della criminalità.

Dietro la sigla di quel centro per la giustizia e la prevenzione del crimine c'è una realtà sorprendente e ammirevole. È una ong che ha sviluppato competenze straordinarie in questo settore. La ispira la convinzione che per molti paesi africani la violenza endemica sia l'ostacolo principale allo sviluppo. Finché lo Stato non riesce a garantire la sicurezza dei cittadini, come può decollare la crescita? Questa constatazione è rafforzata da un confronto che ho fatto in un capitolo precedente, con i «miracoli asiatici» che portarono paesi come Singapore e la Corea del Sud da livelli di miseria «subafricana» negli anni Cinquanta al benessere di oggi. La capacità di queste nazioni di mantenere l'ordine pubblico, di ridurre ai minimi la criminalità, è inseparabile dalla loro formidabile traiettoria economica. Vale per la microimpresa indigena come per gli investimenti delle multinazionali: i germi della prosperità non fioriscono dove comandano le mafie o dove chiunque può essere ammazzato per una manciata di banconote.

L'Africa è la confutazione di quel pregiudizio, radicato in Occidente in alcuni settori dell'opinione pubblica progressista, secondo cui la legge e l'ordine sono temi di destra. Il Sudafrica, come tutto il resto del continente, offre la conferma che la criminalità danneggia in modo sproporzionato i più poveri. Ogni tanto qualche ricco viene assassinato o sequestrato o rapinato, la sua villa svaligiata; ma in percentuale sono casi molto più rari perché, sotto tutte le latitudini, i ricchi sanno come difendersi. Dove gli Stati trascurano l'ordine e la sicurezza, sono i popoli a soffrire. E l'economia, presa in ostaggio dai delinquenti, non riesce a decollare. Senza fare paragoni frettolosi e offensivi, la storia del nostro Mezzogiorno dovrebbe aiutarci a capire: dove dominano grandi organizzazioni criminali come mafia, camorra, 'ndrangheta, i ricchi locali sono incentivati a investire altrove, i meno ricchi si vedono derubati di un futuro e una parte sceglie l'emigrazione. Quando non deve subire di molto peggio.

Il gruppo diretto da Gareth Newham non è un qualsiasi think tank, non è un centro studi che si limita a pubblicare dotte analisi. Oltre a ricercare le cause più profonde e strutturali della violenza dilagante, e le terapie adeguate per limitarla, si mette al servizio di tutti coloro che hanno bisogno del suo aiuto: polizia, magistratura, forze armate, governi locali e centrali, movimenti della società civile.

Mi ha colpito un dettaglio non marginale che si cela dietro il lavoro prezioso di questo Justice and Violence Prevention Programme. Le risorse importanti di cui dispone vengono in prevalenza dall'Unione europea, e tra i donatori di gran lunga più munifici ci sono i paesi nordico-scandinavi, proprio quelli che svilupparono molti decenni fa la più generosa tradizione di aiuti al Terzo Mondo. È dagli anni Sessanta che il mondo nordico-scandinavo ha cominciato a distinguersi per l'alta percentuale del proprio Pil che trasferisce alle nazioni dell'emisfero Sud. La politica estera di Stoccolma, Oslo, Copenaghen, Helsinki ha prestigio nel mondo perché è nota la sua impronta pacifista, umanitaria, e alle parole accompagna i fatti. Proprio perché furono tra i primi e i più generosi, però, gli scandinavi non hanno chiuso gli occhi di fronte ai molteplici fallimenti degli aiuti al Terzo Mondo. Ho già ricordato che in mezzo secolo, dal 1960 al 2010, gli aiuti all'Africa sono più che quintuplicati, al netto dell'inflazione. In quel periodo il continente ha ricevuto venti volte gli aiuti che il Piano Marshall diede all'Europa. Con che risultato? Troppo spesso quei flussi di denaro hanno creato dipendenza e corruzione, sono stati sequestrati da rapaci élite locali, che si sono specializzate nell'accaparramento delle donazioni in arrivo dall'Occidente. Anziché continuare su una strada sbagliata, gli scandinavi cercano di imparare dai propri errori e di correggere il tiro.

Uno dei risultati di questa riflessione è proprio il loro sostegno al Justice and Violence Prevention Programme, che non versa soldi a pioggia ma cerca di contrastare in modo durevole la violenza, affrontandola in tutti i suoi aspetti e nelle sue cause profonde. Il Sudafrica non è l'unico paese destinatario di questa forma innovativa di aiuto, quello dell'Institute for Security Studies (Iss) è un programma panafricano; ma a Johannesburg ha il suo centro di attività più consistente. Un aspetto sorprendente della sua missione sudafricana è questo: una prima parte ebbe origine negli anni Novanta e lo scopo allora era di «rendere le forze armate meno potenti durante la transizione post-apartheid». L'esercito sudafricano era di gran lunga il più avanzato del continente (a un certo punto ebbe perfino la bomba atomica, costruita in collaborazione con Israele), ma era in mano ai bianchi, impregnato di ideologie razziste di estrema destra, ivi comprese quelle di simpatizzanti del nazismo. Per assicurare che l'abbandono dell'apartheid e l'approdo a una vera democrazia non avvenissero sotto l'incubo di un golpe militare, bisognava rendere le forze armate meno potenti. L'Iss ha contribuito, insieme ad altri, al pieno successo di quella missione. Da Nelson Mandela in poi, in questi trent'anni di democrazia il paese ha avuto enormi problemi e registrato gravi insuccessi, ma almeno non è mai stato minacciato da una presa di potere dell'esercito, cosa che invece è all'ordine del giorno in tanta parte del continente. Raggiunto l'obiettivo di indebolire i militari e metterli sotto la salda tutela delle istituzioni civili, ora bisogna riuscire a rafforzare quei soggetti che possono abbassare il livello di violenza quotidiana.

Gareth Newham esordisce nella sua esposizione sottolineando che «qui la violenza è l'ostacolo numero uno allo sviluppo». Tutto quel che segue è una mia sintesi delle sue parole. Qui e là userò le virgolette per le citazioni testuali o le parentesi per qualche mio commento a margine; il grosso è farina del suo sacco, e della squadra di esperti che lavorano al suo fianco.

L'ultima rilevazione del tasso di omicidi fatta sul territorio dall'Iss indica che in Sudafrica sono 47 ogni 100.000 abitanti (all'anno). In proporzione alla popolazione la percentuale dei morti ammazzati è sei volte maggiore che negli Stati Uniti, società che noi europei consideriamo terribilmente violenta; è il doppio rispetto alla malfamata Chicago. L'Europa ha livelli ancora più bassi. In Estremo Oriente sono microscopici.

In Sudafrica, come in altre parti del mondo, la mortalità per aggressioni violente è più alta nelle aree metropolitane, più bassa nelle campagne. L'85 per cento delle vittime e degli aggressori sono maschi e giovani. Quasi metà degli omicidi avviene nel corso di aggressioni, risse e regolamenti di conti tra giovani maschi; l'altra metà grosso modo è imputabile al crimine organizzato, sono esecuzioni ordinate da racket della delinquenza. Un caso tipico di questa seconda fattispecie sono i conflitti tra le gang che controllano il business dei taxi. Poiché in vaste aree del Sudafrica i trasporti pubblici sono letteralmente inesistenti, si vedono dappertutto dei parcheggi di minivan, furgoncini che operano come taxi collettivi. I pendolari sono obbligati a usare questi mezzi di trasporto privati. È quindi un'attività diffusissima, onnipresente, capillare, rappresenta uno dei settori più rigogliosi dell'economia sommersa, e le mafie locali la controllano; spesso si scontrano le une con le altre per rivalità territoriali. Questo universo dei taxi collettivi è anche la piattaforma ideale per condurre dei business paralleli: trasporto di droga e di armi clandestine, tutto sotto la gestione dei racket.

In mano alle gang criminali ci sono altri settori dove i regolamenti di conti si saldano spesso con la condanna a morte e l'esecuzione: l'estrazione mineraria illegale; il traffico clandestino di specie animali protette nei grandi parchi naturali; il «pizzo» o estorsione ai danni delle aziende in cambio di protezione da parte dei vigilantes mafiosi. (Quest'ultimo fenomeno oltre che nella descrizione di Gareth Newham lo incontro nelle mie interviste con imprenditori locali. Chiunque abbia una miniera piccola o grande, o qualsiasi attività industriale che richiede l'uso di macchinari, o anche un semplice ristorante o negozio, corre il pericolo quotidiano di vedersi rubare le attrezzature o di subirne l'incendio e la distruzione se non ha provveduto a comprarsi «protezione». Il furto di proprietà aziendali assume le dimensioni più massicce nei settori edilizio e minerario; è comunemente citato come uno dei maggiori ostacoli agli investimenti, soprattutto stranieri.)

Gli omicidi garantiscono la credibilità della minaccia, se qualcuno osa resistere. Di fronte a tali violenze, spesso è inefficace rivolgersi alla polizia, perché quest'ultima non è la forza principale in molte parti del territorio sudafricano. Se vi si aggiunge la sua corruzione, si capisce perché solo un quarto della popolazione dice di avere fiducia nella polizia, contro i tre quarti che ne diffidano.

Un'altra faccia della violenza endemica sono le proteste sociali. È frequente che gli scioperi e le manifestazioni abbiano strascichi di vandalismi, distruzioni, aggressioni alle persone e assalti alle proprietà, fino ai saccheggi di massa. In occasione di un recente sciopero degli infermieri si sono visti picchettaggi duri degli ospedali con gravi ripercussioni sui pazienti, come malati cacciati a viva forza dai reparti, e ci sono stati anche dei morti. I sindacati non giustificano la violenza, ma non fanno nulla per ridurla; spesso non la condannano neppure. Una sottocultura sdogana la violenza come espressione del malcontento popolare. «È diffusa l'idea che se i cittadini sono furiosi contro il governo perché quest'ultimo non eroga l'energia elettrica o l'acqua potabile, possono vendicarsi saccheggiando la proprietà privata.» Non importa se questa forma di «esproprio proletario» non danneggia affatto i leader politici colpevoli del malgoverno, bensì colpisce il tessuto dei piccoli imprenditori o commercianti locali contribuendo a un ulteriore degrado e impoverimento generale.

(Questo è un problema che mi ricorda fenomeni analoghi di violenza urbana di massa nelle comunità black di certe metropoli statunitensi: il passaggio dalla manifestazione di protesta contro qualche ingiustizia alla devastazione di interi quartieri, con il sistematico saccheggio dei negozi, rapine collettive, incendi. Evoco questo parallelismo perché ha un altro punto di contatto con la descrizione di Gareth Newham: l'infiltrazione delle gang.)

«Durante le grandi manifestazioni di protesta popolare è frequente che le organizzazioni criminali intervengano a guidare sistematiche rapine di squadra. Perciò tra le forme che assume la violenza in questo paese bisogna includere mediamente 3500 incidenti collettivi ogni anno, cortei finiti male oppure aggressioni di massa scatenate in occasione di eventi sportivi, concerti.»

(L'esistenza di una sottocultura che legittima la violenza di massa rende labile il confine con la violenza organizzata dai racket e questo è un problema comune ad altre zone del mondo: dove lo Stato è considerato un nemico, e la folla pretende di farsi giustizia da sola, si rischia di offrire un alibi ideologico al dominio delle mafie. Se ogni atto di violenza si spiega con cause socio-economiche, anche le gang acquisiscono una sorta di nobiltà. Questa è una spirale distruttiva che crea solo maggiore miseria e sofferenza.)

«Bisogna essere molto chiari su un punto» afferma Newham «e cioè che la povertà non è la spiegazione della violenza. Ci sono paesi africani ben più poveri del nostro e con tassi di omicidi molto più bassi di noi. All'interno dello stesso Sudafrica le aree più violente non sono affatto le campagne, dove c'è maggiore povertà, bensì centri urbani dove il livello economico è superiore. Semmai, un indice che contribuisce a spiegare gli omicidi è quello delle diseguaglianze. Non quindi la povertà assoluta, ma la vicinanza, la promiscuità, tra fasce povere o semipovere e minoranze di privilegiati straricchi.»

La miseria non spinge all'omicidio, l'invidia sociale in certi casi sì. La fine dell'apartheid ha contribuito in vari modi a esasperare il fenomeno dell'invidia sociale.

«Con l'arrivo della democrazia, fasce sociali che un tempo vivevano segregate sono diventate libere di spostarsi. I poveri sono entrati in contatto con i ricchi, hanno visto le disparità. Si è aggiunta la creazione da parte dell'African National Congress di una vasta burocrazia pubblica dove molti si arricchiscono in modo illegittimo, attraverso la corruzione, e non esitano a esibire in modo sfacciato la ricchezza così acquisita. Dunque non è la povertà a spiegare gli omicidi, ma un altro tipo di mix esplosivo. L'Anc ha investito pochissimo nell'istruzione, il livello di apprendimento nella scuola pubblica è disastroso. C'è una massa di giovani, soprattutto maschi, disoccupati. Nel sistema di valori ci si aspetta che un giovane maschio si guadagni da vivere e possa mantenere una famiglia. È indispensabile per il suo status in una società patriarcale, ne va del suo rispetto sociale. Questo giovane, con istruzione scarsissima, vede girare nelle vicinanze su magnifiche automobili dei soggetti che ostentano uno stile di vita lussuoso e disprezzano i poveri. Magari sono dei capigang; oltre alla Mercedes mettono in mostra un arsenale di armi; non hanno un impiego fisso. Questi diventano i modelli da emulare, anche a rischio della vita, anche offrendo i propri servizi come sicario. La mortalità in questa carriera è elevata. Un ventenne che non scala velocemente i gradini di un'organizzazione criminale fino a dirigerla, entro i 40 anni sarà finito o in carcere o morto ammazzato.»

La diseguaglianza non è diminuita dopo la fine dell'apartheid e l'avvento al potere dell'Anc. Anzi, come abbiamo detto, il Sudafrica ha uno degli indici di Gini più alti al mondo (è il misuratore più diffuso delle ineguaglianze), a trent'anni dalla vittoria di Mandela. Né l'intervento dello Stato ha portato benefici. L'Anc ha investito molto nell'assistenzialismo. Nel 1995, 4 milioni di sudafricani vivevano di sussidi pubblici, oggi il numero degli assistiti è più che quadruplicato, siamo arrivati a 18 milioni. Al confronto, sono solo 7 milioni i cittadini che pagano le tasse. Il boom dell'assistenza statale, l'allargamento della popolazione mantenuta dalla spesa pubblica, non ha ridotto né le diseguaglianze né la violenza.

Forse perché proveniva da una lunga tradizione di lotta contro la polizia bianca di regime durante l'apartheid, l'Anc «non ha mai veramente capito l'importanza di sviluppare delle forze dell'ordine professionali». L'organico della polizia è numeroso, nella metropoli di Johannesburg ci sono cinquemila agenti. Ma a dirigerli non c'è quasi mai stato un professionista con un addestramento *ad hoc*: quasi sempre i capi vengono designati in base a criteri politici, sono personaggi scelti per la loro obbedienza a questo o quel capo dell'Anc. «A cominciare dalla presidenza di Thabo Mbeki, l'Anc ha iniziato a nominare ai vertici della polizia dei fedelissimi e l'interferenza politica è stata costante, per impedire che le forze dell'ordine agissero contro la corruzione. Con la presidenza di Jacob Zuma c'è stato un ulteriore peggioramento: lui nominava solo dei corrotti, per poterli ricattare e poter contare sulla loro docilità assoluta.»

L'impatto sulla qualità dell'azione pubblica contro il crimine è stato disastroso. È crollata la percentuale dei casi di omicidio risolti (cioè con il colpevole identificato, processato e condannato), nonostante il bilancio della polizia si sia gonfiato dell'86 per cento. La polizia è diventata sempre più ricca e sempre meno competente. Si sospetta che traffichi anche sulle proprie armi e munizioni, rivendendole sul mercato nero, sicché a volte gli agenti risultano disarmati malgrado le notevoli risorse spese per i loro arsenali. E quando sale il tasso di omicidi impuniti, cresce in parallelo la tentazione di «usare l'assassinio come uno strumento».

La nomenclatura dell'Anc è uno dei motori di quell'invidia sociale che alimenta la violenza diffusa. Il partito controlla senza interruzioni il potere dal 1994. I suoi leader politici «fanno la bella vita e nessuno di loro usa la scuola pubblica per i propri figli né gli ospedali pubblici per curarsi». Il Sudafrica continua ad avere il miglior sistema sanitario dell'intero continente, con punte di eccellenza di livello mondiale, ma si basa esclusivamente sul privato, mentre la sanità pubblica ha una fama orrenda.

Non rassicura il fatto che dietro i fallimenti dell'Anc spunti un partito nero estremista, quello degli Economic Freedom Fighters (Eff). Quest'ultimo vuole riproporre in Sudafrica la ricetta che Robert Mugabe applicò nello Zimbabwe con esiti catastrofici: espropriazioni violente di tutte le proprietà rimaste in mano ai bianchi. (Nello Zimbabwe questo accadde anche attraverso le uccisioni di molti agricoltori bianchi. Secondo i proclami ideologici di Mugabe, doveva essere un «esproprio proletario». Nei fatti le terre andarono ai suoi amici.) Newham è drastico: «Gli Eff si fingono dei marxisti radicali. In realtà i leader di questo partito sono opulenti. E hanno forti legami con la criminalità organizzata». Malgrado il diffuso livello di violenza, lui è convinto che «questo popolo non vuole distruggere il proprio paese, e quando ci sono manifestazioni di massa violente le comunità colpite si mobilitano per la ricostruzione dopo i saccheggi». La violenza viene percepita come un male, non come una soluzione: nei sondaggi appare sempre ai primi tre posti nelle preoccupazioni nazionali, insieme con la disoccupazione e la povertà.

Per questo, pur dopo aver tracciato una diagnosi così allarmante, il grande esperto di sicurezza che dirige il programma dell'Iss conclude su una nota positiva. «Le ragioni della mia fiducia sono varie. Le diverse authority e istituzioni coinvolte nella lotta contro la corruzione hanno migliorato costantemente la loro attività dal 2018 a oggi. Questa nazione non sta crollando. Non abbiamo nessun fenomeno di insurrezione di massa, nessun gruppo che voglia distruggere questa democrazia. Esistono circa duemila organizzazioni della società civile che lavorano quotidianamente per rendere il Sudafrica un paese migliore: noi offriamo il nostro know how, precisi consigli tecnici, a loro così come alle forze di polizia che ci vogliono ascoltare, alle istituzioni rappresentative, alla giustizia. L'esistenza di un potere giudiziario indipendente dalla politica e l'impegno di una stampa davvero libera che non esita a sfidare i potenti sono altre ragioni che mi danno speranza.»

XII

Viaggio in Sudafrica

La terra dei bianchi

C'è una teoria per cui il Sudafrica in questi trent'anni non ha realizzato le sue aspirazioni di progresso e di benessere per colpa nostra. In questo caso, però, la narrazione è diversa rispetto al resto del continente. Nel confronti dell'Africa nel suo insieme molti occidentali sono in preda al «narcisismo del senso di colpa», quella nuova forma di vanità per cui crediamo di essere ancora l'ombelico del mondo, pensiamo che tutto dipenda da noi, soprattutto il male e le sofferenze umane. Dunque raccontiamo un'Africa sempre vittima dei postumi del colonialismo; di volta in volta ci autodescriviamo come i suoi sfruttatori oppure ci rimproveriamo di averla abbandonata.

Nel caso sudafricano esiste invece una variante, che ci accusa di non essere mai andati via, di aver fermato il tempo fissandolo nell'era della segregazione razziale. Alimentano questa interpretazione autorevoli voci locali. Non è dottrina ufficiale del governo, però i vertici dell'Anc vi trovano un tornaconto evidente: se la colpa è ancora e sempre del bianco, trent'anni di ruberie spettacolari in cui hanno spolpato l'economia vengono cancellati d'un tratto.

La teoria della liberazione incompiuta recita così: nel 1994 il Sudafrica ha abolito l'apartheid razziale solo in parte; ha dato ai neri (oggi 80 per cento della popolazione) il diritto di voto e tutte le libertà di una democrazia; sul piano giuridico, formale, ha stabilito che essi non sono più cittadini di serie B; a partire da Nelson Mandela e poi con tutti i presidenti successivi, il potere politico è sempre stato in mano ai neri, ma quello economico no; sul piano della ricchezza, nel controllo di certe attività economiche esiste ancora oggi un privilegio bianco; questo va abbattuto, altrimenti la parità dei diritti rimarrà sempre formale e i neri resteranno, nei fatti, dei cittadini di serie B anche in casa propria.

Questa teoria dell'emancipazione incompiuta venne usata già negli anni Novanta contro Nelson Mandela, per contrastare la sua scelta di riconciliazione nazionale e di collaborazione con i bianchi. Prevalse la sua linea. Mandela era convinto che si dovesse evitare di espropriare e cacciare i bianchi dal paese, perché la loro collaborazione avrebbe consentito al Sudafrica di mantenere l'economia più avanzata del continente, anche a vantaggio dei neri. Trent'anni dopo, visto che la situazione economica è pessima e le diseguaglianze restano enormi, c'è chi vuole rinnegare l'eredità di Mandela e rilanciare un programma radicale di redistribuzione.

Il potere economico dei bianchi nel frattempo non è più lo stesso. C'è stata la legge del Black Economic Empowerment, come abbiamo già visto. Nella geografia delle aziende è cresciuto notevolmente il peso dei neri, con la creazione di un'élite locale molto ricca, catapultata al comando di grandi gruppi industriali e finanziari. I risultati per l'emancipazione collettiva della maggioranza dei neri sono stati modesti o nulli. Secondo alcuni parametri, i neri poveri stanno perfino peggio che negli ultimi anni dell'apartheid. Perciò viene riaperta la questione economica più antica di tutte: la proprietà della terra. Terreni agricoli e non solo. Il Sudafrica mantiene un'agricoltura molto produttiva, dal vino all'ortofrutta (in particolare gli agrumi) è una potenza esportatrice mondiale. Le aziende agricole più competitive sono spesso in mano a bianchi. Redistribuire le loro terre ai neri sarebbe un progresso o farebbe precipitare anche questo settore nel declino che ne ha già colpito altri? C'è poi la questione delle terre urbane, una parte delle quali sono state «redistribuite di fatto» attraverso le occupazioni abusive delle aree dove sorgono le *township* o *shanty town*. In quelle vaste e onnipresenti baraccopoli gli abitanti praticano in aggiunta un altro tipo di «esproprio proletario» oltre a quello dei terreni: è il furto di corrente elettrica, con gli allacciamenti abusivi alla rete dell'azienda pubblica, Eskom, oggi al collasso.

Il dibattito su quello che alcuni considerano l'errore storico di Mandela, e altri la sua intuizione più geniale, viene rilanciato con l'avvicinarsi delle elezioni che si terranno nel maggio 2024. L'Anc (che ha avuto il 57,5 per cento dei voti alle ultime elezioni) potrebbe perdere per la prima volta la maggioranza assoluta. Lo incalzano «da destra» la Democratic Alliance (DA, 20,8 per cento), che crede nel dinamismo dell'economia di mercato, e «da sinistra» gli Economic Freedom Fighters (Eff, 10,8 per cento) con un'agenda di redistribuzione socialista.

Il dibattito sudafricano ha una risonanza speciale per chi vive negli Stati Uniti come me. Ci sono alcune analogie interessanti con la controversia sulle *reparations* o risarcimenti economici da versare ai black statunitensi per compensarli dello schiavismo sofferto dai loro progenitori. Anche negli Stati Uniti i nodi etici, giuridici e politici sono complessi. Ne ricordo solo alcuni. Ci sono degli afroamericani che non discendono da schiavi eppure vengono considerati meritevoli di compensazione in virtù del colore della loro pelle; mentre è assente dall'agenda la questione dei non neri discendenti da schiavi (all'origine della colonizzazione del Nordamerica ci furono vittime di forme di schiavitù anche tra bianchi, cinesi, indiani). Il risarcimento verrebbe finanziato con la tassazione, quindi pagherebbero indennizzi ai neri anche dei cittadini i cui antenati non furono mai associati con lo schiavismo né ricavarono vantaggi economici dallo sfruttamento di schiavi (basti pensare a un esempio a noi vicino: gli italo-americani, molti dei quali sono discendenti da immigrati poverissimi, sarebbero tassati solo perché bianchi). A complicare ulteriormente la questione c'è la «fuga in avanti» della California, lo Stato dove già sono state approvate iniziative per le *reparations*. Le somme in gioco in California sono talmente elevate che la città di San Francisco andrebbe in bancarotta. Inoltre non è chiaro perché debba versare colossali risarcimenti agli afroamericani uno di quegli Stati Usa dove lo schiavismo non fu mai né consentito né praticato.

Chiudo il mio parallelismo americano e torno al Sudafrica. Dove una differenza non marginale rispetto agli Stati Uniti riguarda l'arco temporale: l'apartheid è durato fino a trent'anni fa, a differenza dello schiavismo statunitense, abolito nel 1865. Per capire lo stato attuale del dibattito che punta a «rinnegare l'eredità Mandela», ho intervistato il più autorevole specialista della questione. È l'avvocato Tembeka Ngcukaitobi, autore di saggi storici e giuridici importanti sulla questione terriera. Di etnia xhosa – la seconda componente più numerosa in Sudafrica dopo gli zulu – il giurista è un prestigioso consulente politico, viene ascoltato sia dal partito di maggioranza Anc, sia dai radicali Eff. Gli lascio la parola da qui in poi. Quel che segue è un riassunto della sua intervista. «L'avvocato della terra» ci guida a modo suo in un veloce viaggio nella storia del Sudafrica, nelle tensioni irrisolte, nelle scelte che potrebbero cambiare il futuro. Il suo è un punto di vista di parte, come appare chiaro, ma è ben rappresentativo di uno dei temi caldi del momento in questa parte del mondo.

«La formazione del Sudafrica come entità politica» esordisce Ngcukaitobi «ha inizio nel XVII secolo con l'arrivo degli olandesi nella regione del Capo. Prima questa costa era solo uno scalo di passaggio per gli altri europei – spagnoli, portoghesi, inglesi – lungo la Via delle Spezie che portava in Asia. Nel 1647 una nave della Dutch East India Company (società per azioni olandese che ha il monopolio del commercio con l'Asia) fa naufragio e i sopravvissuti inviano richieste di aiuto ai Paesi Bassi. Gli olandesi vedono le potenzialità di un insediamento permanente, in origine come base di approvvigionamento e manutenzione per le flotte in transito. La popolazione indigena sono i khoi khoi. Più aumentano gli arrivi degli olandesi e più questi si spingono verso l'entroterra, più nascono conflitti con i khoi khoi. È così che comincia a nascere la questione della terra. Già nel 1713 la maggior parte delle terre in questa regione sono finite sotto il controllo degli olandesi, ormai arrivati in località come l'attuale Stellenbosch. Lo sterminio dei khoi khoi sarà il risultato congiunto di operazioni militari e di un'ecatombe provocata da malattie come il vaiolo.

«Ai primi dell'Ottocento il potere della Dutch East India Company crolla per la fine del loro commercio di schiavi. Nel 1806 arrivano al Capo i britannici. I quali mandano quantità maggiori di coloni. Nel 1820 sono già quattromila fra inglesi, scozzesi, irlandesi. È la strategia imperiale della colonizzazione attraverso l'insediamento di emigranti. Escono annunci pubblicitari sui giornali britannici, per promuovere l'emigrazione nella regione del Capo. Via via che questi insediamenti dalla Gran Bretagna si allargano, entrano in contatto con la mia gente, il popolo xhosa, molto più forte dei khoi khoi. Scoppiano guerre a non finire, che occupano quasi l'intero secolo. Solo nel 1878 i xhosa sono sconfitti. Accade sotto l'impero della regina Vittoria. Mia nonna, una xhosa anche lei, conserva i ricordi e cimeli di famiglia di quell'età imperiale. È il periodo storico in cui avviene la costruzione del Sudafrica come Stato, a partire dall'unione fra la regione del Capo e quella del Natal.

«Nel 1884 comincia il conflitto fra bianchi. Gli inglesi hanno messo fuorilegge lo schiavismo; i boeri discendenti dagli olandesi, che vogliono continuare a praticarlo, emigrano dove io mi trovo oggi, nell'area di Johannesburg, l'ex Transvaal. Questi afrikaners proclamano il Transvaal "Stato Libero dell'Orange". Con la scoperta di oro e diamanti divampano le guerre tra inglesi e boeri; e si gettano le fondamenta di grandi fortune economiche come la società Anglo American. Perché questa nazione possa renderli immensamente ricchi, i coloni devono impadronirsi delle sue terre. Nasce nel 1894 la prima legge sull'appropriazione dei terreni. Stabilisce il principio per cui non puoi possedere un terreno senza un titolo di proprietà che ti viene attribuito dallo Stato.

«Nel 1910 Capo e Transvaal si fondono, due repubbliche indipendenti danno vita a un solo Sudafrica. Da colonia inglese si trasforma in Dominion: questo significa avere molta più autonomia da Londra. Il ceppo olandese scende a patti con quello britannico, viene incorporato nel potere locale, e introduce il concetto di razza come fondamento di tutta la struttura giuridica. Se sei nero non puoi votare, né essere eletto in Parlamento. Nel 1913 il Natives Land Act è la storica legge che vieta tassativamente ai neri di possedere o comprare terreni nella cosiddetta "Area Europea", a meno di ricevere una deroga speciale dal governo. Quell'Area Europea è il 93 per cento del territorio, mentre gli europei, a quel tempo, sono solo il 12 per cento (oggi scesi al 6). Questa ripartizione strutturale rimane invariata per molto tempo. Dunque, oltre al divieto che esclude i neri dalla proprietà della stragrande maggioranza dei terreni, viene codificato il principio per cui le riserve destinate a loro sono una piccola frazione del paese (il 7 per cento). Lo stesso Natives Land Act del 1913 limita la durata del periodo in cui un nero può vivere in una tenuta agricola posseduta da bianchi.

«A quel tempo si sedimenta fra i bianchi l'idea che il Sudafrica fosse disabitato prima del loro arrivo, con l'eccezione di poche aree, cioè appunto le riserve assegnate a etnie indigene. Nel 1976 il Partito nazionalista stabilisce delle *Homeland*, patrie natali, per i neri: in coincidenza con quelle che erano state le loro riserve.

«Ancora oggi, attraversando Johannesburg notate nomi di strade intitolate a ex ministri sudafricani che erano degli estremisti, razzisti, talvolta vicini all'ideologia del nazismo. A Port Elizabeth, a Città del Capo, ci sono ancora statue della regina Vittoria. La maggior parte di chi ci passa davanti non ha idea di quale personaggio sia. Ma il potere economico degli inglesi resta impresso nel paesaggio.

«Dopo la liberazione di Mandela, l'allora premier Frederik de Klerk revoca le leggi che limitano l'accesso dei neri alla proprietà della terra. Ma basta guidare attraverso Johannesburg e la realtà balza agli occhi. Le aree affollate di neri sono segnate dalla povertà. Dove c'è opulenza, ci sono i bianchi. Le strutture dell'apartheid sono ancora ben visibili.

«Nel 1994 il partito di Mandela, l'Anc, si dà una nuova forza attraverso il Black Economic Empowerment. Di fatto eredita la stessa struttura antecedente, senza modificarla. Alcuni neri si sostituiscono ai bianchi, tutto lì.

«La nuova Costituzione voluta da Mandela e approvata nel 1996 riflette la sua volontà: cambiare il sistema precedente, non distruggerlo. Io non so se era giusto o sbagliato allora. Vedo che ha lasciato intatta una struttura, ha solo consentito a nuovi attori di subentrarvi.

«Oggi quando discutiamo di *reclaim* o *restitution*, ci riferiamo a questo: la possibilità per un nero di dimostrare che un terreno fu sottratto ai suoi antenati nel 1913 per effetto del Natives Land Act e di esercitare il diritto di recuperarne il legittimo possesso. Quando parliamo di *reparations*, ci riferiamo a pagamenti monetari, risarcimenti economici per compensare il furto di terreni. Perché la maggior parte di noi ha abbandonato il mestiere dell'agricoltore. Con l'esproprio dei terreni, centodieci anni fa, è andata perduta ogni memoria, è stata distrutta una cultura, una continuità con gli avi. Resta il fatto che qui a Johannesburg, o nella capitale Pretoria, la stragrande maggioranza della terra è stata rubata.

«Io ammetto che non è fattibile restituire la maggior parte delle terre ai proprietari originari. Tanto più che questi terreni hanno cambiato uso, talvolta hanno avuto un aumento di valore stratosferico. Il mio studio legale si trova in uno dei quartieri più ricchi di Johannesburg, a Sandton. È situato su una superficie immobiliare che un tempo era agricola, oggi è affollata da centri commerciali di lusso. Una ricerca che fu commissionata ai tempi di Mandela stimava che si sarebbe potuto restituire effettivamente ai discendenti dei proprietari il 30 per cento delle terre rubate dai bianchi. Trent'anni più tardi un analogo censimento voluto dall'attuale presidente Ramaphosa ha già abbassato quella stima all'11 per cento.

«Se invece di guardare alle terre cerchiamo di calcolare il numero degli aventi diritto, ecco un altro dato che fa riflettere. Dal 1913 al 1971 furono espropriati, rimossi, deportati 16 milioni di neri; i loro discendenti oggi sono almeno il triplo, rappresentano due terzi di tutta la popolazione nazionale. Perciò è più realistico parlare di redistribuzione in termini economici, anziché inseguire la restituzione delle terre ai discendenti dei proprietari. La stragrande maggioranza di noi non è in grado di presentare prove di un esproprio subito dai nonni, bisnonni, trisnonni. Io, se anche volessi farlo, non riuscirei a raccogliere i documenti necessari per i furti subiti dai miei antenati xhosa. Per tutte queste ragioni si fa strada nel nostro dibattito politico un approccio diverso, più indiretto, che bada alla sostanza. Se tu puoi dimostrare di essere senza terre e senza proprietà immobiliari, allora hai diritto a ricevere un appezzamento o una proprietà in proporzione al tuo bisogno. O forse preferisci una somma per comprarti un'automobile che ti consenta di andare al lavoro.

«Questa visione nuova converge con quel che sta già accadendo nei fatti: l'occupazione di terreni con l'edificazione di *township*. Gli *squatter* occupano in modo abusivo, illegalmente, delle aree edificabili. Non più territori agricoli ma urbani, perché la coltivazione nei campi non attira la maggioranza della popolazione, che si addensa nelle città dove c'è più attività economica. È lì che c'è lavoro, anche se più spesso è sommerso. È lì che c'è qualche ricchezza a cui attingere. Questa redistribuzione informale si impadronisce di terreni senza avere alcun titolo di proprietà; poi comincia a premere sulle autorità pubbliche perché provvedano a fornire acqua, fognature, corrente elettrica.

«A un'estremità dello spettro politico oggi abbiamo Julius Malema, il leader degli Eff, che invoca esplicitamente l'occupazione dei terreni urbani e lascia in sospeso la questione dei pagamenti di indennità di esproprio, qualora i proprietari siano bianchi. In una collocazione centrista, più moderata, ricordo la prima presa di posizione dell'Anc sul problema ai tempi di Mandela, nel 1994: gli espropri erano contemplati "a condizioni giuste ed eque". È una definizione che apre la possibilità a infiniti contenziosi legali, perché se gli indennizzi non sono calcolati ai prezzi di mercato attuali i proprietari possono fare ricorso in tribunale. Infine c'è la posizione dei proprietari di terreni. La loro prima obiezione è di principio: fanno valere il fatto che chi possiede oggi un terreno, agricolo o urbano che sia, il più delle volte non lo ha acquisito con mezzi illeciti come la colonizzazione o l'apartheid, bensì lo ha comprato sul mercato. La seconda obiezione che viene dai proprietari è di tipo pragmatico: se si riapre la controversia sulle terre e si lancia una politica di espropri, si dà il segnale che chi investe in Sudafrica non è al sicuro, i suoi diritti possono essere rimessi in dubbio, e quindi si provoca una fuga di capitali.

«Io dico: abbiamo bisogno di investimenti ma abbiamo anche bisogno di giustizia. Ci vuole un equilibrio. Qual è il punto di equilibrio? Secondo me c'è stata troppa resistenza da parte degli agricoltori bianchi sulla questione. Penso che nella transizione post-apartheid sia stato commesso un errore, accantonando il tema dei risarcimenti. Quale tipo di società siamo, se pensiamo di poter ricostruire il Sudafrica evitando il tema delle compensazioni economiche? Dal mio punto di vista i marxisti del partito Eff stanno cercando di riportare in auge quella che fu un'agenda politica radicale dell'Anc alle sue origini. Uno scenario su cui gli Eff possono puntare è quello di spaccare in due l'Anc attirando sulle proprie posizioni l'ala socialista.

«Vedo anche un rischio: quello di tradire nuovamente la parte più povera della nostra società, di usare il tema dei risarcimenti per beneficiare solo una élite cleptocratica. Negli Eff vedo in agguato quella che io chiamo "una sinistra reazionaria". Noi abbiamo bisogno di disciplinare il capitalismo privato, non distruggerlo. Nelle amministrazioni locali dove gli Eff sono al potere all'interno di coalizioni, assisto a uno spettacolo poco incoraggiante: la corruzione è ai massimi, i servizi pubblici sono al collasso.»

XIII

Viaggio in Sudafrica

Buio o carbone? Dilemma energetico

È sera. Sono arrivato da pochi minuti al ristorante di Città del Capo dove mi attende il primo degli interlocutori che devo intervistare. La luce si spegne, la sala piomba nell'oscurità. Più tardi, sono appena entrato nella mia camera d'albergo a Johannesburg e accade la stessa cosa: buio totale. Mi preoccupo di più quando a spegnersi di colpo sono i semafori e ogni illuminazione stradale, e un incrocio della maggiore metropoli si trasforma in un complicato balletto di auto in cerca di una via di fuga. Ma questi disagi sono davvero poca cosa in confronto a quel che soffre la maggior parte della popolazione. In albergo o al ristorante, almeno nei luoghi che frequento io – perché li frequenta la nomenclatura black che dirige il paese –, di solito l'oscurità dura poco. Scatta il piano B, subentrano i generatori autonomi, i gruppi elettrogeni alimentati a diesel. La luce torna. A caro prezzo, sia chiaro. Per ogni operatore economico sudafricano che deve fornirsi di un generatore autonomo i costi salgono, far quadrare i conti diventa più difficile. Per non parlare della competitività nazionale: in un mondo in cui altri paesi possono contare su un'erogazione dell'energia regolare e affidabile, chi non ce l'ha retrocede. In quanto alle conseguenze per l'ambiente: i motori diesel dei generatori privati che bruciano gasolio sono molto inquinanti.

Sta ben peggio la maggioranza della popolazione, chi non ha i mezzi per pagarsi il piano B, cioè i generatori di corrente privati. La paura che ho avuto io quando il buio è piombato sull'ingorgo stradale notturno, immaginiamola moltiplicata per cento se si abita in una *township* dove spadroneggiano le gang. L'illuminazione pubblica funzionante è uno dei primi ingredienti per la prevenzione della violenza, o quantomeno per cercare di difendersi dalle aggressioni: in Sudafrica è un bene raro. Un altro danno quando manca la luce lo subiscono tutti i ragazzi e le ragazze: come li fai i compiti a casa, come studi sui libri di testo, se dopo il tramonto ti trovi nell'oscurità? Le soluzioni fai-da-te nel mondo dei poveri non esistono. Nelle baraccopoli è normale «rubare» la corrente elettrica allacciandosi abusivamente alla rete, ma se l'azienda statale gira l'interruttore, tutto si spegne. I pannelli solari – per chi ce li ha – danno un aiuto solo quando c'è il sole, dopo il tramonto sono inutili. Data la povertà del sistema sanitario pubblico, un blackout può togliere la luce persino nelle sale operatorie di alcuni reparti ospedalieri, dove si combatte per salvare delle vite umane.

Questa è la routine, la normalità quotidiana in Sudafrica. Dove nella crisi energetica qualcuno riesce anche a trovare l'opportunità di un lavoretto precario: quando si spengono tutti i semafori, ci sono dei senzatetto che s'improvvisano vigili urbani, aiutano a dirigere il traffico impazzito negli ingorghi, poi allungano la mano verso i finestrini sperando che qualche automobilista riconoscente regali un'elemosina. L'economia sommersa qui s'ingegna in mille modi per supplire alle carenze dello Stato. (Il caso degli homeless-vigili coinvolge la fascia più povera della piramide sociale, ma ci sono esempi all'estremo opposto: grandi compagnie assicurative che privatamente riparano le buche nelle strade, viste le somme enormi che devono versare ogni anno ai clienti per gli incidenti d'auto dovuti alla pessima manutenzione della rete viaria.)

Conosco bene, per averlo frequentato a lungo, un altro paese dove i blackout elettrici colpiscono con spietata frequenza: è l'India. Anche in India esistono due nazioni. I ricchi abitano in un mondo protetto dai generatori autonomi, i gruppi elettrogeni che scattano appena manca la corrente dalla rete principale. Gli altri devono subire lunghe interruzioni dell'energia. C'è però una differenza fondamentale. Il sistema energetico dell'India, già arretrato in partenza, si è trovato a dover rincorrere la crescita parallela della popolazione più numerosa del pianeta (nel 2023 ha sorpassato la Cina, sfiora il miliardo e mezzo di abitanti) e dell'economia (nel 2023 il Pil indiano è cresciuto più di quello cinese), e finora non è stato in grado di compensare il boom dei consumi energetici.

La carenza di elettricità è dunque un handicap anche per l'India, però ha delle spiegazioni almeno in parte razionali, legate alla difficoltà di star dietro al pachiderma che corre. La crisi elettrica sudafricana non ha quelle attenuanti. Il Sudafrica trent'anni fa aveva un'industria energetica moderna, tanto da esportare corrente nei paesi vicini. Ai tempi di Nelson Mandela la società elettrica nazionale, Eskom, era un fiore all'occhiello per il paese. Dopo di allora il Sudafrica non ha avuto un boom economico neppure lontanamente paragonabile a quello indiano. Il collasso di Eskom non è causato da una forsennata crescita dei consumi; all'apparenza è misterioso. Appena scavi in cerca di spiegazioni, trovi delle cause turpi. È anche un'opportunità per esaminare delle sfide planetarie – cambiamento climatico, transizione energetica – nell'ottica di una nazione rappresentativa del Grande Sud globale.

Alle prese con gli oscuramenti quotidiani, durante il mio viaggio in Sudafrica devo imparare ad aggiornare il mio linguaggio. Mi verrebbe spontaneo dire «blackout», invece qui non si usa quel termine. Per pudore o per orgoglio è d'obbligo usare un neologismo locale, *load shedding*. Letteralmente, «perdita di carico». L'espressione è familiare agli ingegneri, si può spiegare così: «È un modo per distribuire la domanda di corrente elettrica, per alleviare la pressione sulla fonte primaria dell'energia, quando la domanda è superiore all'offerta». In parole povere è un razionamento pianificato, gestito a livello centrale dalla stessa azienda pubblica, onde evitare che i blackout siano improvvisi e selvaggi. Sempre blackout sono. Però programmati, previsti in anticipo, tant'è che la maggior parte dei sudafricani ha sul proprio telefonino l'apposita app che annuncia per ogni giorno della settimana a che ora e per quanto tempo mancherà la corrente nel loro quartiere. Consolazioni della modernità: ti viene negato un servizio pubblico essenziale, però grazie al cellulare puoi a tua volta pianificare le tue giornate per ridurre i danni, concentrare le tue attività nei momenti del giorno in cui la corrente arriva.

Il disastro di Eskom, quell'azienda che un tempo è stata un'eccellenza dell'economia sudafricana, si può riassumere in qualche numero. Nel corso dell'intero 2022 le interruzioni di corrente hanno toccato delle punte di otto ore al giorno. La causa? Se fotografiamo la situazione nell'arco di una giornata, prendiamo per esempio la data del 1° ottobre 2022, vediamo che nel corso di quelle ventiquattr'ore la nazione (famiglie, imprese, Stato) avrebbe avuto bisogno di consumare 30.000 megawattora (mWh) di corrente; invece Eskom è stata in grado di erogarne solo 25.000. Un deficit in apparenza incomprensibile, perché sulla carta la totalità delle centrali di Eskom può generare 50.000 mWh al giorno. Come si spiega che la produzione reale sia solo la metà di quella teorica? Con almeno tre fattori. Il primo è un pessimo management dominato dai politici, che ha accumulato anni di incuria, in particolare carenze di manutenzione, per cui le centrali non raggiungono più la loro capacità teorica perché sono in pessimo stato. Il secondo fattore sono furti sistematici a danno di Eskom, a tutti i livelli: dai grandissimi ladri a un esercito di piccoli abusivi. La terza causa è una montagna di debiti, pari a 22 miliardi di euro, che è il risultato dei due mali precedenti e a sua volta impedisce di rilanciare gli investimenti. Un economista esperto di questo settore, David Richard Walwyn, docente di Technology Management alla University of Pretoria, è ancora più duro nella sua diagnosi. Ascoltarlo fa venire i brividi: «Eskom ha perso il controllo delle sue centrali. Gli impianti sono finiti in mano a elementi criminali in cerca di rendite. Questi provocano guasti, compiono atti di sabotaggio per lucrare sui lavori di manutenzione. Sono all'ordine del giorno i cavi tranciati, i furti di carbone e gasolio, le minacce di morte contro gli ingegneri che dirigono le centrali. La mafia dell'energia è impunita».

Quando il governo di Cyril Ramaphosa nel gennaio 2020 incaricò di risanare l'azienda un manager stimato, André de Ruyter, questo dirigente si mise al lavoro. Dichiarò guerra alle varie mafie che avevano spolpato Eskom. Seguirono diversi attentati per eliminarlo fisicamente. Incluso il classico caffè avvelenato. Al tempo del mio soggiorno in Sudafrica il «risanatore» De Ruyter aveva da qualche mese gettato la spugna. Preferendo salvare la pelle, si era dimesso alla vigilia di Natale 2022. La sua faccia l'ho vista sulla copertina di un libro di memorie e di denuncia, best seller immediato, in bella mostra nelle vetrine di tutte le librerie. Mentre visito il Sudafrica, nell'estate del 2023, il governo sta ancora cercandogli un successore alla guida di Eskom. Non c'è una lunga fila di candidati. Nel frattempo i blackout stanno diventando un po' meno frequenti e prolungati. Molti sospettano che l'avvicinarsi delle elezioni abbia spinto Eskom a spremere tutto quel che può dalle sue centrali, con il rischio di provocare in futuro un collasso ancora peggiore. Il presidente Ramaphosa si è inventato un nuovo dicastero, ha nominato un ministro per l'Elettricità, che ha subito cominciato a litigare con gli altri due ministri competenti, quello dell'Energia e quello delle Imprese pubbliche.

«Il *load shedding* è uno dei fallimenti dello Stato» mi dice David Makhura, l'ex governatore del Gauteng (la provincia di Johannesburg) che oggi dirige la scuola formazione quadri dell'Anc, ed è il tessitore delle future coalizioni di governo «perché trent'anni fa quando andammo al potere abbiamo lanciato l'elettrificazione di tutti i villaggi, ma non abbiamo investito nel futuro del paese, non abbiamo costruito nuova capacità di produzione. La crisi elettrica è uno dei macroscopici insuccessi del mio partito. Ci siamo preoccupati solo dell'equità, cioè di dare a tutti l'accesso alla rete, come se fosse irrilevante produrla a monte, l'elettricità. Non abbiamo visto arrivare la grande urbanizzazione che ha ingigantito i consumi nelle città e nelle loro periferie.»

Dopo questa sincera autocritica, il leader politico si lancia in un'arringa contro il nostro ambientalismo. «Non possiamo pensare il futuro solo in termini di fonti rinnovabili. Voi venite a dirci: puntate tutto sulle energie pulite. È impossibile. Significa andare al collasso finale del nostro sistema. L'Occidente non può metterci di fronte a questo tipo di diktat: elettricità pulita o niente.»

A che cosa si riferiscono i sudafricani quando parlano di «diktat» dell'Occidente? Al fatto che l'ambientalismo dottrinario si è diffuso a tal punto da diventare il credo ufficiale dei grandi prestatori: governi Usa e Ue, istituzioni internazionali come la Banca mondiale. Perfino a Wall Street la grande finanza americana ha abbracciato il nuovo pensiero unico Esg (iniziali di Environmental, Social and Governance) per cui spesso i banchieri si rifiutano di finanziare progetti d'investimento che non siano considerati «verdi». Non si tratta solo di *greenwashing*, cioè di darsi una verniciata di verde a scopi di marketing. Le regole di erogazione dei fondi sono cambiate sul serio. L'accesso ai finanziamenti occidentali può essere compromesso, se un paese emergente non obbedisce ai nuovi criteri. Il cui arbitrio è assoluto. Agli occhi degli africani colti, che sanno guardare oltre le apparenze e la propaganda, la nostra infatuazione per l'auto elettrica è discutibile: sanno di quali materiali è composta una batteria elettrica, visto che in parte vengono estratti dal loro sottosuolo, con processi che comportano abbondanti emissioni di CO_2.

Molti dirigenti sudafricani che ascolto nel corso del mio viaggio sono esasperati dalle incoerenze di paesi molto più ricchi del loro, che predicano l'ambientalismo senza praticarlo. Qui ha fatto scalpore il dietrofront della Svezia nel 2023: il governo di Stoccolma ha dichiarato che un sistema energetico basato al 100 per cento sulle rinnovabili non è realistico. La Germania, dove i Verdi sono al governo, quando è scoppiata la guerra in Ucraina e sono state varate le sanzioni contro la Russia, ha ricominciato a comprare carbone per le sue centrali... proprio qui in Sudafrica. Il capo del più grande fondo d'investimento americano (BlackRock), Larry Fink, dopo essere stato per anni il guru della «finanza sostenibile» Esg a Wall Street, di colpo ha ammesso: «Quello che avevo detto contro il carbone era sbagliato. Disinvestire dalle energie fossili è un errore». Però molti altri continuano a consigliare svolte radicali ai paesi emergenti, come se il solare e l'eolico potessero bastare... a loro. «La Cina e la Russia fanno cose concrete per noi, sono pronte a costruirci centrali elettriche tradizionali o nucleari. L'America di Joe Biden ci sommerge delle sue prediche.»

Il leader nero Makhura parla a nome del suo paese e di molti altri Stati africani quando mi dice: «Noi non siamo negazionisti, né scettici, sul cambiamento climatico. È reale, i disastri li vediamo in casa nostra. Quando c'è un nubifragio a Johannesburg, i primi quartieri a essere sommersi sono le *township* dei poveri. Ma abbiamo un'abbondanza di carbone nelle nostre miniere e per un periodo di tempo consistente dovremo usarlo. È la risorsa più abbondante e meno cara. Se vogliamo uscire dal tunnel dei *load shedding*, se vogliamo salvare il nostro popolo dalle interruzioni continue della corrente, dobbiamo aumentare la nostra capacità il più presto possibile e usando le risorse disponibili. La transizione verso un'economia decarbonizzata non può passare attraverso un lungo periodo di privazioni e di miseria ancora peggiori della nostra situazione attuale».

Anche sul tema del cambiamento climatico, purtroppo, per il Sudafrica il modello non siamo noi, è Pechino. «I cinesi» dice Makhura «investono nelle energie rinnovabili in base ai loro tempi e alla loro agenda di priorità. I cinesi sono pragmatici. Non ci fanno discorsi stupidi sulla necessità di fare immediatamente scelte drastiche, non ci esortano a ripudiare di colpo l'energia meno costosa. I cinesi sono diventati leader mondiali nelle energie rinnovabili, ma continuano ad aprire anche nuove centrali a carbone, proprio ora, mentre noi due stiamo parlando. Le nostre luci devono essere accese. Non chiedete proprio a noi di incamminarci verso una transizione al buio, verso un vostro astratto ideale.»

XIV

Viaggio in Sudafrica

Storia e ragioni dell'ostilità verso l'Occidente

Nel giugno 2023 arrivo in Sudafrica proprio mentre infuria una polemica sulla russofilia del suo governo. Contribuisco ad alimentarla anch'io: a Johannesburg un ex presidente del paese mi rilascia un'intervista, che esce sul «Corriere della Sera», in cui spara a zero sulla scelta di campo del governo attuale. «Chi ce lo fa fare di stare con Vladimir Putin? Quand'anche fosse solo un'impressione, è colpa nostra se questa è l'immagine che la nostra politica estera sta offrendo. È un autogol. Non è nel nostro interesse. I nostri rapporti economici più importanti non sono certo con la Russia. Ci alieniamo l'Occidente, e con quali vantaggi? La riconoscenza per il passato non è una buona ragione.»

Giusta o sbagliata che sia, come nasce questa scelta di campo, quali ne sono le giustificazioni, ufficiali o inconfessabili? Di colpo la collocazione internazionale del Sudafrica è diventata un tema scottante: all'interno del paese e per il resto del mondo. Durante il mio soggiorno vedo sfilare a Pretoria diversi capi di governo o ministri europei (purtroppo nessun italiano); le visite americane di alto rango sono ancora freschissime nella memoria. Russia e Cina a loro volta accolgono in casa propria diverse trasferte di dignitari sudafricani. Nello stesso periodo il presidente Cyril Ramaphosa guida una missione di pace di leader africani che fa la spola tra Mosca e Kiev. Molti governi mondiali hanno il Sudafrica bene in vista sui loro schermi radar, questo paese è diventato un oggetto del desiderio. Perché? L'improvvisa visibilità della sua politica estera ha un impatto su tutta l'Africa e anche su altre parti del pianeta che definiamo «emergenti». Va situata in un contesto storico, bisogna conoscere gli antefatti.

Arrivando dagli Stati Uniti, mi porto dietro una fitta documentazione sulle preoccupazioni e le critiche da Washington. Nel 2022-23 il Sudafrica allarma la Casa Bianca per la sua relazione privilegiata con Russia e Cina, segnalata da atti concreti: il rifiuto del governo di Pretoria di applicare sanzioni contro Mosca per l'invasione dell'Ucraina; la partecipazione delle forze armate sudafricane a manovre navali congiunte con russi e cinesi; svariati altri segnali di una vicinanza non solo politica ma anche militare con Mosca e Pechino. Vista da Washington, appare come un'intesa con il nemico. Ramaphosa, invece, si descrive come un leader del Grande Sud globale «non allineato».

Le ragioni storiche per un allineamento a Est ci sono. Il segretario di Stato americano, Antony Blinken, ha l'onestà di ricordare che l'America si schierò dalla parte sbagliata durante il regime dell'apartheid razziale, quando il Sudafrica governato dalla minoranza bianca veniva appoggiato perché alleato nella lotta mondiale contro il comunismo. I primi segnali di turbamento e di ripensamento in America si manifestano agli inizi degli anni Settanta con delle campagne dal basso: la società civile preme su alcune multinazionali Usa perché cessino di investire in Sudafrica. Ma ancora nel 1973, in occasione di uno storico pronunciamento delle Nazioni Unite sull'apartheid, rispetto alla vasta maggioranza di paesi membri che condannano il segregazionismo spicca il voto contrario di Stati Uniti e Regno Unito. Qualcosa inizia a cambiare con la presidenza del democratico Jimmy Carter (1977-81), che nomina il primo afroamericano, Andrew Young, come ambasciatore Usa all'Onu. La politica estera di Carter assegna un ruolo importante ai diritti umani. Non al punto da ritirare l'appoggio al regime bianco di Pretoria, però. Bisognerà attendere fino al 1986 perché il Congresso di Washington approvi una legge di ampia portata che prende di mira i razzisti di Pretoria: il Comprehensive Anti-Apartheid Act infligge al Sudafrica una serie di sanzioni. Fino ad allora erano state determinanti l'Unione Sovietica e la Cina per sostenere la lotta dei neri, dell'African National Congress (Anc) guidato da Nelson Mandela. Nessun dirigente sudafricano ha dimenticato con chi stavano le potenze leader dell'Occidente durante il periodo della guerra fredda. Quando per decenni al Consiglio di sicurezza del Palazzo di Vetro si trattava di votare qualche mozione di condanna del razzismo di Pretoria, le potenze «bianche e anglosassoni» (Stati Uniti e Regno Unito, talvolta assecondate dalla Francia) usavano il proprio potere di veto.

Questa è ormai storia. Un evento più recente ha rinfrescato la memoria perché è parso rievocare gli schieramenti della guerra fredda. Durante la pandemia Cina e Russia hanno offerto i loro vaccini gratis, mentre da parte dell'Occidente ci sono state resistenze a concedere il brevetto gratuito o la licenza per una produzione di vaccini da affidare a paesi emergenti come l'India (grosso produttore di medicinali generici) e lo stesso Sudafrica, che ha un'importante industria farmaceutica locale, rappresentata per esempio dalla società Aspen. La resistenza maggiore è venuta dalla Germania più che dagli Stati Uniti, perché il vaccino più efficace – poi fabbricato su larga scala dall'americana Pfizer – era stato messo a punto a Berlino dalla tedesca BioNTech. Sullo sfondo c'è l'antico e complesso dibattito sulla proprietà privata dei vaccini: secondo la tesi allora difesa da Angela Merkel (e non solo lei), è indispensabile per finanziare la ricerca e l'innovazione. In effetti, i vaccini di Stato cinesi e russi erano poco efficaci, molto meno dei vaccini occidentali prodotti dal capitalismo farmaceutico privato. Poi la vicenda ebbe varie diramazioni: ci furono donazioni di vaccini all'Africa anche da parte degli Stati Uniti, a titolo gratuito, anche se non in quantità adeguate; peraltro, il Covid colpì l'Africa meno di quanto si era temuto e l'ecatombe è stata impedita dalla giovane età media della popolazione, pur senza raggiungere percentuali elevate nelle vaccinazioni.

Il gesto di solidarietà sanitaria annunciato da Xi Jinping e Putin ha avuto un impatto limitato, di vaccini cinesi e russi ne sono arrivati pochi, e scadenti. La polemica era meno importante di quella sull'apartheid. Però ha riportato in auge la sgradevole impressione di un mondo occidentale poco amichevole nei confronti dell'Africa, a differenza di Cina e Russia, che hanno conservato «nella memoria dei loro muscoli» i riflessi automatici della solidarietà internazionale con il Grande Sud. Sempre a proposito della pandemia, i sudafricani mi ricordano questo episodio, da noi ignorato o presto dimenticato. La variante Omicron fu detta «sudafricana» perché era stata in effetti individuata da scienziati di questo paese, che ha punte di eccellenza in campo medico. Quella variante esisteva e circolava già in altre parti del mondo, i ricercatori di qui furono solo i più veloci e i più bravi nell'isolarla e identificarla. L'Occidente «ringraziò» gli autori della scoperta chiudendo subito le sue frontiere ai viaggiatori in provenienza dal Sudafrica, un altro gesto non particolarmente benevolo.

Dietro i singoli episodi c'è una visione del mondo generale che avvicina Pretoria a Mosca e Pechino. Il Sudafrica rimprovera all'Occidente di usare due pesi e due misure in fatto di guerre, aggressioni, illegalità e violazioni di diritti umani. «Oggi fornite armi all'Ucraina,» si sente dire a Pretoria «ma ieri non le avete date a noi per combattere contro la violenza criminale del regime dell'apartheid. Non fornite armi ai palestinesi.» La condizione del popolo palestinese viene considerata da molti sudafricani simile a quella che fu la loro: un'altra forma di apartheid – le violazioni di diritti degli arabi israeliani, gli insediamenti illegali di coloni israeliani nei territori occupati – condonata dall'Occidente in nome di una preferenza geopolitica verso Israele, paese che ebbe rapporti eccellenti con il Sudafrica bianco e razzista ai tempi dell'apartheid, inclusa una cooperazione per l'armamento nucleare.

Infine c'è la dinamica dei Brics. Il Sudafrica è la lettera «s» con cui si chiude quella sigla, il club delle potenze emergenti. La storia di questa organizzazione è singolare. Fu il capoeconomista della Goldman Sachs ad avere l'idea nel 2000 di raggruppare quelle economie emergenti che considerava ricche di opportunità per gli investitori clienti della sua banca: inventò la sigla Bric (che suona anche come la parola «mattone» in inglese) per indicare Brasile, Russia, India e Cina. Anni dopo, i leader di quei paesi si convinsero che dar vita a un club del genere era una buona idea, e così i Bric passarono dal gergo finanziario alla realtà geopolitica. Nel 2010, siccome mancava tra loro un rappresentante dell'Africa, cooptarono la lettera «s» invitando il Sudafrica (in realtà la Nigeria ha il Pil più alto del continente, ma la sua politica estera ha un profilo più modesto).

Con il passare del tempo, i Brics hanno assunto sempre più marcatamente una funzione di «universo alternativo al nostro», un'associazione di nazioni che vengono dalla povertà e conservano una memoria storica anticoloniale, anche se alcune hanno ormai decenni di sviluppo economico alle spalle. La Russia sarebbe fuori posto in questo contesto, essendo stata ai tempi degli zar e rimanendo tuttora un grande impero coloniale bianco; quella parte della sua storia, però, beneficia di un'assoluzione grazie alla storia dell'Unione Sovietica, che appoggiò i movimenti di liberazione anticoloniali. È insomma un anti-G7 virtuale, visto che nel Gruppo dei Sette sono rappresentate le economie dei vecchi paesi ricchi, Occidente più Giappone.

Pretoria ci ha preso gusto a parlare a nome del «panafricanesimo». I leader politici dell'Anc, Ramaphosa e altri, vogliono accreditare il ruolo del proprio paese come guida politica dell'intero continente. Oltre che unico membro africano dei Brics, Pretoria è la sola nazione africana nel G20 (gruppo cui appartengono venti nazioni che riuniscono l'80 per cento del Pil mondiale, di fatto un G7 allargato agli emergenti), e pure questo status rafforza la sua aspirazione a rappresentare una realtà più ampia. Avrebbe l'ambizione di conquistarsi un seggio permanente nel Consiglio di sicurezza dell'Onu, sempre per rappresentarvi l'Africa intera, in una futura riforma di quell'organismo. Pretoria è quindi una capitale cruciale per capire l'orientamento geopolitico di gran parte dell'Africa e perfino oltre: di tutto il Grande Sud globale, che abbraccia paesi latinoamericani, mediorientali, asiatici, incluso il gigante indiano. Il termine Grande Sud globale ha un'accezione geopolitica, non geografica: molti di questi paesi, tra cui India, Arabia, Iran, Algeria, Egitto, si trovano in realtà a nord dell'equatore e quindi nell'emisfero settentrionale.

Per quanto il posizionamento del Sudafrica venga presentato come naturale alla luce della sua storia, c'è chi lo considera tuttavia un errore grave. È l'ex presidente Kgalema Motlanthe lo statista più autorevole che esce allo scoperto, e sferra un duro attacco alla politica estera del suo paese. Vi ho già presentato il settantatreenne Motlanthe, leader storico dell'Anc, che nella battaglia contro l'apartheid fu rinchiuso per dieci anni in carcere nella stessa Robben Island dov'era detenuto Nelson Mandela. In precedenza vi ho riferito i suoi giudizi spietati sui compagni di lotte e di governo sprofondati nella corruzione. Il resto della nostra conversazione, pubblicata sul «Corriere» il 30 giugno 2023, riguarda le relazioni internazionali. «Il primo partner economico del

Sudafrica» mi dice Motlanthe «è l'Unione europea, non la Russia. Il secondo è la Cina. Il terzo sono gli Stati Uniti, ai quali ci lega dal 2000 l'accordo commerciale Agoa (African Growth and Opportunity Act, Legge di crescita e opportunità per l'Africa) che ci dà accesso al mercato nordamericano con zero dazi. La guerra in Ucraina colpisce al cuore l'Europa intera, cioè il nostro primo partner. Se vogliamo fare i nostri interessi, dobbiamo essere consapevoli che la grande maggioranza degli Stati membri dell'Ue appartiene anche alla Nato. Il nostro non allineamento deve evitare di prestarsi a malintesi e fraintendimenti. Quando nel 2023 l'ambasciata Ue a Pretoria ha celebrato la festa dell'Europa, il governo Ramaphosa non ha mandato un solo ministro a quell'evento.»

Gli ricordo che l'ambasciatore Usa a Pretoria ha pubblicamente accusato il Sudafrica di fare qualcosa di peggio: fornire armi a Putin. «A quel punto» risponde «io mi sarei aspettato che il nostro attuale presidente convocasse immediatamente il ministro della Difesa, per fare chiarezza, raccogliere le prove del contrario, fornire una smentita documentata e convincente. Invece ha insabbiato tutto con una commissione d'inchiesta. Se ci metti dei mesi per rispondere a un'accusa così grave e precisa come quella sulla fornitura di armi alla Russia, che razza d'impressione pensi di dare a Washington e in Europa? Nel frattempo noi siamo finiti anche su una lista grigia di paesi senza trasparenza finanziaria, dove cartelli criminali e altre forze possono riciclare denaro sporco. Può anche darsi che in Occidente le nostre posizioni siano state descritte in modo stereotipato, ma noi cosa abbiamo fatto per impedirlo?»

Di Ramaphosa si diceva che si era costruito una carriera da uomo d'affari, quindi pragmatico. Chiedo a Motlanthe se questo approccio sia visibile in politica estera. «Da un businessman ci si aspetterebbe una maggiore attenzione ai nostri interessi reali. Siamo dentro i Brics, ma tra gli altri quattro paesi che appartengono a quell'associazione il 96 per cento del nostro commercio estero si concentra solo su Cina e India. Con Russia e Brasile facciamo il rimanente 4 per cento. Non c'è alcuna ragione per prestare il fianco alle accuse di sostenere la Russia, è un errore dare adito a questi sospetti. Ai tempi di Mandela il Sudafrica, grazie a lui, riuscì ad avere un'influenza internazionale ben superiore al proprio peso effettivo. Oggi non è più così. Invece di dare lezioni sui grandi principi, dobbiamo avere l'umiltà di fare una politica estera aderente ai nostri rapporti economici.»

Chiedo a Motlanthe se a suo parere non ci sia comunque una giustificazione storica per l'atteggiamento filorusso dell'Anc. Negli anni in cui Mandela e voi altri leader storici pagavate un alto prezzo personale per combattere l'apartheid, gli dico, Mosca era al vostro fianco e vi forniva aiuti. L'America, prima di cambiare rotta e varare le sanzioni contro il regime bianco razzista, aveva per molto tempo sostenuto i governi dell'apartheid. Il legame con Putin oggi è un modo di ripagare quei debiti? La sua risposta è netta: «La Russia non è l'Unione Sovietica. Il paese degli oligarchi non ha continuità con la storia sovietica. Noi abbiamo dei debiti storici di riconoscenza con l'Urss, non con la Russia di oggi. D'altronde, alcuni esuli dell'Anc vennero formati a Odessa, cioè in Ucraina. E se vogliamo ricordare tutta quanta la storia delle azioni anti-apartheid, è dal momento in cui gli Stati Uniti decisero di fare pressione sul vecchio regime sudafricano che quello cominciò a crollare».

A questo punto l'ex presidente fa un paragone sorprendente con l'ultimo periodo dell'apartheid e l'isolamento che portò alla resa di quel regime. Secondo lui, il pericolo che il paese corre oggi è analogo. «Nel 2023 il mio Sudafrica è vulnerabile come lo era quando contro l'apartheid cominciarono all'estero i boicottaggi economici, le fughe degli investitori stranieri, le sanzioni. Perdere la fiducia dell'Occidente può essere un danno grave, un impoverimento, l'ultima cosa di cui abbiamo bisogno in una situazione economica già molto precaria. Senza un rapporto stretto con l'Occidente perderemo altra occupazione.»

Fa un riferimento esplicito alle minacce – velate ma non troppo – dell'amministrazione Biden: la Casa Bianca, che ha la facoltà di decidere anno per anno quali paesi rientrano nell'Agoa, nel 2023 ha cominciato a prendere in considerazione di escluderne il Sudafrica. L'accordo riguarda 1800 categorie di merci importate sul mercato Usa da 35 nazioni dell'Africa subsahariana (inizialmente erano 38, ma nel 2022 sono state escluse Mali, Guinea ed Etiopia). A dire il vero non ha avuto effetti miracolosi sulle economie di tali paesi nei ventitré anni dalla sua entrata in vigore. Perdere quell'accesso privilegiato, però, sarebbe un danno sicuro. Le esportazioni dal Sudafrica verso gli Stati Uniti sono comunque cresciute a una media superiore al 6 per cento annuo in quel periodo, con in testa prodotti come minerali, metalli, componenti per auto, frutta. Ogniqualvolta sono circolate voci che gli Stati Uniti stessero per radiare il Sudafrica dall'accordo Agoa, la moneta locale (Rand) ha perso valore. L'ex presidente conclude: «È giusto essere non allineati. Il pacifismo è nella nostra Costituzione. Battersi contro la guerra è la posizione corretta. Ma se ai nostri maggiori partner economici abbiamo dato delle buone ragioni per credere che siamo schierati con la Russia, questo sì è un errore».

In effetti, le ragioni per diffidare del non allineamento di Pretoria si sono moltiplicate dopo l'inizio della guerra in Ucraina. Una nave militare russa è stata vista scaricare e caricare «roba» nottetempo, nel dicembre 2022: è stato quello l'episodio scatenante per le accuse dell'ambasciatore americano. Un aereo militare russo Ilyushin ha compiuto un atterraggio altrettanto misterioso in una base sudafricana. Le esercitazioni congiunte tra forze armate sudafricane, russe e cinesi si sono tenute proprio nel primo anniversario dell'invasione dell'Ucraina. Prima e dopo quelle manovre, alti esponenti militari e dell'intelligence di Pretoria hanno intensificato le missioni a Mosca, sempre senza fornire spiegazioni.

Di geopolitica parlo all'università di Johannesburg con una delle massime autorità del paese: Elizabeth Sidiropoulos, che dirige il South African Institute of International Affairs. A lei chiedo di spiegare le apparenti opacità o incoerenze del governo, o, peggio ancora, l'autolesionismo che viene stigmatizzato nientemeno che da un ex presidente. Secondo lei, la storia ha un peso, almeno nella formazione culturale di questa classe dirigente. Bisogna fare un tuffo all'indietro – mi dice – in quell'anno 1994 che segna la fine dell'apartheid. Il 1994 è nel bel mezzo di un periodo in cui si celebra «la fine della Storia», per citare il titolo del controverso saggio di Francis Fukuyama. Cioè il trionfo di un modello superiore: la liberaldemocrazia unita con l'economia di mercato sembra aver prevalso definitivamente sul sistema rivale che era stato il comunismo. Il gruppo dirigente dell'Anc per la maggior parte era vissuto in esilio, dentro la «bolla» sovietica. Era del tutto impreparato – come tanti altri – allo shock anche ideologico che fu il crollo del comunismo e la dissoluzione dell'Urss. Non solo si sgretolava un impero, ma veniva meno anche un sistema di credenze, quasi una religione. Tutti i dogmi nei quali i dirigenti neri sudafricani erano stati allevati all'estero perdevano credibilità.

«Mandela personalmente» osserva la Sidiropoulos «non era stato in esilio in Urss bensì chiuso dentro un carcere in patria. Fu il più veloce a riconvertirsi. Adottò una visione economica di tipo abbastanza liberista. La nostra Costituzione, promulgata nel 1996, è un documento molto liberale. Rispecchia i valori dell'Occidente. E a quel punto voi paesi occidentali avete pensato: il Sudafrica è uno dei nostri. In un certo senso è vero, la battaglia contro l'apartheid si era fondata su principi tipicamente liberali, voleva affermare i diritti individuali, non il potere dello Stato. Ma la formazione culturale di una classe dirigente non si cambia dall'oggi all'indomani.» Mandela e Motlanthe sono eccezioni, in un vertice dell'Anc che è rimasto orfano dell'Unione Sovietica e non ha mai veramente elaborato il lutto, non si è rassegnato al fallimento di un'ideologia. È un fenomeno che ha dei parallelismi con altre élite sullo stesso continente. Tanto più quando la nostalgia del socialismo e il permanente processo contro l'Occidente possono zittire domande scomode sulla spaventosa corruzione di queste élite che hanno scarnificato le proprie nazioni.

«Dopodiché» incalza la Sidiropoulos «voi occidentali avete fatto del vostro meglio per confermare i pregiudizi ostili dei capi dell'Anc. Basta guardare come si sono comportati negli ultimi trent'anni gli Stati Uniti e i loro alleati occidentali. La guerra in Iraq nel 2003, giustificata con delle menzogne. La guerra in Libia nel 2011, ancora più importante per noi perché si tratta di uno Stato africano. In Libia, quando scoppiarono le rivolte contro Gheddafi, era in atto una missione di governi africani in cerca di una soluzione pacifica.» Come andò a finire lo ricordiamo bene anche noi italiani, spettatori di manovre altrui. La Francia governata da Nicolas Sarkozy e il Regno Unito con David Cameron vollero un intervento militare a ogni costo. Riuscirono a trascinarsi dietro l'appoggio di un riluttante Barack Obama (che da ex presidente ammise di aver sbagliato). «Nell'ottica di noi sudafricani,» dice la studiosa «quello fu un tornante. Capimmo che le maggiori potenze occidentali volevano imporre un cambio di regime con le armi, umiliando non solo la Libia ma l'Africa intera. E tanto peggio per noi.»

La Sidiropoulos non condivide necessariamente la visione dei capi dell'Anc, però vuole farmi «entrare nella loro testa», vuole trasmettermi una certa visione del mondo radicata in Sudafrica così come in altre nazioni di questo continente. «Se osservato da qui, il mondo dal 1994 a oggi non è poi cambiato tanto. L'unica eccezione, enorme, è l'ascesa della Cina. Per il resto, invece, è ancora un mondo in cui i paesi emergenti sono marginalizzati, le grandi decisioni le prendono altri. In moltissimi campi: dalle questioni del commercio internazionale dentro la World Trade Organization; sulle politiche ambientali e la decarbonizzazione; sui vaccini. I capi dell'Anc rispolverano continuamente un linguaggio anti-imperialista, antiamericano. La denuncia delle ipocrisie dell'Occidente fa parte del loro armamentario culturale. Un esempio di imperialismo ambientalista è quando Bruxelles ci esorta alla sostenibilità, ignora i vincoli di un paese povero che per crescere ha ancora bisogno di energie fossili, e ci castiga con la Border Carbon Tax perché le nostre esportazioni non sono verdi. Per quanto il Sudafrica sia una vera democrazia, come tale distante anni luce dai regimi di Putin e Xi Jinping, alla fine non si sente solidale con il campo delle democrazie.»

A differenza di noi occidentali, afferma l'esperta di geopolitica, Xi Jinping «ha una narrazione forte». Vero o falso che sia, il leader cinese riesce a far passare l'idea che la Repubblica popolare non abbia una storia coloniale, e quindi per sua natura stia dalla parte degli africani, sia sullo stesso versante delle loro lotte.

Poi pesano, dietro le grandi questioni ideologiche, giochi di potere ben più meschini. Mi cita il caso di un noto oligarca russo che possiede una miniera di manganese in Sudafrica e ha fatto «generose donazioni» all'Anc. Gratta gratta, la corruzione riaffiora a ogni angolo in questo paese, anche quando si tratta di comprare coloro che definiscono la sua politica estera. Quando tira le fila della sua analisi, la Sidiropoulos non è tenera con l'Anc. Gli errori dell'Occidente non le paiono sufficienti per assolvere quelli dei capi sudafricani. «Quando uno statista rispettato come Motlanthe contesta ai suoi ex compagni che l'atteggiamento filorusso è assurdo, visti i nostri rapporti economici prevalenti con l'Occidente, quelli rispondono che non decidono la politica estera in base a interessi materiali. Sbagliato, sbagliatissimo. Soprattutto quando un paese è in una crisi economica tremenda come noi, l'unica politica estera sensata deve essere guidata dagli interessi, non dall'ideologia. E comunque, anche sul piano dell'ideologia, il Sudafrica è molto legato alla propria democrazia, sotto questo profilo noi non abbiamo davvero un'affinità di valori con Putin o con Xi Jinping.»

Alcuni dirigenti sudafricani non esitano a definire cinicamente la guerra in Ucraina come «un problema fra voi europei». Non vedono perché dovrebbero mobilitarsi anche loro in difesa di Kiev, dal momento che l'Occidente si disinteressa di tanti conflitti africani. Qui l'accusa è vera solo in parte, contiene una dose di ipocrisia: le mobilitazioni umanitarie dell'Occidente sono state frequenti e generose, ancorché spesso manipolate e sequestrate dai cleptocrati locali (alla storia dei nostri aiuti umanitari ho dedicato un capitolo); quando invece alcuni paesi occidentali sono intervenuti militarmente, quasi sempre è scattata contro di loro l'accusa di imperialismo e neocolonialismo.

Le difficoltà di noi occidentali in Africa non c'entrano con l'Ucraina, né sono influenzate da chi governa oggi l'America o il Regno Unito, la Francia o l'Italia. A conferma di quanto siano antichi i nostri problemi, ho riesumato dai miei archivi di inviato internazionale i pezzi scritti in occasione della prima visita di Barack Obama da presidente in Sudafrica. Quella missione si svolge tra la fine di giugno e l'inizio di luglio 2013. Dieci anni esatti prima del mio viaggio recente. Trattasi di Obama! Black, leader carismatico e con un enorme capitale di credibilità nel continente da cui proveniva suo padre. Eppure, rileggere i miei pezzi di allora conferma che, anche per lui, l'Africa si rivela ideologicamente inospitale. Da Sud a Nord: perché in quel periodo si consuma anche la crisi della politica egiziana di Obama. Ecco due estratti da quelle mie cronache, datate 27 e 29 giugno 2013 e intitolate, nei miei archivi personali, «Le spine di Obama in Africa». In quei giorni il novantacinquenne Mandela è ricoverato in ospedale; morirà il successivo 5 dicembre. Obama farà ritorno nel paese come tanti altri leader mondiali per i solenni funerali di Stato.

27 giugno 2013. Lo staff della Casa Bianca segue con trepidazione i bollettini medici dal Sudafrica, dove il presidente arriva nella seconda tappa del tour. Obama ha sempre avuto una venerazione per Nelson Mandela, che ha definito «un eroe benefico per l'umanità intera». Una foto entrata nella storia ritrae i due nell'unico incontro che ebbero: si vede il profilo di Obama in piedi, che quasi come un'ombra si staglia in tutta la sua altezza sopra Mandela coricato su un sofà. Era il 2005, a Washington, Obama era senatore dell'Illinois. Nel 2006, sempre da senatore, visitò il Sudafrica e la cella della prigionia di Mandela. «Il mio primo gesto d'impegno politico» ha ricordato Obama «fu nel movimento anti-apartheid, quando ero all'università nel 1979-80. Allora non immaginavo neppure che Mandela potesse uscire dal carcere. Sono uno dei tanti che videro in lui un'ispirazione.» A prescindere dalle condizioni di salute di Mandela, la tappa sudafricana di Obama non sarà facile. Anche lì lo inseguono le polemiche sullo spionaggio contro gli alleati e sui droni in Iraq, Afghanistan. Studenti radicali, sindacati e politici di sinistra hanno indetto per il suo arrivo una manifestazione «No-bama» per protestare contro le politiche antiterrorismo degli Stati Uniti.

29 giugno 2013. Le immagini della polizia sudafricana che disperde i manifestanti anti-Obama sparando proiettili di gomma sono un brusco risveglio sia per il presidente sia per l'opinione pubblica americana. La tournée di Obama in Africa in altri tempi sarebbe stata una passeggiata trionfale: un pellegrinaggio nel continente dei suoi avi paterni, un omaggio a Mandela, un bagno di popolarità per il primo presidente afroamericano nella storia Usa. Ma quella rappresentazione era ferma alle puntate precedenti. Quel che accade a Johannesburg, o al Cairo, appartiene a una nuova fase della storia africana; e a un'immagine di Obama segnata dalle delusioni del primo mandato. All'università di Johannesburg, il fronte dei contestatori unisce studenti radicali, militanti dei diritti umani, attivisti sindacali. In Sudafrica, Obama si confronta con una protesta di tipo «moderno», progressista, che lo scavalca a sinistra. Quelle frange che sono scese in piazza lo contestano su Guantánamo e sui droni (in Iraq e Afghanistan), sulla Palestina e sullo sfruttamento delle risorse minerarie africane da parte delle multinazionali Usa. Sono un tipo di attacchi che ci suonano familiari, non dissimili dalle recriminazioni della sinistra europea, che talvolta si sente tradita dal presidente «reale», rispetto alle speranze che suscitò nel 2008.

Naturalmente, in Sudafrica come in tutto il continente nero la popolarità di Obama resta elevata. Il presidente ha saputo adattare con discrezione il profilo della sua visita al grande dramma nazionale che i sudafricani stanno vivendo di fronte all'agonia di Mandela. Ha pronunciato parole commoventi verso il suo padre spirituale e politico; ma non ha strumentalizzato l'evento e ha rispettato le richieste dei familiari rinunciando a una visita in ospedale. Tuttavia, anche il suo rapporto ideale con Mandela evoca una storia ormai passata. L'Africa di oggi ha altri problemi, e altre potenzialità. Obama usa questa tournée per cercare di svecchiare l'immagine che i suoi connazionali hanno del continente nero. «Sono qui perché l'Africa è in ascesa, in forte movimento» non si stanca di ripetere. Ma proprio per questo, i metodi classici della diplomazia americana sono spesso in affanno di fronte alle nuove sfide. Per quanto la Casa Bianca si sforzi di smentirlo, il viaggio di Obama sembra una rincorsa tardiva rispetto al temibile espansionismo cinese in Africa. E non c'è solo la Cina. Anche l'India e il Brasile hanno rafforzato la loro influenza, a scapito dei vecchi potentati ex o post-coloniali dell'Occidente.

Il ricordo di Obama ormai si allontana nello specchietto retrovisore. Il bilancio della sua politica estera (non solo africana) è sottoposto a un esame sempre più severo, che ogni tanto assume l'aspetto di una demolizione. Dieci anni dopo, i problemi per Biden in Africa sono molto simili.

Dissociarsi dalla posizione occidentale sull'Ucraina ha anche qualche giustificazione materiale: la presenza del Gruppo Wagner in Africa (con o senza quel nome...); il ruolo della Russia come fornitore di cereali e di fertilizzanti; l'importanza di stare dalla parte della Cina e dell'India, anch'esse contrarie alle sanzioni. Ma la discutibile «neutralità» su una guerra dove è chiaro chi sia l'aggredito è soprattutto un modo per fare lo sgambetto all'Occidente.

Il successo dei Brics ne è una controprova: cresce la voglia del Grande Sud globale di rimettere in discussione l'ordine internazionale. Piace a molti, in Sudafrica e altrove, la critica cinese che descrive quest'ordine globale come «americanocentrico». Non importa quanto sia veritiera o bugiarda la descrizione della Cina come amica e alleata dei paesi poveri; facendo leva sull'antiamericanismo, Xi Jinping ha la strada spianata tra molti leader del Sud, anche se non proprio tutti.

Il summit dei Brics è cambiato molto rispetto alle origini. È diventato una vera istituzione, con tanto di segreteria e presidenza di turno, come il nostro G7. Un punto debole è la sua disomogeneità politica. Non basta essere ideologicamente antioccidentali, o comunque allergici agli schieramenti Est-Ovest, per andare d'accordo. Il caso più lampante è la coesistenza dentro i Brics di Cina e India, due potenze che hanno pochi interessi in comune, molta rivalità e perfino un contenzioso territoriale che ogni tanto spinge i loro due eserciti a scontrarsi alla frontiera. L'India nei Brics ogni tanto appare quasi un'infiltrata filoamericana; però conserva ottimi rapporti con la Russia, non la sanziona, anzi le compra petrolio e gas à gogo.

Il segnale di successo più interessante è questo: il club dei Brics fa proseliti. C'è una lunga lista di nazioni che vorrebbero essere ammesse: dall'Arabia Saudita all'Indonesia, dall'Algeria agli Emirati, dall'Argentina alla Nigeria. Se i Brics dicessero di sì a tutti, diventerebbero rapidamente un altro G20. Il caso più scottante è la candidatura dell'Iran. Sponsorizzata da Cina e Russia, l'eventuale ammissione del regime khomeinista di Teheran darebbe ai Brics un'impronta decisamente antiamericana. L'allargamento forse non sarà veloce, ma la linea di tendenza sembra tracciata.

I leader dell'Anc vogliono trarne la lezione che la loro strategia è giusta. «Se c'è la coda al portone d'ingresso dei Brics, vuol dire che non è una cattiva idea organizzare una coalizione di nazioni con cui abbiamo tante cose in comune.» Andando un poco più a fondo, quelle «tante cose», almeno se viste da Pretoria e Johannesburg, si riducono quasi a una sola: la critica all'Occidente. Dati i molteplici fallimenti dell'Anc al governo (non riesce neppure a rendere il Sudafrica veramente attraente per gli investimenti cinesi), questo clima ideologico nelle alte sfere del potere sembra spesso un diversivo, la ricerca di un capro espiatorio.

Il mio viaggio in Sudafrica dietro ogni angolo si imbatte a sorpresa con un'affermazione di ottimismo. Succede anche nella perlustrazione della sua politica estera. La nota di speranza in questo caso la esprime una persona che avrebbe tutte le ragioni per essere negativa. L'ex parlamentare dell'opposizione e oggi accademica Raenette Taljaard ha avuto incarichi importanti nel campo della giustizia, delle finanze, dei controlli sulla regolarità delle elezioni. Non è tenera con i governanti del paese, soprattutto sulla corruzione. Eppure mi consegna questa sua convinzione: «Ci sarà sempre un ruolo per il Sudafrica, visto dove ci troviamo e cosa si nasconde sotto i nostri piedi. La posizione geografica all'incrocio dei due oceani Atlantico e Indiano, e la ricchezza delle risorse minerarie sono due punti fermi».

XV

Betty, André e perché non capiamo il Sudan

La ragazza etiope è minuta, esile, di quella bellezza elegante e austera che è tipica del suo popolo degli altipiani. Non è abituata a parlare in pubblico. Deve vincere l'emozione quando si accendono i riflettori su di lei, sale sul podio e inizia il suo discorso davanti a un pubblico di californiani benestanti venuti ad ascoltarla in un hotel di San Francisco.

«Il mio nome è Beteleheme Merka. Vengo da un piccolo villaggio sperduto dell'Etiopia, Meganassie, un luogo dove la corrente elettrica e le strade asfaltate sono sconosciute. Mentre crescevo là, ho dovuto far fronte a molte avversità, però ho sempre avuto una convinzione: l'istruzione era la mia chiave per un futuro migliore. Ogni giorno camminavo per quasi due ore, all'andata e al ritorno, con dei sandali rotti, per andare a frequentare una scuola pubblica sovraffollata. Facevo quella strada sotto un sole rovente o sotto piogge torrenziali. Combattevo contro la mia paura delle iene e la minaccia di rapimenti da parte dei camionisti in cerca di ragazze come me. Una notte terribile uno di questi camionisti cercò di sequestrarmi, ma gridai con tutte le mie forze finché qualcuno mi riconobbe e riuscii a fuggire. Sono stata fortunata, per altre mie compagne di classe è finita peggio. Ho perseverato. Era il mio dovere, per me stessa e per la mia famiglia. A casa, senza la corrente elettrica non riuscivo a fare i compiti e i miei voti scolastici peggioravano. Stavo quasi per rinunciare ai miei sogni. Il destino ha voluto altrimenti...»

Mi trovo nel pubblico che quella sera ascolta Beteleheme, detta Betty. L'occasione è una cena per la raccolta di fondi in favore di una ong americana, A Chance In Life, diretta dall'italiano Gabriele Delmonaco. È quella ong ad aver salvato Betty dalla miseria, ad averla assistita e accompagnata negli studi superiori, fino a portarla con una borsa di studio alla facoltà di economia dell'Università della Calabria, a Cosenza. Nell'aprile 2023 stava frequentando un semestre di perfezionamento in inglese a New York e da lì si è spostata in California per incontrare i donatori dell'organizzazione umanitaria.

Questa storia per me non è nuova, nel 2019 feci una lunga traversata dell'Etiopia con Gabriele e grazie alla sua ong umanitaria ho visitato scuole, convitti, ospedali. Il racconto di quell'esperienza è nel mio libro *La notte della sinistra*. Durante quel viaggio vidi tante ragazzine come Betty camminare spesso a piedi nudi su percorsi lunghissimi, per andare in classe oppure per attingere acqua alla fonte.

«Ogni giorno» conferma lei «dovevo andare due o tre volte a prendere l'acqua, per cucinare, per lavarci, per la nostra mucca. Da piccola riuscivo a trasportare dieci litri per viaggio, dai 14 anni in su ero in grado di caricarmene anche venti. Era una mia responsabilità, un mio dovere, come primogenita.» Una volta che la invitai a casa nostra a New York, ricordo lo stupore di Betty per l'acqua minerale servita in tavola. Mi fece osservare che anche quella del rubinetto da noi è limpida, ben diversa dall'acqua marrone che era abituata a usare in Etiopia. «E noi non la facciamo neppure bollire.»

Una sera, sempre a New York, Betty mi ha raccontato nei dettagli il tentato rapimento da parte del camionista. Per delle ragazze costrette a camminare ore e ore, l'offerta di un passaggio è un'attrazione tremenda, ma può rivelarsi una trappola fatale. Lo capì quando l'autista, dopo averla fatta accomodare a bordo, tirò le tendine della cabina di guida. In quel momento cominciò a pregare. Betty viene da una famiglia cristiana ed è molto religiosa. Per fortuna il luogo dove avvenne l'agguato non era deserto, passava di lì un mercante di legname amico di famiglia e la ragazza ebbe l'impulso decisivo di gridare aiuto. «Non ho mai raccontato questo episodio a mia mamma; conoscendola, avevo paura che andasse a cercare il camionista per ammazzarlo.»

La sveglia alle cinque del mattino per raggiungere una classe di settanta bambine e bambini, i disagi della vita in un villaggio di campagna senza luce né acqua corrente, le ristrettezze di due genitori insegnanti, che dovevano arrotondare i magri stipendi coltivando un campicello, questi ricordi nella memoria di Betty si fondono con le vampate di conflitti etnici che hanno spesso attraversato la sua regione. Perfino lei fatica a ricostruire la cronologia delle ultime guerre, a capire chi combatteva contro chi, sa solo che «spesso c'entrano i tigray, io sono di un'altra etnia, i gurage; quando ho vissuto in città nella regione di Amhara, ho visto tanti sfollati, una massa di rifugiati che scappavano dalle zone di combattimento e parlavano di esecuzioni di donne e bambini». Nonostante l'instabilità e la violenza, mi dice Betty, «non ho mai pensato di emigrare, a differenza di altri».

Il suo talento negli studi – soprattutto matematica e fisica – non passò inosservato a un sacerdote, che le procurò una borsa di studio. Finite le superiori, il suo primo desiderio è stato «restituire agli altri tutto il bene che ho ricevuto io». Quindi: un anno di volontariato come insegnante. «Ero in una regione settentrionale dell'Etiopia dove la gente vive ancora nel passato. Nessuna istruzione, niente. Molto più poveri che nel mio villaggio natale.» In quel periodo un vescovo la nota e la convince che deve andare a fare un'esperienza di studio all'estero, per imparare l'inglese e conseguire una laurea davvero utile. «Ma sempre con l'idea di tornare in Etiopia. Per ripagare in questo modo chi mi ha aiutato. Voglio tornare per aiutare i bambini, ho la stessa passione di mia madre. Ora in America sto perfezionando il mio inglese, poi vorrei concludere i miei studi di contabilità e gestione aziendale. A un certo punto tornerò di sicuro in Etiopia. Magari dopo aver messo da parte un po' di soldi, per finanziare un progetto a favore dei bambini orfani del mio paese.»

André Dakoala l'ho conosciuto grazie a mia moglie. Stefania fa volontariato con la Comunità di Sant'Egidio a New York, e fra le altre attività tiene corsi di inglese a una comunità di immigrati dal Burkina Faso. Il primo ricordo che ho di André è indiretto, precede il nostro incontro: su di lui Stefania mi raccontò un aneddoto sorprendente. Essendo considerato il più istruito e il più saggio del gruppo, si adoperava per convincere le donne burkinabé che lavorano come collaboratrici domestiche o commesse o infermiere negli Stati Uniti a non convertire tutti i propri risparmi in... Bitcoin. Di mestiere ha fatto per qualche anno l'autista di Uber. È alla vigilia di cambiamenti, scelte di vita, nuovi progetti.

«Sono nato 38 anni fa» si presenta «nel villaggio di Tamassa, a mezz'ora di auto dalla capitale Ouagadougou. In realtà era un villaggio nella mia infanzia, oggi è fagocitato dalla città che continua a espandersi, è un sobborgo di periferia. I miei genitori erano contadini, non hanno mai avuto la fortuna di andare a scuola. Mio padre, pace all'anima sua, è morto in un incidente quando aveva 39 anni. La mamma da quel momento ha dovuto fare da madre e da padre per quattro figli. Io sono il primogenito. Per anni mi sono alzato all'alba per fare dieci chilometri a piedi, da casa a scuola. Ringrazio Dio se a scuola ci sono potuto andare. È stato possibile solo grazie al sostegno della Chiesa; un sacerdote ha notato che ero uno dei più bravi in classe, mi ha consentito di continuare a studiare, un miracolo per i miei genitori analfabeti. La Chiesa mi è sempre stata vicina, ho avuto un sostegno morale decisivo, tanta fiducia indispensabile per sorreggermi nei momenti in cui perdevo la speranza. Il mio primo contatto con la loro attività umanitaria ha fatto nascere in me il desiderio di diventare sacerdote. Ho cominciato il seminario dei gesuiti e ci sono rimasto fino al 2003.

«Crescendo mi sono reso conto che non è necessario essere un prete per aiutare gli altri, ci sono mestieri che possono avere perfino un impatto maggiore. Alcuni adulti che stimo mi hanno indirizzato verso lo studio dell'economia. Voglio aiutare il mio paese a svilupparsi. Mentre frequentavo la facoltà di economia a Ouagadougou, ho portato la mia piccola pietra per la costruzione di un rinnovamento nazionale: ho riunito sessanta studenti in un'associazione dedicata a promuovere l'educazione e la salute dei giovani. Il Burkina Faso è paralizzato da clientelismo e nepotismo, per noi giovani mancano le opportunità, se non conosci qualcuno è inutile partecipare ai concorsi pubblici. Io stesso dopo la laurea ho avuto grandi difficoltà a trovare lavoro. Ho trovato un posto come contabile in una ong legata a Save the Children.

«Nel 2014, con l'insurrezione popolare che ha rovesciato il presidente Blaise Compaoré, da ventisette anni al potere, il Burkina Faso è sprofondato nel caos. Le opportunità per noi giovani sono diventate perfino minori. In più, la mia associazione è stata presa di mira, mi hanno accusato di essere un sovversivo. Per me l'ancora di salvezza è stata un annuncio dell'Onu, che stava organizzando al Palazzo di Vetro una conferenza internazionale sugli Obiettivi del Millennio. Sono stato invitato. Appena arrivato a New

York, nel 2015, ho fatto richiesta di asilo. È qui che ho conosciuto la Comunità di Sant'Egidio, il giorno di Pentecoste del 2016, alla chiesa di Saint Mark. Io ora devo lavorare duro per mandare soldi alla mia famiglia, sto mantenendo la mamma, i fratelli e una sorella. Ho dovuto abbandonare per un po' i miei progetti in Burkina Faso, però da lontano continuo a occuparmi del mio paese. Con Sant'Egidio lavoriamo al processo di pace tra le fazioni. Nella comunità d'immigrati burkinabé in America promuoviamo il dialogo fra tutte le fedi religiose, cattolici, evangelici, musulmani, sperando di dare un esempio di tolleranza a chi è rimasto in patria. La diaspora – siamo ventimila burkinabé in tutti gli Stati Uniti, di cui metà a New York – potrebbe unirsi per contribuire alla pace. Sacrifici ne faccio tanti per mandare soldi a casa. Finora non ho potuto permettermi di pensare al matrimonio, e a 38 anni essere ancora celibe per un africano non è certo considerato una benedizione.»

Il suo paese è uno dei più piccoli e più poveri di tutta l'Africa, con appena 22 milioni di abitanti e nessuno sbocco sul mare. Un tempo si chiamava Alto Volta. Il nuovo nome che gli fu dato negli anni Ottanta può essere tradotto come «Terra degli Onesti». È stato il teatro di golpe militari a ripetizione, negli ultimi decenni con il pretesto o la giustificazione dei movimenti jihadisti che, in effetti, seminano terrore in diverse regioni. Il sogno segreto di André, mi pare di capire, è quello di tornare in un Burkina Faso pacificato e di assumere ruoli di responsabilità, magari al ministero dell'Economia. Dall'esilio segue la situazione politica del proprio paese, simpatizza con il dittatore militare che ha preso il potere di recente, il capitano Ibrahim Traoré, di quattro anni più giovane di lui. E ha opinioni molto nette su chi sia responsabile per la miseria del suo paese.

«Il Burkina era una colonia francese ed è stato controllato dalla Francia anche dopo l'indipendenza. Il saccheggio delle nostre risorse è andato avanti. [Il Burkina possiede oro, manganese e rame, fra l'altro.] Questo il papa lo ha detto durante il suo viaggio in Africa del 2023. Gli europei sanno poco o nulla di noi, di come si comportano i nostri governanti. L'Occidente ha delle responsabilità anche per il jihadismo. Quando avete rovesciato Gheddafi in Libia, al suo posto non si è instaurata la democrazia. La Libia è diventata un santuario del terrorismo e le conseguenze le paghiamo in tutto il Sahel, anche noi nel Burkina Faso. Abbiamo cacciato i militari francesi perché non ci stavano veramente aiutando. Perché l'Europa aiuta così tanto l'Ucraina e così poco noi, vittime di aggressioni continue? Il capitano Ibrahim Traoré è arrivato al potere con un colpo di Stato e questo è deplorevole, però gode di consensi e ha più legittimità di certi presidenti eletti. Potrebbe essere una tappa verso una vera democrazia. Io sono ottimista. La prima condizione per progredire verso la democrazia è la sicurezza, l'ordine pubblico. Abbiamo troppi giovani analfabeti, disoccupati e sbandati, pronti a farsi reclutare dalle milizie jihadiste che s'ispirano all'Isis. Le energie del paese non possono concentrarsi sullo sviluppo economico finché l'attenzione è tutta assorbita dall'emergenza sicurezza. Voi europei dovete occuparvi dell'Africa occidentale. Vi costerebbe molto meno di quel che state facendo per l'Ucraina. E con un buon governo la gente del mio paese smetterebbe di emigrare. Noi vogliamo costruirci un futuro a casa nostra.»

Dalle due testimonianze parallele di Betty e di André traggo alcune lezioni comuni. Per cominciare, queste storie – insieme con molte altre in cui mi sono imbattuto – mi impongono il massimo rispetto per il mondo dell'impegno umanitario. A Chance In Life e la Comunità di Sant'Egidio sono solo due esempi, fra le tante organizzazioni religiose o laiche che ho potuto vedere all'opera. Ho incontrato tanti missionari cattolici, depositari di esperienze di azione sul campo, capaci di intervenire concretamente per attenuare sofferenze e miseria. Le critiche che avete potuto leggere in questo libro contro la nostra «cultura degli aiuti» non sono mai rivolte contro di loro, sarebbe assurdo. Nell'azione umanitaria lavorano professionisti che hanno sviluppato preziose competenze, che uniscono la serietà all'onestà e alla generosità; dietro di loro c'è il mondo meraviglioso del volontariato che li appoggia e li finanzia. Però decenni di lavoro umanitario non hanno veramente modificato il quadro «macro» dell'Africa. Lo stesso vale per gli aiuti governativi: l'Occidente ha inondato l'Africa di fondi per mezzo secolo, i risultati sono deludenti. Perciò non possiamo pensare che il futuro del continente dipenda dal nostro altruismo. Occorre trovare le ricette giuste per avviare uno sviluppo autonomo, che si sostenga da solo e non dipenda dai nostri aiuti.

Un'altra indicazione che trovo nelle storie di Betty e André riguarda il mondo delle diaspore africane. Tutti e due fanno parte di quell'emigrazione che vorrebbe tornare, che chiede di essere aiutata ad avere un futuro nel proprio paese. Sono la punta dell'iceberg di una realtà ben più vasta, cioè la stragrande maggioranza degli africani che vogliono rimanere a casa loro. Ho già ricordato, nel capitolo sulle migrazioni, quanto sia distorta la visione apocalittica che prevale sui media italiani, cioè l'idea di un esodo biblico, ineluttabile e irrefrenabile, destinato a rovesciare masse enormi dall'Africa verso di noi. L'esodo reale – i grandi numeri – è già in atto, ma all'interno del continente: è il flusso di popolazione che si trasferisce dalle campagne alle città, con effetti nell'insieme più positivi che negativi.

C'è una minoranza di africani che ha trovato nell'emigrazione un approdo definitivo e appagante. Ma non raccontiamoci che nell'accoglierli noi abbiamo dato prova di generosità, altruismo. La rapina di talenti che l'Occidente opera ai danni dell'Africa è legittima: ognuno fa il proprio interesse; a lungo il Nord Europa e l'America hanno fatto incetta di talenti italiani e in parte continuano ad accogliere i nostri cervelli in fuga, ma non per questo applaudiamo il loro comportamento come una grande prova etica. Riprendo qui l'analisi equilibrata e lucida del fenomeno migratorio fatta dallo studioso nigeriano Ebenezer Obadare, che mi è già servito da guida in un capitolo precedente sul suo paese.

«Sotto la pressione di vari gruppi pro-immigranti,» dice Obadare «molti paesi occidentali hanno sposato un approccio che rende l'immigrazione legale meno onerosa e più umana. Allo stesso tempo, il bisogno di manodopera qualificata in diversi settori delle economie occidentali – come la sanità e l'istruzione – ha stimolato programmi diretti ad attirare talenti da altre parti del mondo. Da una Fortezza Europa o Fortezza America si è passati a normative sull'immigrazione più permissive. Dal punto di vista occidentale l'Africa è uno dei "beneficiari" di questa apertura. Mentre gli Stati africani si dibattevano nel degrado delle infrastrutture, nella povertà e nella corruzione, gli africani più qualificati si costruivano nuove vite nell'emisfero occidentale. Secondo l'Unione africana, ogni anno settantamila professionisti esperti lasciano l'Africa. Nel decennio dal 2008 al 2018 la percentuale di medici che hanno ricevuto la loro formazione in Africa e poi sono andati a lavorare negli Stati Uniti è cresciuta del 27 per cento. Nella sanità americana il 24 per cento del personale infermieristico viene dall'Africa. Nel 2018 almeno 5250 medici nigeriani lavoravano nel servizio sanitario pubblico del Regno Unito.» Sempre secondo i dati dell'Unione africana che hanno fotografato la situazione nel 2018, riferisce Obadare, «il mio continente ha 4,5 medici ogni 10.000 abitanti, mentre nel Regno Unito e negli Stati Uniti ci sono rispettivamente 2,9 e 2,6 medici ogni 1000 residenti. Egitto, Ghana, Nigeria e Sudafrica forniscono l'86 per cento dei medici africani agli Stati Uniti».

Le testimonianze dei miei due amici africani a New York, Betty e André, su un aspetto divergono. La ragazza etiope non incolpa l'Occidente per i problemi del suo paese, il trentottenne burkinabé sì. Da una parte questo riflette le storie molto diverse dei due paesi. Come ho già spiegato, l'Etiopia non è mai stata una colonia occidentale (gli stessi etiopi giudicano poco rilevante la breve occupazione italiana), e i suoi mali sono tutti endogeni. Il Burkina Faso, invece, è stato una colonia francese. Ma per quanto si debba essere severi con il colonialismo e il neocolonialismo di Parigi, l'atteggiamento di André è pericoloso. La sua avversione per i francesi contribuisce a renderlo indulgente verso il giovane capitano golpista che ha preso il potere e ha chiamato il Gruppo Wagner al posto delle truppe di Emmanuel Macron. Nel Burkina Faso come in tanti altri Stati africani, gli autocrati locali indottrinano i propri popoli sui mali del colonialismo e neocolonialismo occidentale per nascondere le proprie orrende malefatte. Su questo terreno, i loro messaggi sono rafforzati dalla propaganda russa e cinese. E dalla nostra stessa attitudine all'autoflagellazione. Ai tanti predatori africani che hanno campato di rendita saccheggiando i propri paesi per poi puntare il dito contro l'Occidente, noi offriamo il petto battendocelo in segno di contrizione, *mea culpa, mea culpa*. Ci prestiamo volentieri al ruolo del capro espiatorio, senza scorgere quanta malafede ci sia nei nostri accusatori.

Per vedere all'opera l'antioccidentalismo di noi occidentali quando si parla dell'Africa, un esempio recente si può trovare nel Sudan martoriato dalla guerra tra due fazioni militari. Quel conflitto è esploso nell'aprile 2023. Mentre concludo questo libro sono passati tre mesi, purtroppo il bilancio delle vittime sembra aver raggiunto molte migliaia, 3 milioni sarebbero i profughi, e i combattimenti non accennano a finire.

Avendo evacuato a fine aprile 2023 quasi tutti gli italiani

e gli altri occidentali dal Sudan, abbiamo declassato la gravità di ciò che accadeva in quel paese africano? È un'altra «strage dimenticata»? In realtà, l'emergenza Sudan all'inizio di maggio era in prima pagina sul «New York Times», dove analisi e commenti hanno un elemento in comune: è scattato il processo a noi stessi. Se c'è una strage in corso in un paese africano, dove sono gli Stati Uniti, dov'è l'Occidente? Quali sono le nostre responsabilità? Perché non interveniamo a fermare la violenza?

Comincio dalle fonti di casa nostra e riporto qui un appello lanciato il 3 maggio 2023 dalla sezione italiana di Amnesty International, che contiene una sintesi della situazione a quella data:

> Gli scontri tra le forze armate fedeli al capo di Stato di fatto del Sudan, Abdel Fattah al-Burhan, e il gruppo paramilitare denominato Forze di supporto rapido, guidato dal generale Mohamed Hamdan Dagalo, hanno finora provocato oltre mezzo migliaio di morti e quasi cinquemila feriti. L'irresponsabile condotta militare delle due parti in conflitto, basata su pesanti attacchi contro i centri abitati, sta flagellando la popolazione civile della capitale Khartum. Si registrano imponenti flussi di sfollati provenienti dal Sudan e diretti oltreconfine. Nel frattempo, sono ripresi gli scontri anche nella regione del Darfur, dov'erano iniziati nel 2003: coloro che si scontrano oggi per il controllo del potere sono gli stessi che per vent'anni hanno commesso crimini di diritto internazionale contro la popolazione darfuriana, provocando almeno 300.000 morti e la fuga di 3 milioni di persone. La persistente impunità e l'incapacità di garantire un corretto accertamento di responsabilità nei confronti di coloro che sono sospettati di aver commesso crimini di guerra, oggi in una posizione di leadership in Darfur, stanno contribuendo alle violenze ora in corso in Sudan. Le testimonianze che ci arrivano dal posto sono terrificanti. Continuiamo ad appellarci alla comunità internazionale affinché non volti nuovamente le spalle al Sudan e non ripeta quanto acca-

duto nel 2019, quando una sollevazione popolare pose fine al regime di terrore di Omar al-Bashir, ma la popolazione sudanese venne poi di fatto lasciata sola. Le persone sono nuovamente in fuga, vittime di un conflitto tra forze di potere che lottano tra loro per il controllo del paese. È evidente che i civili ne subiscano le conseguenze senza un'adeguata protezione e assistenza. Tale atteggiamento è inaccettabile; pretendiamo che le parti in conflitto garantiscano la protezione dei civili e permettano l'accesso agli aiuti umanitari per tutti coloro che ne hanno bisogno. Stiamo assistendo a un vero e proprio omicidio dell'umanità. Quanto sta accadendo in Sudan rappresenta anche il fallimento dell'impegno della comunità internazionale a collaborare alla giustizia internazionale. Infatti, la Corte Penale internazionale ha emesso sette mandati di cattura, quasi quindici anni fa, nei confronti dell'ex presidente al-Bashir e di altri esponenti dell'esercito e dei paramilitari, ma solo uno di essi è stato eseguito. Lo stesso al-Bashir, il principale sospettato, è ancora in fuga e addirittura libero nel suo paese.

L'appello accorato lanciato dalla sezione italiana di Amnesty International è giusto in tutto, salvo che nella conclusione. Il presunto «fallimento della comunità internazionale a collaborare alla giustizia internazionale» sarebbe dimostrato dal fatto che l'ex dittatore sanguinario al-Bashir non è stato catturato e consegnato alla Corte penale internazionale. Questo però avviene perché, come nota Amnesty, al-Bashir è «libero all'interno del suo paese». L'informazione che conclude il comunicato non è affatto certa, anzi è smentita da fonti che lo descrivono agli arresti. Comunque sia, l'ex dittatore criminale si è avvalso di collusioni nello stesso paese che lui ha oppresso e martoriato. Dovremmo inviare una spedizione militare per catturarlo, all'interno di un paese dove gode di complicità e protezioni? Magari una forza di occupazione, che ristabilisca pace, ordine e sicurezza a vantaggio della popolazione stremata? Formata da quali paesi, con quale missione precisa, per quale durata? Salvo poi sentirci accusare di ingerenze neocoloniali?

Tornando al caso di al-Bashir, di questo passo dovremmo considerare un «fallimento della comunità internazionale» il fatto di non avere catturato e consegnato alla Corte dell'Aia Vladimir Putin? E poi, quand'anche al-Bashir venisse effettivamente arrestato e processato, sono altri coloro che in questo momento stringono il Sudan nella morsa del terrore.

Nell'impotenza a fermare guerre e guerre civili, affiora sempre in noi occidentali una sorta di «nostalgia imperiale», inconscia e inconfessabile, il vago desiderio di un mondo dove tocca a noi riparare le ingiustizie, fermare le atrocità, proteggere i deboli e gli indifesi. Quel mondo, in realtà, non è mai esistito e meno che mai esiste oggi, quando i generali golpisti che tengono in ostaggio la popolazione del Sudan sanno rivolgersi di volta in volta al Gruppo Wagner russo, alla Cina, all'Egitto o all'Arabia Saudita, se l'Occidente diventa un loro nemico. Quando queste tragedie fanno scattare il riflesso automatico dell'autocolpevolizzazione, sotto sotto c'è una forma di eurocentrismo o americanocentrismo, un'illusione di onnipotenza, una sopravvalutazione di ciò che possiamo fare noi.

Amnesty International è in buona compagnia, visto che il più importante giornale americano fa la stessa cosa: imbastisce un processo all'America, che naturalmente deve essere colpevole se qualcosa va storto da qualche parte nel vasto mondo. Il «New York Times» il 4 maggio 2023 sbatte il Sudan in prima pagina con questo titolo: *Come un piano Usa per la democrazia in Sudan si è concluso con una fuga frettolosa*. L'inchiesta che segue mescola dati di fatto innegabili con analisi e giudizi molto discutibili. Su tutto l'articolo pesa un'evidente esagerazione del ruolo della diplomazia americana e di ciò che essa può fare nel Sudan in particolare, in Africa in generale.

Ancora poche settimane prima del golpe – esordisce il reportage del «New York Times» – i diplomatici americani pensavano che il Sudan fosse vicino a una svolta, un accordo che avrebbe accelerato la sua transizione dalla dittatura militare verso una democrazia piena, realizzando così la promessa della rivoluzione del 2019. Il quotidiano arriva a definire il Sudan come «un importante test per l'obiettivo centrale della politica estera di Joe Biden, quello di rafforzare le democrazie nel mondo intero ... anche per consentire alle democrazie di resistere contro l'influenza di Cina, Russia e altre potenze autoritarie». Quest'ultima è un'affermazione azzardata, innalzare il Sudan al rango di un test per la politica estera di Biden è un'esagerazione, visto che non solo in un ordine gerarchico d'importanza l'Ucraina, Taiwan, il Golfo Persico sono terreni prioritari per misurare lo stato della competizione fra superpotenze, ma anche la gara d'influenza tra Washington, Mosca, Pechino su giganti come l'India o il Brasile o il Sudafrica attira più risorse ed energie diplomatiche.

Comunque il reportage prosegue con la descrizione di una débâcle: «Il 23 aprile, gli stessi diplomatici americani che erano stati coinvolti nei negoziati in Sudan si ritrovarono di colpo a chiudere l'ambasciata e a evacuare Khartum nottetempo e in gran segreto su elicotteri, mentre il paese sprofondava in una potenziale guerra civile». La requisitoria sul fallimento della diplomazia americana si basa su questo: la Casa Bianca e il dipartimento di Stato avrebbero sbagliato a trattare con degli «uomini forti» – i due generali golpisti e rivali tra loro – che promettono democrazia e disattendono regolarmente gli impegni presi. L'America non avrebbe dato abbastanza spazio e risorse alla «società civile», quella che scese in piazza nel 2019 per abbattere il regime di al-Bashir. È un film già visto: le primavere arabe furono l'occasione di illusioni analoghe, poi scatenarono processi all'America e all'Occidente per ciò che avevano fatto, oppure avevano omesso di fare. Il mito di una società civile buona, virtuosa, liberaldemocratica, che regolarmente viene tradita e abbandonata da noi, è tenace. Resiste anche all'evidenza: per esempio, quella stessa società civile in Egitto – paese confinante con il Sudan, al quale lo accomunano alcuni problemi – appena chiamata alle urne consegnò il potere ai Fratelli musulmani, e la rivoluzione democratica si trasformò in rivoluzione islamista, calpestando molti diritti delle minoranze. Il Sudan è il luogo dove va in scena oggi la stessa illusione, lo stesso psicodramma, la stessa liturgia di autoflagellazione per gli errori che avremmo commesso noi. Sempre rifiutando di accettare che «noi» contiamo meno di quanto crediamo – o forse vorremmo – e soprattutto ignorando che paesi come il Sudan hanno leader capaci di manovrare e manipolare le rivalità tra potenze, e lo stanno facendo con grande spregiudicatezza.

Il «New York Times», invece, insiste su questa accusa all'amministrazione Biden: «Anziché dare potere ai leader civili, ha lavorato con i due generali rivali, li ha coccolati, ha accettato le loro richieste irrazionali, li ha trattati come dei soggetti politici normali». In realtà, lo stesso giornale ricorda che dopo un golpe militare dell'ottobre 2021 (l'antefatto alle vicende del 2023) gli Stati Uniti avevano congelato aiuti per 700 milioni di dollari da destinare al Sudan, e in parallelo la Banca mondiale e il Fondo monetario internazionale (dove gli Usa hanno un'influenza prevalente) avevano bloccato 6 miliardi di assistenza immediata e un piano di cancellazione del debito da 50 miliardi. Washington a quell'epoca aveva anche minacciato sanzioni economiche *ad personam* contro il generale golpista Dagalo; salvo rinunciare ad applicarle anche perché quest'ultimo era andato a cercare appoggio a Mosca, durante una visita che coincise con il primo giorno dell'invasione russa in Ucraina. Alla fine, comunque, nella primavera del 2023 le sanzioni americane contro i belligeranti sono scattate. Senza risultati visibili nell'immediato.

Che l'influenza dell'America in Sudan sia limitata lo si deve anche alla lunga storia di questo paese come «santuario» dei fondamentalisti islamici, a partire dagli anni Novanta, quando ospitò a lungo il capo di al-Qaeda Osama bin Laden (nel 1998 Bill Clinton era arrivato a ordinare il lancio di un missile contro uno stabilimento farmaceutico di Khartum accusato di fabbricare armi chimiche per conto di al-Qaeda). Jeffrey Feltman, che fu inviato speciale Usa per il Corno d'Africa e seguì i negoziati per la transizione dal regime militare alla democrazia in Sudan, si dice scettico che le sanzioni contro i generali golpisti cambino qualcosa. «I generali» sostiene «pensano di essere in una battaglia esistenziale. Se combatti per la vita o la morte, le sanzioni possono darti fastidio ma non ti fermano.»

Un'altra diplomatica americana, anch'essa ex inviata speciale in Sudan, Jacqueline Burns, ha deciso invece di unirsi al coro di chi crede che la tragedia di quel paese sia «in parte colpa nostra». Anche lei si esprime sulle colonne del «New York Times», il 23 aprile 2023, con un editoriale in cui affronta il ruolo della società civile. Ammette che i movimenti di opposizione dal basso che rovesciarono il dittatore al-Bashir nel 2019 erano «troppo deboli e disorganizzati per competere con le milizie armate». Riconosce anche il ruolo di numerosi «attori stranieri» a cui si possono appoggiare i generali golpisti: Russia o Gruppo Wagner, Stati del Golfo, Egitto. Dai suoi ricordi personali, di quando svolgeva missioni diplomatiche in Sudan, la Burns estrae dettagli poco incoraggianti sui negoziati a cui partecipò: «Cominciai a lavorare nel Sudan e Sud Sudan nel 2011, dopo una serie di feroci guerre civili. Nonostante l'accordo di pace che consentì la nascita del Sud Sudan attraverso la sua secessione, la violenza continuò in Darfur. ... Ero giovane e ottimista. ... Certi leader di gruppi armati con cui trattavo erano più interessati a guardare partite di calcio in tv nella piscina dell'albergo, e a organizzare riunioni per il proprio tornaconto, anziché a discutere della violenza che affliggeva la loro gente. ... I gruppi armati e i regimi dittatoriali sanno che, finché partecipano a un processo di pace, la pressione internazionale su di loro viene meno. Se accettano di firmare un accordo, mancano strumenti di pressione per costringerli a rispettarlo. E il tempo speso durante questi processi di pace – che nel caso del Sudan si misura in decenni – viene usato dai gruppi armati per accumulare forza politica e militare».

L'analisi della diplomatica, tratta dalla sua esperienza sul terreno, è precisa e impietosa. Sorprende perciò il salto logico con cui arriva alla sua conclusione sulle colpe dell'America: «Le donne, malgrado il loro ruolo nelle proteste che portarono alla caduta di al-Bashir, non furono incluse in modo sostanziale nel governo di transizione, e solo marginalmente vennero coinvolte nei negoziati di pace». Donde il verdetto che ciò che accade è colpa di una comunità internazionale (cioè noi, l'Occidente e in prima fila l'America) che «continua a dare priorità alle voci degli armati e dei corrotti». Tutto qui? Bastava insistere per avere delle «quote rosa» nel governo civile del Sudan? La serietà dell'analisi iniziale viene liquidata con uno scivolone verso il «politicamente corretto» obbligatorio negli Stati Uniti. Il Sudan sprofonda in un altro ciclo di violenze, guerra civile, golpe militari perché Washington non ha valorizzato di più le donne sudanesi e altri gruppi della società civile, insistendo sulla necessità di negoziare con le fazioni armate?

L'ingenuità di questa conclusione è disarmante e sembra riprodurre un copione già visto in Afghanistan. Dove pare sia sempre colpa nostra se i diritti delle donne afgane vengono nuovamente calpestati in maniera brutale. Salvo evitare il nodo: a meno di protrarre all'infinito l'occupazione militare americana (che peraltro era stata ampiamente criticata come un atto di prevaricazione imperialista), come può l'Occidente impedire che tornino al potere i talebani, se questo è lo sbocco delle dinamiche interne alla società civile afgana e ai rapporti di forze reali sul terreno? Così, se la «comunità internazionale» (leggi: l'America) si ostina a negoziare con militari sanguinari, forse è perché prescindere da questi soggetti e provare a insediare un governo civile pieno di donne e altri esponenti virtuosi sfocerebbe nello scenario che abbiamo già visto, cioè la crudele vendetta dei generali golpisti che hanno armi a sufficienza per dettare la legge.

Sulla falsariga di quello appena citato, un altro editoriale emblematico apparso sul «New York Times» il 2 maggio 2023 porta la firma di Lydia Polgreen. Estraggo questo passaggio, che sembra anch'esso improntato a un sano e lucido realismo: «In un mondo sempre più multipolare, gli Stati Uniti possono mancare di quella forza di pressione e statura che una volta consentiva di piegare gli eventi alla loro volontà. Questo può non essere negativo: la Pax Americana spesso fu imposta a danno della sovranità e dell'autodeterminazione dei popoli». Eccoci in pieno nella narrazione preferita dai progressisti occidentali e da molte élite africane: è un bene che l'America conti meno di una volta, il mondo è migliore se si libera della sua egemonia. Perciò si rimane stupefatti nel leggere, poche righe dopo, quest'affermazione della stessa autrice: «La crisi in Sudan offre una chiara opportunità agli Stati Uniti perché si dimostrino all'altezza degli ideali che vanno proclamando in giro per il mondo. Eppure, gli Stati Uniti sembrano muti o perfino assenti». Questi luoghi comuni sono talmente diffusi che chi li sciorina è ormai incapace di vedere una contraddizione eclatante: da una parte nell'interesse dei popoli africani dobbiamo applaudire il declino degli Stati Uniti e la loro ritirata; d'altro lato dobbiamo esigere il loro intervento?

Conclusione… cinese?

Ho dedicato un capitolo al «modello asiatico» e alle speranze che suscita in Africa. La Cina è stata una presenza costante in tutto il libro, com'è normale vista la sua onnipresenza sul continente. Resta da capire se è questo gigante asiatico ad avere in mano le chiavi di un futuro migliore per le popolazioni locali. Sull'invasione cinese in Africa si sono ormai diffusi molti stereotipi ben radicati nelle opinioni pubbliche occidentali. Anche quella maggioranza di americani ed europei in preda alla sindrome del suicidio occidentale, convinta che sia «sempre tutta colpa nostra», che i problemi del sottosviluppo siano interamente spiegabili con il colonialismo e il neocolonialismo, in genere non simpatizza con l'avanzata cinese. Anzi, gli stessi che sono pronti a battersi il petto per i peccati dell'Occidente, subito dopo passano a elencare le nefandezze dei cinesi e concludono che l'Africa è caduta dalla padella alla brace. Da un padrone all'altro.

Così, il pessimismo tenace che è il modulo narrativo obbligatorio quando si parla di Africa si estende alla sua «sinizzazione». Poveri africani, povere vittime, sono passati dallo sfruttamento di noi bianchi all'oppressione e al saccheggio targati «made in China», che rischia di essere perfino peggio.

Sono sbagliati ambedue questi luoghi comuni. Ho spiegato, dando la parola a diversi africani, perché c'è un implicito razzismo nell'idea che i governi locali siano succubi e passivi, deboli vittime delle superpotenze. Nella realtà, le classi dirigenti del continente sono abili nel mettere in concorrenza fra loro America, Cina, Russia e molti altri. L'invasione cinese, se di questo si tratta, è avvenuta spesso «su invito». L'altro stereotipo sbagliato è quello per cui l'espansione cinese sarebbe solo l'ennesima versione di una rapina delle risorse locali. Chi investe in Africa – che sia cinese o di qualsiasi altro paese – lo fa a scopo di profitto, altrimenti se ne starebbe a casa sua. Però può creare occupazione e contribuire allo sviluppo locale, a certe condizioni. L'idea di uno sviluppo tutto autarchico, che tenga lontani i malvagi investitori stranieri, laddove è stata applicata ha generato solo miseria.

Liberarsi dei luoghi comuni è importante per capire davvero quel che sta accadendo. Credo di poterlo fare perché ho seguito l'avanzata della Repubblica popolare in Africa quando ancora nessuno l'aveva avvistata, almeno in Italia. Non è merito mio, ma del luogo in cui mi trovavo: a Pechino.

Uno dei miei primi articoli sul tema uscì su «la Repubblica» il 2 febbraio 2007. Lo riporto qui, credo sia utile per motivi storici: per capire che l'attuale progetto africano dei leader comunisti cinesi (ben diverso da quello di Mao Zedong, che esportava la rivoluzione armata e l'egualitarismo del *Libretto rosso*) viene da lontano. Ecco la mia cronaca di oltre sedici anni fa, quando segretario generale del partito e presidente della Repubblica popolare era Hu Jintao, il predecessore di Xi Jinping.

Pechino. Arriva carico di doni e non pone condizioni: per molti leader africani Hu Jintao sembra il partner ideale. Partito ieri per la sua seconda tournée diplomatica in Africa in soli nove mesi, il presidente cinese sfodera un'offensiva della seduzione che allarma l'Occidente. Affamata di energia e materie prime, la Cina sta allargando la sua sfera d'influenza economica, politica e militare. Molti paesi dell'emisfero Sud sono in piena luna di miele con Pechino. In otto tappe, partendo dal Camerun per poi toccare Liberia, Sudan, Zambia, Namibia, Sudafrica, Mozambico e Seychelles, Hu farà il pieno di contratti preziosi per un'economia cinese che è in pieno boom (+10,7 per cento il Pil nel 2006) e contende agli altri paesi industrializzati l'accesso a risorse naturali strategiche. Ma questo viaggio sarà anche un test per verificare la reazione del leader cinese alle prime tensioni che la presenza cinese sta provocando. In Occidente le associazioni umanitarie accusano la Cina di complicità col genocidio del Darfur. Nella stessa Africa nascono le prime polemiche verso certi atteggiamenti «colonialisti» di Pechino: un problema del tutto nuovo per la Cina, che ai tempi di Mao si presentava come una nazione del Terzo Mondo.

Hu Jintao ha fatto di tutto per garantirsi che questa visita sia trionfale. L'anno scorso lui stesso e il suo premier Wen Jiabao visitarono altri 16 paesi africani. A novembre Hu accolse in pompa magna a Pechino 48 capi di Stato africani, offrendo 5 miliardi di dollari di nuovi prestiti e un raddoppio degli aiuti gratuiti. Il presidente ha annunciato che nel corso di questo viaggio offrirà 3 miliardi di dollari di prestiti e cancellerà il debito dei 33 paesi africani più poveri verso la Repubblica popolare. Il ministero del Commercio estero di Pechino ha voluto precisare che «i prestiti a condizioni privilegiate non sono accompagnati da alcuna condizione politica». È proprio questo l'atteggiamento che piace a molti governi africani, insofferenti verso le campagne occidentali per il rispetto dei diritti umani, o verso i controlli imposti dalla Banca mondiale per combattere la corruzione. Ancora più consistente degli aiuti è la dimensione del commercio estero fra la superpotenza asiatica e il continente nero. Nell'ultimo decennio l'interscambio si è decuplicato, raggiungendo i 55,5 miliardi di dollari. Nel solo 2006 la crescita dell'import-export è stata del 40 per cento. La Cina ricava dall'Africa un terzo del suo petrolio e molte altre materie prime come legname, bauxite, ferro e altri metalli. Angola, Sudafrica e Sudan sono in testa alla classifica dei suoi fornitori di risorse naturali. Hu Jintao ha posto come obiettivo di raddoppiare ancora il commercio con l'Africa in tre anni. Nel 2006 la bilancia commerciale si è chiusa a vantaggio dell'Africa, con 2,1 miliardi di dollari di attivo.

Malgrado il saldo contabile positivo in favore dell'Africa, tuttavia, cominciano a sentirsi voci critiche sugli effetti di lungo periodo della presenza cinese. Alcuni economisti vedono nel rapporto tra Pechino e l'emisfero Sud gli stessi squilibri strutturali che in passato furono rimproverati all'Occidente: la Cina acquista materie prime e invade i mercati africani con i suoi prodotti industriali a buon mercato, dal tessile-abbigliamento all'elettronica di consumo, dalle calzature alle automobili. Incapace di competere con l'agguerrita potenza manifatturiera delle fabbriche di Shanghai e Canton, l'Africa rischia di essere saccheggiata nelle sue risorse naturali, senza poter innescare uno sviluppo che crei localmente ricchezza e occupazione. Gli effetti dell'invasione del made in China si cominciano a sentire: numerose fabbriche tessili del Sudafrica e del Lesotho hanno dovuto chiudere.

Queste preoccupazioni sono accentuate ulteriormente negli investimenti infrastrutturali. La Cina si presenta nella veste della benefattrice perché in Africa sta costruendo strade e porti, ferrovie e dighe, centrali elettriche e raffinerie. Lo fa però con un metodo che suscita tensioni. Le grandi opere sul suolo africano vengono realizzate da imprese cinesi che si portano con sé non solo il management e i tecnici, ma anche tutta la manodopera. I cinesi ritengono evidentemente che i loro operai siano più produttivi, disciplinati e affidabili. In questo modo la realizzazione di grandi lavori infrastrutturali non crea occupazione locale, non trasferisce know how tecnologico né contribuisce a migliorare la formazione della forza lavoro africana. In un caso in cui i cinesi impiegano manodopera locale, le condizioni di lavoro hanno scatenato un serio conflitto: nello Zambia l'anno scorso scoppiarono disordini violenti quando i minatori impiegati in una miniera di rame di proprietà cinese rivendicarono aumenti salariali. Lo sfruttamento cinese entrò di prepotenza fra i temi della campagna elettorale dello Zambia. Il presidente del Sudafrica, Thabo Mbeki, a sua volta ha denunciato il rischio che la relazione con la Cina diventi «ineguale e di tipo coloniale».

Il test più seguito dall'Occidente sarà la tappa di Hu Jintao a Khartum, la capitale del Sudan. Il regime del Sudan è accusato per il genocidio del Darfur dove sono state sterminate 200.000 persone e 2,5 milioni di profughi sono stati costretti ad abbandonare i loro villaggi. La Cina, professando la «non interferenza» negli affari interni degli altri paesi, si è opposta a un intervento dell'Onu nel Darfur, ed è diventata il principale supporto politico-economico del regime sudanese. Human Rights Watch in occasione del viaggio di Hu Jintao ha lanciato un appello al presidente cinese: «Se la Cina vuol essere coerente con i suoi doveri internazionali e se aspira a essere considerata come una potenza responsabile, nell'interesse del popolo del Sudan può e deve fare molto di più in quel paese». L'associazione umanitaria ha elencato una serie di misure che Pechino dovrebbe appoggiare: sanzioni contro Khartum, stop alla fornitura di armi cinesi al regime, creazione di un fondo in favore dei profughi del Darfur da alimentare coi proventi dell'export di petrolio sudanese.

Quattro anni e mezzo dopo, usciva un mio reportage sul magazine «Venerdì di Repubblica». Datato luglio 2010, lo riprendo qui perché c'entra il Sudafrica (organizzatore dei Mondali di calcio in quell'anno) in cui ho viaggiato nel 2023; e perché a quel punto si era già acceso un forte allarme negli Stati Uniti. L'articolo che segue, intitolato *La conquista cinese dell'Africa*, serve a dar conto di quanto i rapporti di forze fossero ulteriormente cambiati in favore di Pechino. Complice anche la crisi finanziaria del 2008, che aveva indebolito l'Occidente ma a cui la Cina aveva resistito meglio di noi.

Non importa che la loro (mediocre) nazionale non sia riuscita neppure a qualificarsi per mettere piede in Sudafrica. Tanto i vincitori dei Mondiali sono stati comunque loro. Sul piano economico, s'intende. I cinesi hanno già incassato un contratto gigantesco, legato proprio all'evento calcistico. A corto di cemento, per le grandi opere infrastrutturali legate ai Mondiali il governo sudafricano si è rivolto a Pechino per farsi costruire in tempi record il cementificio più grande del paese. L'affare, un investimento da 200 milioni di dollari, è stato siglato con un colosso cinese dell'impiantistica, il Jidong Development Group. A finanziarlo ci pensa la banca specializzata per queste operazioni: China-Africa Development Fund. E con un tatto politico che gli occidentali hanno raramente in quest'area del mondo, i cinesi hanno coinvolto nell'operazione la Women Investment Portfolio Holdings, una società che promuove il ruolo delle donne nell'economia sudafricana. Bel colpo, ma non certo una sorpresa.

Già da due anni, in realtà, la Repubblica popolare si è imposta come il primo partner commerciale del Sudafrica. Proprio nella «punta bianca» del continente nero, nella nazione economicamente più sviluppata, in quella che l'Occidente ha considerato come una sua alleata naturale, l'influenza della Cina ci ha già reso marginali. Nell'ottobre 2007, mentre l'America avvertiva i primi segnali premonitori della grande crisi finanziaria, la Industrial and Commercial Bank of China acquistava per 5,5 miliardi di dollari la Standard Bank of South Africa, e con quell'operazione polverizzava i record storici per ogni operazione finanziaria nel continente.

Il Sudafrica è la conferma di un fenomeno destinato a cambiare i destini di questa parte del mondo: la formidabile avanzata della Cina sta spazzando via l'influenza dell'Occidente nell'ultimo continente ancora segnato in profondità dall'era coloniale. In Europa e in America l'espansione cinese viene denunciata come una nuova forma di imperialismo. Si sottolineano il saccheggio delle risorse naturali, il sostegno ai regimi dittatoriali, l'indifferenza ai diritti umani. Ma sono tutte fondate le accuse rivolte ai cinesi? E anche se lo sono, con quale credibilità l'Occidente si erge a difensore degli interessi dell'Africa?

Un test emblematico di queste contraddizioni è il Niger. Anche questo paese – 15 milioni di abitanti e uno dei redditi più miseri del pianeta – ha improvvisamente scoperto la munificenza cinese. Grazie a una donazione del governo di Pechino, perfino i leoni dello zoo di Niamey, capitale del Niger, oggi stanno meglio: di recente gli è stata recapitata da una nave portacontainer di Shanghai una nuova gabbia «a cinque stelle», made in China. Il rifacimento del giardino zoologico è poca cosa, in confronto ad altri flussi di capitali cinesi che inondano il Niger. Per esempio i 700 milioni di dollari per la costruzione della prima raffineria e della prima centrale idroelettrica del paese. E altre centinaia di milioni di dollari di opere di pubblica utilità che porteranno come sempre l'etichetta «made in China»: strade, scuole, ospedali.

Tutto questo avviene in un paese le cui fedeltà tradizionali erano ben diverse. Per capire da che parte stava il Niger nella geopolitica post-coloniale, basta leggere le targhe delle due principali vie di Niamey. Una si chiama Avenue du Général de Gaulle. L'altra è l'Avenue de L'Uranium. Nel gioco toponomastico c'è tutta la storia recente del Niger: il fornitore principale dell'uranio che alimenta il paese più nuclearizzato del mondo è stata la Francia. L'ente di Stato francese che gestisce l'imponente apparato dell'energia atomica, Areva, per quarant'anni ha goduto di un monopolio incontrastato sull'accesso all'uranio del Niger. Ma il dominio francese ha cominciato a franare tre anni fa, sotto i colpi dell'avanzata cinese. E oggi la generosità cinese verso il Niger ha come contropartita dei preziosi contratti di concessione alla Sino-U, l'azienda pubblica di Pechino che controlla l'import di uranio. Un combustibile strategico per la Repubblica popolare, che in casa propria per ridurre la dipendenza dall'energia fossile ha avviato un imponente piano di costruzione di centrali atomiche: venti nuovi reattori in un decennio.

La penetrazione cinese ai danni della Francia non è avvenuta senza scossoni. Il più importante è accaduto il 18 febbraio, secondo una sceneggiatura fin troppo prevedibile. Un gruppo di giovani ufficiali dell'esercito hanno circondato il palazzo presidenziale di Niamey e hanno deposto il capo dello Stato, Mamadou Tandja. Quest'ultimo si è conquistato un posto singolare nella storia: è probabilmente il primo leader africano vittima di un golpe perché accusato di essere troppo filocinese. Le dietrologie non sono mancate, su un ipotetico «mandante francese» del putsch militare. Ma la vera sorpresa è stata la reazione di Pechino. Imperturbabile.

Se Tandja si aspettava un aiuto dai suoi protettori, si vede che non aveva studiato il nuovo stile della nomenklatura comunista sotto il presidente Hu Jintao, detto «Hu l'Africano» per le sue tournée diplomatiche nel continente nero. La politica di non interferenza negli affari interni degli altri Stati, proclamata *urbi et orbi* da Hu Jintao, in questo caso è stata applicata scrupolosamente. E alla lunga potrebbe rivelarsi vincente. Xia Huang, il potente ambasciatore cinese a Niamey, sostiene che i legami tra Cina e Niger continueranno a svilupparsi, a prescindere dalle vicende politiche locali e da chiunque sia al potere. Sottolinea che Pechino ha già offerto altri progetti d'investimento essenziali per il paese: una centrale termoelettrica a carbone, degli oleodotti. «La Cina» dice l'ambasciatore «rappresenta un'opzione ben più attraente di altri partner stranieri.» E conclude con un'allusione feroce ai metodi della Francia. «Il Niger» afferma Xia «esporta uranio da quarant'anni. Eppure il ricavo di queste esportazioni ha dato lo stesso fatturato delle vendite di cipolle.» Ed ecco sistemata la patria di Liberté, Egalité, Fraternité.

Lo stesso leitmotiv accompagna tutta la penetrazione della Cina in Africa. Quest'anno il commercio tra la superpotenza asiatica e il continente nero sorpasserà la soglia dei 100 miliardi di dollari. Gli investimenti seguono una traiettoria ancora più veloce. «Le mani cinesi si allungano sull'Africa», certo non per motivi disinteressati. Pechino si accaparra un accesso strategico, con contratti di lungo periodo, al petrolio di Angola, Nigeria, Algeria, Sudan. Conquista le risorse minerarie e metallifere dello Zambia e della Repubblica Democratica del Congo. Gestisce la più grande miniera di minerale ferroso del Gabon. E la diplomazia cinese è a caccia di vastissime tenute agricole da acquistare in Africa per trasformarle in «granai esclusivi», che riserveranno i loro raccolti al fabbisogno alimentare della popolazione cinese.

«In cambio, però, la Cina porta anche un nuovo tipo di sviluppo, di dimensioni mai viste nella storia» scrive Howard French su «The Nation». «Sono i più grandi costruttori di infrastrutture» sostiene Martyn Davies dell'università di Pretoria. Spezza una lancia in favore dei cinesi anche la più celebre economista-iconoclasta espressa dalla giovane intellighenzia africana. È Dambisa Moyo, la quarantunenne originaria dello Zambia che ha fatto una carriera da star alla Banca mondiale. «Tra il 1970 e il 1988» dice la Moyo «in un periodo dove era l'Occidente a dominare in Africa, i flussi di aiuti americani ed europei raggiunsero il massimo livello, eppure la povertà in Africa salì dall'11 al 66 per cento della popolazione. Onestamente, l'impatto cinese finora è stato più positivo. La Cina sta segnando con la sua impronta una nuova era dello sviluppo non solo economico, ma sociale e culturale.»

Passano altri nove anni, e una tappa ulteriore nell'escalation della presenza cinese sul continente è fotografata nel racconto di una mia traversata dell'Etiopia. È il gennaio 2019. Questi passaggi sono estratti dal mio libro *La notte della sinistra*, dove potete trovare la versione integrale.

È considerato il miracolo africano del momento, per la crescita economica. Il suo giovane premier è una star mondiale. È Abiy Ahmed, il quarantaduenne riformatore alla guida dell'Etiopia. Un colosso da 105 milioni di abitanti, con tassi di crescita «cinesi», in tutti i sensi. Una nazione che potrebbe servire da guida a tante altre del continente nero. Forse.
... Tra le cose che mi hanno attirato in quel paese e me lo hanno fatto scegliere c'è la sua storia particolare. L'Etiopia

non entra nella vicenda del colonialismo bianco. Hanno ragione gli etiopi quando insistono a parlare di «occupazione» italiana per sottolinearne la brevità (cinque anni tra il 1936 e il 1941) e quindi la sostanziale irrilevanza rispetto alla lunghissima storia del loro paese. Gli italiani si macchiarono di alcune atrocità, di qualche massacro orribile, ma nulla di troppo diverso da quello che i clan dominanti dell'Etiopia avevano inflitto alle etnie soggette, alle minoranze sconfitte e sottomesse nel corso dei secoli. Perché uno degli aspetti interessanti della storia dell'Etiopia è la sua dimensione imperiale antica e autonoma. ... Il fascino di quel vasto territorio è comprensibile: vi nacque la specie umana, lì infatti è stata ritrovata la nostra antenata Lucy, *Femina sapiens* di 3,2 milioni di anni fa. La prima sovrana etiope che acquista un posto di rilievo nel nostro immaginario storico-mitologico è la regina di Saba, protagonista dell'incontro con re Salomone. Da quel momento in poi, anche se non si chiama ancora Etiopia né Abissinia, quella parte dell'Africa è culla di imperi indigeni. Potenze autoctone, che intrecciano relazioni con l'Egitto e il Sudan, con l'altra sponda del Mar Rosso (araba) e dell'Oceano (India). ...

La vera Etiopia si scopre lasciando la capitale, i suoi grattacieli in costruzione, i suoi ingorghi e il suo smog. L'Onu ha la maggiore sede africana a Addis Abeba, ma se i funzionari internazionali restano lì hanno una visione parziale. Prendere un volo fino a Bahir Dar, spingersi su strade sterrate fino alla regione di Gumuz, uno dei vasti altipiani etiopi, offre una prospettiva diversa. Una puntata nelle zone rurali ridimensiona un po' l'entusiasmo per il «miracolo etiope», pubblicizzato nel mondo dal premier-celebrity Abiy. Un'ora di strada asfaltata da Bahir Dar, due di strada sterrata (impraticabile nella stagione delle piogge), un'ora finale di arrampicata a piedi, e si raggiunge un polo estremo, l'opposto di Addis Abeba. Lungo il percorso incrocio bambine e bambini che trasportano sulle spalle taniche d'acqua o canne da zucchero o cesti pieni di cipolle, camminando nella polvere per tragitti lunghissimi. Altri bambini lavorano nei campi coi genitori, la schiena piegata in due. I contadini usano aratri di legno come mille anni fa; non hanno mai visto un trattore. Carretti trainati a mano, al massimo da un asinello. Pastorelli sorvegliano mandrie di mucche «indiane» (la razza con la gobba), magre quanto i loro padroni. Arrivo in cima a una collina abitata da etnie tribali di origine sudanese, e i segni di una povertà estrema sono evidenti. Non la fame, perché la terra è fertile e i contadini non mancano di cibo. Però nella folla di bambini che accorrono a osservare i visitatori bianchi si notano delle pance gonfie (infezioni da vermi intestinali, dice un esperto che mi accompagna) e occhi malati.

La distanza che abbiamo percorso è una barriera tremenda per chi ha bisogno di raggiungere un ambulatorio; o una scuola. Né si trovano insegnanti disposti a un simile pendolarismo per il magro stipendio statale. Perché i bambini non rimangano analfabeti un vescovo locale ha addestrato due ragazze del posto, uniche e rudimentali maestre per tutte le classi: centinaia di bambini di età diverse riuniti in un grande hangar. La gente di qui – e in molte altre regioni rurali che ho attraversato – abita ancora nei tradizionali tucùl: muri di terra e sterco, tetti di paglia. Il bestiame dorme insieme agli umani. Entrando, la prima impressione è di trovarsi in una camera a gas: il fuoco è perennemente acceso, per scaldarsi di notte e anche bruciare erbe aromatiche che scacciano zanzare da malaria, zecche e altri insetti micidiali. Gli incendi sono frequenti; anche le malattie polmonari, per chi respira tanto fumo. L'elemosina, o il regalo, che i bimbi di qui ci chiedono più spesso è una penna biro. ...

L'Etiopia ha una buona fama di questi tempi perché è un'oasi di stabilità politica e di riforme, circondata da vicini tragicamente turbolenti o repressivi: Sudan, Eritrea, Somalia. Ma il modello etiopico, come mi spiega un esule eritreo consulente dell'Onu, poggia su un equilibrio fragile. È una federazione etnica dove i ricordi delle oppressioni reciproche sono ancora freschi, ferite aperte. Storicamente la minoranza tigrina ha controllato il potere e le armi, gli ahmara dominano l'economia, mentre la maggioranza oromo solo di recente ha conquistato il governo con Abiy. Nel paese si contano circa 80 etnie e almeno quattro comunità religiose: ortodossi, musulmani, protestanti e cattolici in ordine di grandezza. L'idea di Stato è ancora un'astrazione, esercito e polizie federali sono milizie dei movimenti di liberazione etnici, riconvertite di recente. Il contesto internazionale non aiuta: la Russia «perse» l'Etiopia con la caduta del dittatore comunista Menghistu (1991); l'Occidente simpatizza con Abiy ma scommette pochi capitali su di lui; la vera contesa per l'egemonia qui è tra la Cina e l'Arabia Saudita. Pechino costruisce infrastrutture; gli arabi edificano moschee e attraverso l'importazione di manodopera etiope (soprattutto colf) operano un'islamizzazione strisciante (per lavorare sull'altra sponda del Mar Rosso conviene adattarsi ai costumi locali).

Se confrontata con la maggioranza dei paesi subsahariani, l'Etiopia è un modello avanzato, quasi un'oasi felice, per varie ragioni. Tutte un po' precarie. È il granaio d'Africa, una vera potenza agricola col più grande patrimonio di bestiame di tutto il continente, di che sfamare i suoi abitanti e anche esportare. Ma fu teatro di carestie storiche, due delle quali contribuirono alla caduta dei due ultimi regimi (Hailé Selassié, Menghistu). Com'è possibile morire di fame in una nazione così fertile, con tanti laghi e fiumi? L'eccessivo sviluppo degli allevamenti ha contribuito all'erosione dei terreni. La parcellizzazione delle terre non incentiva gli investimenti in tecnologie. ... La mancanza di infrastrutture e la politica – il prestigio dei dittatori, le contese etniche – hanno rallentato l'arrivo di aiuti quando alcune regioni erano colpite da siccità. ...

La mortalità infantile elevata (che riduce l'età media della popolazione poco sopra i cinquant'anni) si spiega con l'assenza di un'igiene basilare. L'acqua pulita resta un bene irraggiungibile in campagna. «Hai un bell'insegnare che bisogna lavarsi le mani,» mi dice la suora indiana che dirige un ambulatorio nella zona abitata dai gurage «ma scavare un pozzo artesiano costa 70.000 euro, l'acqua buona per lavarsi qui non c'è.»

Risorsa preziosa, l'acqua non serve solo per bere e lavarsi: è la più grande fonte d'energia. Mentre visito il paese nel 2019, la Salini Impregilo sta costruendo la quarta grande diga nazionale e sta ultimando quella che viene definita la «diga della rinascita». Egitto e Sudan seguono con preoccupazione questi progetti con cui l'Etiopia controlla a monte il flusso del Nilo Azzurro. L'astuto Abiy è andato al Cairo a garantire che esporterà energia anche ai paesi vicini. Eppure l'elettricità non basta nemmeno all'Etiopia: i blackout sono continui.

Alla mia partenza, l'aeroporto internazionale di Addis Abeba mi consegna un'ultima immagine di questo paese: il terminal è invaso da cinesi, sembra di essere allo scalo di Shanghai. ... Avendoli visti al lavoro per asfaltare le strade verso Awassa, in una regione del caffè, ho rivalutato l'importanza dei loro investimenti: non sono solo predatori; anche se nella popolazione locale cresce la diffidenza.

...

Non passa inosservato il bambino cinese. È l'unico nella sua classe. È circondato da volti molto diversi. Sto visitando una prima elementare a Emdibir, nella regione etiope di Shewa. La maestra, davanti al visitatore straniero, fa ripetere ad alta voce qualche saluto in inglese, ritmato gridando in coro: «*Hello*», «*How are you?*». Anche il cinesino esegue, composto, concentrato nello sforzo di pronuncia. Poi mi offrono una piccola esibizione musicale, stavolta in lingua amarica. A turno, in un girotondo gioioso, ogni bambino si mette al centro del cerchio e canta mentre gli altri lo accompagnano. Quando tocca a lui, il cinesino fa la sua parte. Serio, senza un sorriso, diligente, scandisce a memoria la filastrocca etiope. Poi torna al suo posto, intimidito ma sollevato per non aver fatto figuracce rispetto ai compagni.

Ecco l'occasione per osservare da vicino l'invasione cinese. Il fenomeno è risaputo, ma spesso evocato in modo generico, senza conoscenza di causa. Vederlo da vicino è un'altra cosa. Le sorprese sono tante. Io cominciai a seguirlo dall'altro versante, il paese invasore. Quando mi trasferii in Cina quindici anni fa, la strategia africana era già conclamata. ... La strategia africana venne esaltata da un progetto ancora più ambizioso, le Nuove Vie della Seta. Il XXI secolo doveva essere il «secolo cinese». Un modo per irradiare l'influenza della nuova superpotenza era costruire una rete globale di autostrade e ferrovie, porti e aeroporti, centrali elettriche, linee per le telecomunicazioni. Cominciarono le prime resistenze verso i nuovi colonizzatori, per esempio gli scioperi dei minatori di rame dello Zambia contro i padroni venuti dall'Estremo Oriente. Si scoprì anche che la generosità di Pechino ha i suoi limiti: molte grandi opere sono finanziate da prestiti e la Repubblica popolare esporta anche debito pubblico.

L'invasione però procede implacabile: in molti paesi africani, il rapporto tra gli investimenti cinesi e quelli occidentali è dieci a uno. Ma i grandi accordi governativi fra il regime comunista cinese e gli autocrati africani sono solo una parte di questa storia. Ce n'è un'altra, meno nota, più sorprendente. ... È la storia di un'invasione dal basso, spontanea e privata. Almeno un milione di piccoli imprenditori cinesi, commercianti, intermediari, o avventurieri in cerca di fortuna, sono emigrati in Africa in cerca del loro Nuovo Mondo; senza chiedere permessi al proprio governo né ricevere istruzioni o aiuti. Un esodo biblico ispirato talvolta da insoddisfazione verso la Cina stessa. È una specie di nuova «conquista del West», perché questa fauna umana ha la mentalità e si comporta come certi coloni bianchi quando traversarono l'America. La loro interazione con la popolazione locale è molto più ravvicinata e intensa, rispetto agli eserciti di manager e tecnici delle grandi aziende di Stato cinesi che vanno a costruire strade e grattacieli. Il cinesino sperduto in quella classe di scuola materna dell'Etiopia rurale e povera, mandato dai suoi genitori a studiare l'amarico invece del mandarino, è la cavia di un nuovo esperimento gigantesco di mescolanza etnica, incontro-scontro fra civiltà, come all'epoca dello Scambio Colombiano che aprì mezzo millennio di egemonia dell'Occidente.

A raccontare questo aspetto meno noto dell'avanzata cinese, quello spontaneo – la miriade di piccoli imprenditori privati, non le grandi aziende di Stato che costruiscono infrastrutture concordate tra governi –, è stata anche Irene Yuan Sun nel libro *The Next Factory of the World*, cioè «La prossima fabbrica del mondo». La cinese Yuan Sun cresce da adolescente negli Stati Uniti; dopo la laurea va a insegnare inglese e matematica in un villaggio della Namibia. Su sollecitazione di un suo conoscente cinese in loco accetta di recarsi a un *blind date*, un incontro al buio con un aspirante fidanzato. Cinese pure lui. Trentenne, ricco, in cerca di moglie, ma poche donne cinesi sono disposte a emigrare nel continente nero. È il tipico businessman cinese in Africa: «Un capitalista puro, indifferente al benessere o ai diritti umani della popolazione locale. Eppure fui colpita da questo: rispetto ai miei sforzi pieni di buone intenzioni, lui poteva fare di più per aiutare la gente del villaggio. Io insegnavo ai bambini conoscenze teoricamente utili (la lingua inglese) per un mondo nel quale nessuno di loro avrebbe mai vissuto. Lui creava veri posti di lavoro e veri salari».

Il fidanzamento non ha luogo, ma quell'incontro la spingerà a studiare gli investimenti cinesi in Africa, a esplorare decine di fabbriche create da questi capitalisti, a intervistarne i padroni, i dipendenti, i sindacalisti, per sentire tutte le versioni possibili su ciò che sta accadendo. Cioè quella che noi chiamiamo appunto la nuova colonizzazione. La ricercatrice non è a priori favorevole a quanto stanno facendo i suoi connazionali. Espone gli aspetti più feroci della realtà. Però arriva a una conclusione positiva: «Le fabbriche cinesi in Africa, questo è il futuro che potrà creare un benessere diffuso per gli africani e aprire la prossima fase nello sviluppo globale. Renderà l'Africa più ricca, con un sostanziale e durevole miglioramento nel tenore di vita». Nessuna parte del mondo, né l'America né l'Europa né l'Asia, ha saputo sconfiggere la povertà atavica senza passare attraverso qualche forma d'industrializzazione. E chi sta portando una gran quantità di fabbriche in Africa? Soprattutto i cinesi. Sul lato oscuro di questa vicenda, cito sempre lei. «Sia chiaro, l'ascesa del settore manifatturiero non è una storia tutta felice. Vista da vicino, è spesso brutta. Alcuni dei boss cinesi nelle fabbriche che ho visitato sono decisamente sgradevoli. Razzisti. Non esitano a pagare tangenti. Si ubriacano, frequentano prostitute, sputano in pubblico. La loro corruzione incide sul funzionamento dei governi locali, l'impatto ambientale delle loro fabbriche ha effetti sulla qualità dell'aria e dell'acqua, il loro trattamento dei dipendenti determina non solo i livelli salariali ma a volte anche la vita o la morte sul posto di lavoro. L'industrializzazione scatena forze sia distruttive che positive, e tutto quanto è già visibile nell'Africa di oggi.»

In un'altra tappa nel mio inseguimento personale della Cina in Africa, nel libro *La seconda guerra fredda*, concludevo così:

> Le ricerche sul campo condotte da Irene Yuan Sun ci invitano anche a non dare per scontato che la Cina stia «replicando» il proprio modello, tale e quale, in Africa. Non sarebbe possibile. Nel bene e nel male ci sarà una versione africana del paradigma cinese. Alcuni paesi africani destinatari degli investimenti cinesi hanno una stampa libera, che non esiste a Pechino; altri hanno sindacati forti, mai visti a Shanghai; molti hanno tradizioni tribali che la Repubblica popolare in casa propria ha spazzato via nel suo centralismo nazionalista. Nella versione più pessimista, è lecito dubitare che il modello cinese venga replicato perché l'Africa non ha né l'antichissima tradizione imprenditoriale (in Cina le prime forme di capitalismo risalgono al XIII secolo) né la disciplina collettiva tipica di una cultura confuciana. È davvero troppo presto per dire che cosa sortirà dalla

miscela tra il capitalismo venuto da Pechino e le condizioni locali su cui agisce quando si trapianta nel tessuto sociale africano. È un esperimento storico di enorme portata, di cui osserviamo solo l'esordio, perché è ancora troppo recente.

L'altra metà della storia è quella di cui si parla più spesso. È il progetto Belt and Road Initiative, da noi più spesso chiamato Nuove Vie della Seta. Sono gli investimenti cinesi pianificati dall'alto dove la parte del leone la fanno le grandi aziende di Stato. Riguardano soprattutto le infrastrutture. Le critiche contro questa macroinvasione cinese – per l'impatto ambientale, la corruzione, i debiti caricati sugli Stati locali, lo sfruttamento della manodopera – sono diffuse sui nostri media. Ma quando la vicepresidente americana Kamala Harris visita l'Africa nel marzo 2023, la fotografia reale è impietosa. La Cina è ormai da molti anni il primo partner commerciale e il primo investitore in tutta l'Africa. L'America deve accontentarsi di essere il primo fornitore di aiuti, governativi e umanitari, che sono un rigagnolo rispetto ai flussi cinesi.

I nodi vengono al pettine, per esempio quando all'Onu le risoluzioni appoggiate dall'amministrazione Biden sull'Ucraina non vengono votate da tanti Stati africani. Per troppo tempo gli Stati Uniti hanno visto l'Africa soltanto come un problema di sicurezza, un continente da proteggere contro l'avanzata della jihad, investendo solo con assistenza militare. Una visione che ancora risente dell'11 settembre 2001. I segnali di stress lungo la Belt and Road Initiative non mancano, lo Zambia è diventato anticinese dopo essere andato in default nel 2021. È in atto in alcune capitali africane una revisione critica sul ruolo della Cina come prestatore-investitore. Intanto, Kamala Harris è atterrata in aeroporti costruiti dai cinesi, ha viaggiato su strade costruite dai cinesi, ha avuto riunioni in palazzi governativi costruiti dai cinesi.

Nel 2023, però, si addensano nubi minacciose sulla Repubblica popolare, dove comincia ad aprirsi qualche crepa: gli ingredienti di un boom economico trentennale sembrano esauriti. È quindi lecito chiedersi se anche l'epoca della grande penetrazione in Africa stia volgendo al termine.

L'economia cinese non sta per collassare. Questa sarebbe una buona notizia, anzi ottima. Ma trovare questo titolo sulla Newsletter dell'ambasciata cinese in Italia nel luglio 2023 fa sobbalzare. È una sorta di «smentita non richiesta», che solleva più preoccupazioni di quante riesca a placarne. In realtà, nessuno nel resto del mondo ha evocato un collasso dell'economia cinese, quando viene diffusa quella singolare rettifica. In quel periodo si parla, invece, di un forte rallentamento della crescita, confermato dagli stessi dati ufficiali del governo di Pechino. Spunta in alcune analisi un possibile parallelismo con l'esaurirsi del miracolo giapponese che si verificò alla fine degli anni Ottanta e provocò una stagnazione per tutto il decennio successivo. Niente collasso, il Giappone non ebbe una Grande Depressione; però entrò in una fase decisamente diversa della sua storia, dovette dire addio all'era dello sviluppo impetuoso. Il secondo trimestre del 2023 ha visto in Cina una crescita molto più debole in confronto alle attese e in pesante rallentamento rispetto al primo. Tutti i motori dello sviluppo si sono indeboliti: i consumi delle famiglie, gli investimenti delle imprese, le esportazioni. Il tasso di disoccupazione giovanile continua ad aumentare e il dato ufficiale è del 21 per cento. Gli investimenti esteri in Cina sono scesi a un quinto rispetto al passato.

Una delle ragioni di questa frenata è un problema ormai antico: la crisi del settore immobiliare. In parte è stata provocata ad arte, il governo ha volutamente sgonfiato una bolla immobiliare che era preoccupante. Ma da questo comportamento virtuoso sono derivate delle conseguenze che lo stesso governo non riesce a controllare del tutto. Per esempio, i fallimenti del settore immobiliare pesano sulla finanza locale perché comuni e province erano soliti ricavare dalle vendite di licenze edilizie una parte importante delle proprie risorse. Quindi la spesa pubblica è sotto stress. Poi c'è il versante delle famiglie. I cinesi detengono in mattoni il 70 per cento dei propri risparmi. Se il mercato immobiliare scende, vedono assottigliarsi il valore dei propri beni. Si sentono impoveriti e quindi spendono meno. Reazione normale, giusta cautela, ma che si riflette in un rallentamento generale dell'economia. Inoltre, l'edilizia in crisi è una zavorra pesante, perché negli anni del boom il settore della casa con tutto l'indotto a monte e a valle (dalle materie prime come cemento, acciaio, legname fino all'arredamento e agli elettrodomestici per le nuove case) era arrivato a pesare un terzo del Pil nazionale.

Questa è una delle spiegazioni del deludente andamento dei consumi: il rimbalzo post-Covid che ci si aspettava è stato timido. Il paragone con il Giappone deriva in parte da questo: anche a Tokyo la fine della turbocrescita fu innescata dalla crisi del mercato immobiliare e da tutte le ripercussioni che ebbe in altri campi. Peraltro, in Giappone la grande stagnazione ebbe inizio quando il paese era ormai arrivato a un reddito medio elevato, era una nazione assai benestante che poteva assorbire la fine della crescita senza eccessivi traumi sociali. La Repubblica popolare non ha raggiunto quel livello.

Un'altra causa del rallentamento cinese è la disoccupazione giovanile: se una famiglia su cinque deve mantenere un figlio che non riesce a trovare lavoro, anche questa è una buona ragione per stringere la cinghia. Sulle esportazioni pesano sia la debole domanda mondiale sia il clima geopolitico negativo. Gli investimenti esteri in Cina sono stati scoraggiati dal moltiplicarsi di atteggiamenti ostili da parte di Xi Jinping verso le multinazionali occidentali. D'altronde, anche il giro di vite che lo stesso Xi ha voluto contro i giganti del capitalismo digitale cinese ha creato un clima meno amichevole verso le imprese private.

Si capisce che Pechino voglia rassicurarci con la Newsletter della sua ambasciata in Italia. Peraltro, nei giorni precedenti quella «smentita non richiesta», in Cina era stata in visita ufficiale la segretaria al Tesoro americana, Janet Yellen, che al ritorno si è detta molto preoccupata per il rallentamento della crescita. La sua dichiarazione va letta in due modi. Da una parte c'è un'implicita *Schadenfreude* (il sottile godimento per le disgrazie altrui): se il boom cinese si sgonfia, questo incide sui rapporti di forza relativi tra le due superpotenze e continua ad allontanarsi il sorpasso Cina-Usa che qualche anno fa sembrava certo e imminente. Ma nelle parole della Yellen c'è anche un'apprensione sincera. Se si ferma la locomotiva cinese, il mondo intero ne risentirà, visto che si tratta della seconda economia planetaria.

E l'Africa? Qualche segnale si è già avuto, di una maggiore cautela negli investimenti cinesi lungo le Nuove Vie della Seta. In parte la squadra di governo di Xi Jinping cerca di imparare le lezioni dagli investimenti sbagliati e dai casi di bancarotte sovrane: il creditore cinese si fa più accorto. Se poi l'economia cinese entra in una stagnazione, è normale che gli investimenti all'estero subiscano una cura dimagrante.

Nell'immediato, l'Africa rischia di essere la prima vittima collaterale di un ristagno cinese: la domanda di materie prime dalla sua principale cliente si riduce, viene meno una preziosa fonte di valuta. Ma non è del tutto negativo. Nella misura in cui le grandi aziende di Stato della Repubblica popolare sono guidate in prevalenza dalla fame di materie prime, il loro contributo allo sviluppo locale è modesto. L'industria estrattiva crea ricchezza ma non occupazione. Secondo uno studio di McKinsey del 2010, può dare lavoro al massimo all'1 per cento della manodopera africana.

Invece non è detto che il rallentamento della crescita interna debba frenare l'altro versante dell'invasione cinese: quella spontanea e non teleguidata da Xi Jinping, quella che ha per protagonisti migliaia di piccoli imprenditori. Su quel fronte, ormai, «il genio è fuori dalla bottiglia». Anzi, certi piccoli capitalisti cinesi che hanno trovato nel continente nero il loro Far West possono compiacersi per aver lasciato la madrepatria proprio quando l'era del boom si stava chiudendo.

Dal «modello cinese» i governi africani hanno comunque molto da imparare. Un esempio concreto riguarda il ruolo delle Zone Economiche Speciali (Zes), ricetta che ha dato risultati prodigiosi nella Repubblica popolare: creando «sportelli unici» per le imprese, che semplificano tutte le procedure burocratiche, facilitano gli investimenti. L'esperimento delle Zes ebbe inizio poco dopo la morte di Mao Zedong, il fondatore del regime comunista. Sotto Mao la Cina era un paese poverissimo, afflitto da carestie «africane», alcune delle quali fabbricate dal suo comunismo radicale, egualitario, ferocemente avverso al profitto d'impresa. Morto Mao, dopo una lotta per la successione, al vertice del Partito comunista arrivò il pragmatico Deng Xiaoping. Al quale si attribuisce il detto: «Non importa se il gatto è bianco o nero, purché acchiappi i topi». Traduzione: basta con le ideologie, contano i fatti, servono i risultati. Deng cominciò a guardarsi attorno, a studiare i casi di quei «dragoni asiatici» che avevano svoltato: prima il Giappone, poi la Corea del Sud, Singapore, Taiwan, Hong Kong, protagonisti di fantastici miracoli economici.

La Cina è la patria della burocrazia più antica nella storia umana. Gli imperatori celesti avevano costruito un gigantesco apparato amministrativo, con al vertice i «mandarini». Per molto tempo lo Stato cinese era stato considerato un modello di efficienza. I mandarini venivano selezionati con esami meritocratici. Però la burocrazia cinese si era sclerotizzata, già con l'ultima dinastia aveva perso il suo smalto. Il comunismo aveva peggiorato le cose. Era impossibile attirare investimenti esteri con uno Stato ottuso e oppressivo. Perciò Deng si affidò alle Zes. Cominciò a creare queste zone franche – libere dai lacci burocratici abituali – nelle aree che erano state le più ricche del paese, come il Guangdong, regione meridionale (al confine di Hong Kong) in cui era fiorita una classe mercantile e imprenditoriale prima ancora che in Europa avesse inizio la Rivoluzione industriale. Con il tempo le Zes si sono diffuse in tutto il paese e sono state una calamita per gli investimenti esteri, a cominciare da quelli dei paesi vicini: i primi ad accogliere l'invito di Deng furono i taiwanesi, i capitalisti di Hong Kong, seguiti dai giapponesi. Gli americani e gli europei arrivarono dopo. Il germe del capitalismo in salsa cinese riuscì a rinascere, dopo secoli in cui era andato in ibernazione. Molti paesi africani si dibattono alle prese con i loro mostriciattoli burocratici, più piccoli ma altrettanto perversi del Moloch maoista, inefficienti e corrotti. Le Zes potrebbero essere un tassello di quel modello asiatico che l'Africa ha interesse a replicare.

L'economia non è tutto. La dimensione strategico-militare della presenza cinese in Africa è ai primi passi. Non bisogna sottovalutarla.

Nel marzo 2023 una notizia è passata inosservata in Occidente, mentre ha avuto grande visibilità nei telegiornali della Tv di Stato di Pechino. Nella Repubblica Centrafricana, nel corso di un attacco sferrato da una milizia, sono stati uccisi nove cittadini cinesi, dipendenti della società Gold Coast Group, che gestisce l'estrazione in una miniera aurifera a 25 chilometri dalla città di Bambari. Sulla vicenda è intervenuto il presidente Xi Jinping, ha invocato un «castigo severo per i colpevoli» e ha chiesto che venga garantita la sicurezza dei suoi concittadini nella Repubblica Centrafricana.

Il sindaco di Bambari ha accusato della strage un insieme di milizie ribelli che si fanno chiamare Coalition des Patriotes pour le Changement (Cpc). È una formazione nata prima dell'elezione presidenziale del 2020 per opporsi al presidente Faustin-Archange Touadéra. Gruppi armati attaccano regolarmente la popolazione civile nella Repubblica Centrafricana, un paese che ha raramente conosciuto la stabilità dalla sua indipendenza nel 1960. Ma è raro che le vittime siano cinesi. L'ambasciata della Repubblica popolare nella capitale Bangui dopo quella strage ha lanciato un appello a tutti i cinesi perché evitino di viaggiare al di fuori della capitale stessa. A Pechino il ministero degli Esteri ha definito l'intera Centrafrica «zona rossa» per segnalare il massimo livello di pericolo.

È una vicenda tragica e al tempo stesso emblematica. Via via che si rafforza la presenza della Cina in Africa – così come in altre zone del Grande Sud globale – aumenta la manodopera cinese che si trova in queste aree. Manager, tecnici, operai. Questa manodopera può diventare il bersaglio di attacchi terroristici, così come in passato è accaduto per altre potenze ex coloniali o percepite come imperialiste: dalle nazioni europee agli Stati Uniti. È altrettanto prevedibile che la Cina, sviluppando un'«impronta globale» con i suoi affari, dovrà provvedere a una presenza militare adeguata a proteggere i suoi interessi, a cominciare dalla vita e dalla sicurezza dei suoi concittadini.

Questo tema era stato segnalato da uno dei film cinesi di maggior successo, l'action movie *Wolf Warrior 2*, il sequel del primo episodio della saga del «guerriero lupo». L'ambientazione in Africa del film (diretto, prodotto e interpretato da Wu Jing nel 2017) e la trama che include una presa di ostaggi cinesi non sono casuali. La penetrazione economica delle imprese cinesi nel continente nero è nota; insieme col fatto che spesso portano nei cantieri e nelle fabbriche manodopera propria. Altrettanto vera è l'espansione militare: dopo aver acquistato una parte del porto di Gibuti, il governo di Pechino ha moltiplicato le missioni della marina militare al largo del Corno d'Africa.

Meno noto, almeno fra noi occidentali, è il fatto che le catture di ostaggi cinesi in Africa non sono un fatto nuovo (ne ho scritto nel mio libro *Fermare Pechino*) e in certi casi si sono concluse tragicamente. Il Sudan all'inizio del terzo millennio è arrivato a fornire il 40 per cento di tutta l'estrazione estera di petrolio da parte dell'ente di Stato China National Petroleum Corporation (Cnpc). Quest'azienda pubblica ha costruito oleodotti, strade e una raffineria alla periferia di Khartum, che Hu Jintao indicò come «la perla del continente africano». Una presenza industriale così ingombrante ha fatto sì che varie milizie armate sudanesi prendessero di mira i cinesi a più riprese. Durante la guerra civile che sfocia nella secessione del Sud Sudan, il leader dei ribelli John Garang definisce i tecnici petroliferi cinesi «dei bersagli legittimi». Lo diventeranno in tutta l'Africa.

Nel 2007 nove tecnici petroliferi cinesi della multinazionale Sinopec vengono uccisi da guerriglieri ribelli nella regione etiope dell'Ogaden, altri sono presi in ostaggio e poi rilasciati dietro pagamento di un riscatto. Nel Ciad, centinaia di dipendenti cinesi della Cnpc e di Huawei devono essere evacuati (in quel caso da truppe francesi) nel 2008. Tre anni dopo la Cina è costretta a organizzare via terra, mare e cielo il più colossale salvataggio-rimpatrio di suoi concittadini: 36.000 vengono messi in salvo dalla Libia. È quella, nel 2011, la prima volta che la marina militare cinese attraversa il Canale di Suez e arriva nel Mediterraneo.

L'operazione libica serve da precedente per organizzare un'altra evacuazione, nel 2015, questa volta dallo Yemen in guerra. Nel novembre dello stesso anno, dieci cinesi sono assediati da una milizia islamica in un hotel internazionale della catena Radisson a Bamako, nel Mali; quando arrivano le truppe governative, tre cinesi rimangono uccisi nella sparatoria finale. Nel 2016 due soldati cinesi, impegnati in Sud Sudan come caschi blu in una missione di pace sotto bandiera Onu, muoiono in uno scontro a fuoco con l'armata secessionista. Le indagini su quell'incidente mortale rivelano che le armi dei ribelli sono made in China. Il governo di Pechino reagisce stizzito: «Bisogna concentrare l'attenzione su chi ha sparato, non sulla produzione delle armi». È una contraddizione che colpisce tutte le superpotenze e oggi la Cina non fa eccezione: è in gara con la Russia per il primato di vendite di armi in Africa. Il crescente impegno di militari cinesi nelle operazioni di *peace-keeping* delle Nazioni Unite aggiunge anche loro alla lista dei «bersagli».

Proprio come evoca il film *Wolf Warrior* 2, la Repubblica popolare è alle prese con un ingranaggio inesorabile. Per quanto la sua espansione globale lungo le Nuove Vie della Seta abbia degli aspetti benefici, è inevitabile che ad alcuni appaia come una potenza imperialista e neocoloniale alla stregua di America, Francia, Inghilterra. Se non vuole abbandonare i propri concittadini alla mercé di attentati, esecuzioni, rapimenti con richiesta di riscatto, la Cina deve attrezzarsi per avere una presenza militare sempre più visibile, ingombrante, invadente, in luoghi distanti dai suoi confini. Sta già accadendo, e ne vedremo crescenti manifestazioni, anche nel Mediterraneo. È un meccanismo ben noto, nelle fasi di ascesa di nuove potenze imperialiste: gli affari e gli eserciti procedono di pari passo nell'estendere l'influenza all'estero, e la giustificazione «difensiva» non verrà accettata dai destinatari delle nuove missioni militari. Questo espansionismo armato viene rivendicato da una parte della popolazione cinese. In alcune tragiche vicende di uccisioni o rapimenti in Africa, sui social media cinesi il governo di Pechino è stato criticato per non aver reagito con mezzi adeguati. La delusione è stata forte quando le vittime cinesi di attacchi in terre lontane non sono state salvate da blitz militari stile «guerriero lupo». A noi occidentali Xi Jinping può sembrare un militarista. Per alcuni dei suoi, non lo è abbastanza. Esiste una *constituency* domestica che vuole una Cina più armata, per mantenere la duplice promessa fatta nel film *Wolf Warrior 2*: i cinesi hanno sempre sognato il giorno in cui questa nazione sarebbe stata capace di «proteggere i suoi e contribuire alla pace nel mondo». Se le due missioni dovessero entrare in contraddizione, non c'è dubbio che sarà la prima a prevalere.

Sul piano militare la Cina trova in Africa presenze più antiche e – per adesso – più sostanziali della sua. L'America, che non ha smobilitato del tutto le proprie basi perché continua a mantenere operazioni anti-jihad. La Francia, ancorché in ritirata. E poi «l'amica» Russia. Alleata sì, ma anche concorrente. Nonostante i pesanti rovesci subiti in Ucraina, malgrado la crisi nei rapporti tra le forze armate regolari e il Gruppo Wagner, esplosa alla luce del sole con l'insubordinazione del giugno 2023, se c'è un'area del mondo in cui la Russia non appare altrettanto in difficoltà è l'Africa. Dalla parte settentrionale del continente – la Libia, dove il Gruppo Wagner è ben insediato, nonché l'Algeria – fino al Sudafrica, l'influenza di Putin nel continente nero è notevole. Le classi dirigenti dell'emisfero Sud ancora un anno e mezzo dopo l'inizio dell'aggressione contro l'Ucraina non stavano scommettendo sulla débâcle dello «zar».

Oggi la Libia è il primo punto dolente per gli italiani, vista la nostra dipendenza per l'energia e per il controllo dei flussi migratori. Nel febbraio 2023 è passata inosservata una visita che il capo della Cia William Burns ha compiuto a Tripoli e dintorni. Ha incontrato il generale Khalifa Haftar e gli ha consegnato il seguente messaggio: dovete espellere il Gruppo Wagner. Il corpo dei mercenari russi è presente in Libia dal 2018 e fu proprio Haftar a chiamarli.

Sono insediati vicino alle infrastrutture petrolifere nell'est del paese. La Cia teme che in questo modo possano attingere ai ricavi del petrolio – anche collegandosi al business del contrabbando – e alimentare le operazioni della propria «casa madre» altrove.

All'estremo opposto del continente nero, quando nel febbraio 2023 alcune esercitazioni militari hanno coinvolto le forze armate sudafricane, russe e cinesi, Mosca le ha usate come una «vetrina» delle sue tecnologie più avanzate: a quelle manovre ha partecipato la fregata *Admiral Gorškov*, che trasporta missili ipersonici di ultima generazione.

Un esperto della situazione africana, Alexander Gabuev del Carnegie Endowment for International Peace, sostiene che alcuni governi africani «accolgono i russi a braccia aperte, in previsione che questo costringerà l'Occidente a offrire di più».

La storia della presenza russa in Africa è antica, l'ha ricordato a un convegno dell'Atlantic Council uno studioso marocchino, Abdelhak Bassou del Policy Center for the New South. «Alla fine dell'Ottocento si segnala il primo intervento della Russia zarista: in aiuto all'Etiopia, contro la prima aggressione dell'Italia. La politica africana dell'Urss comincia con Nikita Chruščëv dopo il vertice di Bandung che nel 1955 aveva visto la nascita del movimento dei non allineati: in quel caso la priorità per Mosca era fermare l'influenza della Cina in Africa, dove il maoismo faceva proseliti perché era la versione più contadina della rivoluzione comunista. Infine c'è il rilancio di una strategia africana con Putin, che nel 2006 cancella i debiti (per assistenza militare) di Algeria e Libia in cambio di nuovi accordi che prolungano la presenza delle forze armate russe in quei paesi. Dopo un vertice a Soči nel 2019, Putin si presenta sempre più come il campione della lotta al terrorismo, colui che può fermare i jihadisti e consolidare i leader africani al potere. La Russia ha dei vantaggi sull'Occidente: non pone questioni di diritti umani ai regimi africani; le sue armi costano meno di quelle americane o europee; infine, molti leader africani sono gli eredi di movimenti rivoluzionari impregnati di ideologie antioccidentali. Quando all'Onu votano a favore della Russia, o si astengono dal condannarla, spesso lo fanno per partito preso contro l'Occidente.»

Nataliya Bugayova, Russia Fellow dell'Institute for the Study of War, aggiunge che «l'Africa è una delle aree dove la Russia può proiettarsi ancora come una superpotenza globale; riesce a ottenere grandi risultati con poche spese; il Gruppo Wagner fa pagare i suoi servizi per garantire la sicurezza dei leader locali e mantenere il controllo sociale nei regimi autoritari; sono mercenari ma non *free lance*, Mosca li guida».

Un'altra osservazione sulle ragioni per cui la forza russa ha sostituito l'influenza europea in molte regioni dell'Africa la offre Petr Tůma dell'Atlantic Council: «L'Europa non vende armi. Se vuoi essere un attore influente in Africa, devi fornire anche armamenti, e la Russia lo fa». L'ultimo caso di espulsione di una presenza europea riguarda il Burkina Faso, che in seguito all'ennesimo golpe militare (settembre 2022) ha cacciato i soldati francesi per sostituirli con quelli russi. Anche in Burkina Faso secondo Tůma è in corso un gioco da parte della dittatura locale: «Mettono in concorrenza l'Europa e la Russia e viceversa». Queste analisi contrastano con lo stereotipo di un'Africa «passiva», alla mercé delle mire altrui. Ma è un gioco nel quale Putin ha dimostrato di saper segnare parecchi punti.

In questo contesto è istruttivo notare come la clamorosa rivolta del Gruppo Wagner contro Putin sia stata studiata dai cinesi. Gli analisti più autorevoli di Pechino – in posizioni di rilievo, pubblicati da media ufficiali, quindi non sgraditi a Xi Jinping – hanno espresso diagnosi preoccupate e severe sulla stabilità del regime di Mosca. La vicenda Wagner per loro non è affatto finita. Alcuni di questi esperti governativi hanno riportato in auge una metafora popolare nel loro paese. La ribellione del Gruppo Wagner sarebbe stata l'equivalente di un «rinoceronte grigio». Già questo la dice lunga sull'inquietudine ai vertici della nomenklatura comunista cinese.

La metafora del «rinoceronte grigio» (meno usata in Occidente) si può collocare a metà strada fra due immagini più consuete, quella del «cigno nero» e l'altra del cosiddetto «elefante nella stanza». Il «cigno nero», reso celebre dal matematico ed esperto di finanza Nassim Taleb soprattutto dopo la crisi del 2008, è un evento statisticamente molto improbabile e che tuttavia, quando accade, ha un enorme potenziale destabilizzante (in parte proprio perché nessuno lo aveva previsto). L'«elefante nella stanza» in un certo senso è l'esatto contrario: è un problema gigantesco, ingombrante e ben visibile a tutti, che però viene volutamente ignorato perché crea imbarazzo. Il «rinoceronte grigio» è anch'esso una minaccia molto grave e molto visibile, tuttavia i numerosi segnali che lo preannunciavano sono stati ripetutamente ignorati.

La metafora del rinoceronte grigio fu resa popolare dalla saggista Michele Wucker in un libro dal titolo omonimo, che divenne un best seller in Cina, e diversi esperti cinesi scelsero di utilizzarla per descrivere lo scoppio della bolla dei mutui subprime a Wall Street nel 2008, oppure anche disastri naturali la cui probabilità era stata sottovalutata. Risalendo all'indietro nel tempo, per i cinesi il «rinoceronte grigio» per eccellenza fu il crollo dell'Unione Sovietica: i segnali premonitori erano sovrabbondanti, eppure furono ignorati. Da chi, e perché? In parte l'allusione è ai vertici del Partito comunista cinese – all'epoca soprattutto Deng Xiaoping –, che non videro arrivare l'implosione dell'altra superpotenza comunista e ne pagarono le conseguenze anche con la rivolta di piazza Tienanmen nel 1989.

Nel 2023 l'immagine del «rinoceronte grigio» riaffiora

in alcune analisi di esperti cinesi a proposito della ribellione del Gruppo Wagner: pure quella, quindi, trattata come un evento di cui erano ben visibili le premesse, e che tuttavia è stato ignorato. Da Putin, evidentemente. Ma anche da Xi Jinping. È palese che queste analisi dei think tank governativi, studiate con attenzione dai vertici del partito, incitano alla cautela nei rapporti con la Russia, la cui instabilità potrebbe giocare brutti scherzi a chi si è compromesso puntellandone il regime e sostenendolo anche nelle sue aggressioni militari.

Un esperto in questione è Zhao Long, vicedirettore dell'Institute for Global Governance Studies, presso i Shanghai Institutes for International Studies. Ecco un estratto della sua analisi: «Benché vi siano in Russia molti delusi dai risultati del loro esercito in Ucraina, l'élite rimane unita attorno a Putin. Tuttavia la rivolta può essere il sintomo di un crescente malcontento e di una stanchezza sia fra le truppe russe sia nella società in generale. L'uso da parte di Mosca di compagnie militari private è un'arma a doppio taglio. Se Putin consente a questi gruppi di crescere ulteriormente, ciò può sfociare in ulteriori guerre tra fazioni, instabilità politica, fino ai disordini civili. ... Nel complesso questa ribellione è il più grande "rinoceronte grigio" dall'inizio della crisi ucraina, potrebbe avere importanti ripercussioni sull'andamento della guerra e sulla situazione in Russia».

Ecco un altro giudizio pubblicato da Li Hao, docente alla School of International Studies della Sichuan University: «Nessuno voleva vedere la Russia cadere nelle mani di Prigožin. Una Russia destabilizzata sarebbe stata un disastro per il mondo intero. Per quanto breve, la ribellione ha inflitto un colpo duro alla Russia. Quest'ultima ha fallito nel compito di creare una stabile catena di comando [nelle sue forze armate] in Ucraina. Diverse fazioni si combattono fra loro. Le lotte tra questi gruppi sono destinate a esplodere. L'aver concesso a queste forze armate private di svilupparsi, è come avere nutrito una tigre. Arriva il momento della punizione».

Da notare i ripetuti accenni alla questione delle milizie private, i corpi mercenari come Wagner, la cui crescita ora viene considerata un errore di Putin... mentre non pochi in passato consideravano un vero colpo di genio il suo utilizzo dei miliziani privati. In questo caso gli esperti cinesi condannano Putin per mandare un messaggio anche a Xi. Onde proteggere le imprese e le maestranze cinesi in Africa e in Asia da assalti terroristici, sequestri a scopo di estorsione, anche la Repubblica popolare ha lasciato che crescessero dei corpi di sicurezza privata. Queste forze mercenarie cinesi esercitano i loro compiti in varie parti del mondo, dal Pakistan alle nazioni africane infestate da milizie jihadiste o guerre civili. Anche la Cina è agli albori della creazione dei suoi Gruppi Wagner, e gli analisti di geopolitica che ho citato invitano (implicitamente) il regime a tenere sotto stretto controllo questo fenomeno.

Wang Siyu, ricercatore alla Shanghai International Studies University, scrive quanto segue sulla «Beijing Cultural Review»: «Il fatto che il Gruppo Wagner nella sua marcia su Mosca avesse incontrato scarsa resistenza è un segnale che un certo numero di cittadini russi e di soldati sostenevano Prigožin oppure quantomeno condividevano le sue critiche al ministero della Difesa. Altri ancora semplicemente non erano disposti a rischiare la vita per difendere il Cremlino. Questa ribellione ha seriamente indebolito l'autorità del ministero della Difesa in Russia e ha danneggiato la reputazione delle forze armate. ... Può generare altri effetti imprevedibili in futuro. Il fatto che la rivolta sia rimasta impunita ha creato un precedente. Altri in Russia potrebbero decidere di esprimere il loro malcontento con modalità simili?».

Dai nostri studi classici noi europei ricordiamo i precedenti dei generali romani che, forti delle loro vittorie nelle colonie, davano l'assalto al potere centrale. I cinesi nella loro storia antica hanno avuto molteplici «signori della guerra» che destabilizzarono l'Impero celeste. L'idea che in futuro dei corpi mercenari cinesi temprati dalle loro gesta alla periferia del nuovo impero, cioè in Africa, possano insidiare il regime comunista al momento sembra pura fantapolitica. Qualcuno però ha cominciato a pensarci, a Pechino.

Il Kenya sta mettendo in competizione America e Cina per l'ampliamento di una base militare usata contro le milizie jihadiste di al-Shabaab.

L'episodio riguarda la struttura di Manda Bay. È un centro dove operano tremila soldati keniani, all'interno di una forza più vasta di 18.500 militari dell'Unione africana, una task force multilaterale che ha per missione di combattere i terroristi islamisti di al-Shabaab in Somalia e di contrastare le loro micidiali incursioni in paesi limitrofi, Kenya compreso. Questa task force gode anche dell'aiuto e della consulenza di 450 militari americani di stanza in Somalia, inclusi dei corpi speciali dei Navy Seals specializzati nelle operazioni antiterrorismo. Il ministero della Difesa di Nairobi ora vuole ampliare la base di Manda Bay, costruendovi piste dove possano atterrare e decollare anche i cacciabombardieri. Il costo è stimato in 50 milioni di dollari. E il Kenya si è rivolto agli americani perché sostengano loro quest'onere. Il Pentagono come prima reazione ha fatto orecchie da mercante: non ne vuole sapere di scaricare quest'operazione sul contribuente americano. Né la posizione Usa sembra essere cambiata dopo un'ispezione in loco da parte dell'ambasciatrice americana in Kenya, che è una celebrity della Silicon Valley: Meg Whitman, ex amministratore delegato dell'azienda informatica Hewlett-Packard nonché ex candidata (sfortunata) per l'elezione a governatore della California.

Visto che l'America non paga, ci penserà la Cina? A quanto pare il governo del Kenya studia la possibilità di rivolgersi a un'azienda di Stato cinese, la quale magari potrebbe attingere a prestiti di Pechino per infrastrutture all'estero, nell'ambito della Belt and Road Initiative.

Per gli americani è un incubo: l'idea cioè che arrivi una grande azienda cinese, con proprie maestranze, a lavorare sul sito di una base militare dove loro conducono regolarmente manovre, addestramenti, corsi di formazione per i militari africani. Spionaggio assicurato? Mentre scrivo non posso prevedere se il sottile ricatto di Nairobi avrà effetto, cioè se convincerà il Pentagono a bussare al Congresso di Washington per farsi finanziare i lavori di Manda Bay. Ma l'episodio è istruttivo per più ragioni. Conferma che non sempre sono le superpotenze a «invadere l'Africa» con mire neocoloniali: più spesso sono le classi dirigenti africane a giocare sulle rivalità straniere per cercare di ottenerne un tornaconto. Vale anche in casi molto più tragici, i conflitti locali che gli osservatori occidentali definiscono «guerre per procura» perché le parti in conflitto trovano dei protettori a Washington o a Mosca, a Pechino o ad Ankara, a Parigi o a Riad.

L'altro aspetto riguarda l'effettiva penetrazione militare della Cina in Africa. È solo agli inizi, ma ha già segnato due tappe. La prima è stata la costruzione di una base a Gibuti per la propria marina militare, a 10 chilometri di distanza dalla più grande base americana di tutta l'Africa, Camp Lemonnier. La base militare di Gibuti, la prima costruita dai cinesi su un altro continente, consente alle forze dell'Esercito popolare di liberazione di presidiare un crocevia strategico fra Corno d'Africa, Mar Rosso, Golfo Persico e oceano Indiano. Una seconda base militare cinese in territorio africano sarebbe nei piani in Guinea Equatoriale, in quel caso con un affaccio sull'oceano Atlantico.

Le presenze militari di Cina e Russia, alleate o concorrenti a seconda dei luoghi e dei momenti, servono a ricordarci quanto l'influenza degli attori esterni in Africa si giochi sulla sicurezza, oltre che sull'economia. Torna utile la «lezione scandinava» in cui mi sono imbattuto nel mio viaggio a Johannesburg: non c'è sviluppo economico dove regna la violenza. Un sostegno davvero efficace deve includere la dimensione dell'ordine, il rispetto della legge, la lotta alle bande armate, il ripristino dell'autorità dello Stato. È una lezione che ripugna al pacifismo occidentale perché richiede investimenti nelle nostre forze armate. È una delle ragioni per cui tanta parte dell'Africa, a ragione o a torto, guarda altrove.

Questo libro non vi ha proposto una tesi ben definita sul futuro dell'Africa. Spero di aver dimostrato che parlarne solo come di una catena di calamità destinate ad abbattersi su di noi e sempre per colpa nostra, è una deformazione tutta occidentale. Questo futuro lo costruiranno gli africani, che non mancano di inventiva, creatività, capacità di adattamento, e hanno riserve di speranza stupefacenti rispetto al cupo pessimismo di tanti europei. Una cosa che si può augurare al continente è che si apra una sana competizione fra tutte le potenze esterne interessate a investire nello sviluppo africano: Cina, Stati Uniti, Unione europea, India, Arabia, Turchia. Una competizione alla quale noi occidentali dobbiamo partecipare senza i complessi di colpa e le autolimitazioni degli ultimi decenni.

Sta agli africani selezionare i contributi più utili, nel loro interesse. Cercando di evitare le sbandate ideologiche che dagli anni Sessanta in poi hanno generato tante delusioni. Il modello asiatico – che non è solo cinese, ricordiamoci da dove sono partiti Singapore e la Corea del Sud – li deve aiutare, proprio perché nella sua varietà di traiettorie è eclettico, multiforme, pluralista. La dimensione della sicurezza dovrà ricevere un'attenzione speciale, e i contributi esterni sono benvenuti. Alla «ricetta Wagner» bisogna contrapporre delle offerte di stabilità che vengano da paesi liberaldemocratici, di preferenza in forma multilaterale.

Sul terreno dell'economia, una vera concorrenza tra la Cina e tutti gli altri è l'alternativa a quella ritirata occidentale che ha segnato gli ultimi decenni. Esistono teorie diverse. Ne cito una che riscuote un certo successo. È contenuta nel saggio di un economista africano ed è uscito in Francia: *Une solution pour l'Afrique. Du néoprotectionnisme aux biens communs* («Una soluzione per l'Africa. Dal neoprotezionismo ai beni comuni»). L'autore, Kako Nubukpo, è originario del Togo e ha avuto incarichi di governo nel suo paese. Attualmente è commissario all'agricoltura nell'Unione economica e monetaria dell'Africa occidentale. La sua opera è rappresentativa di un pensiero diffuso anche tra noi, che preconizza una «via alternativa» per lo sviluppo dell'Africa, ben distinta dalla ricetta cinese o da quella occidentale. Cito qui alcuni brani.

> Il carattere singolare dell'Africa sta nel fatto che è il primo continente nella storia a dover integrare in meno di cinquant'anni (2000-50) due miliardi di esseri umani in un contesto di bassa produttività agricola, quasi in assenza di industrie, e con un'urbanizzazione accelerata. ...
>
> Il mio obiettivo è esplorare una via allo sviluppo che chiamo un'Africa *in comune* ... per liberarci dal neocolonialismo di cui essa è oggetto attraverso le politiche neoliberiste oggi in corso. ... Perché la proprietà esclusiva non sia il modello dominante, perché il mercato non sia l'unica modalità di organizzazione delle società. ... *In comune*, perché la vita africana si svolge in comune. ... Questo significa rivalutare i modi di organizzazione economica, sociale e politica di un continente molto più avanzato rispetto alle norme occidentali. ... Imparando la lezione dalla crisi planetaria che sconvolge le fondamenta della modernità occidentale, l'Africa offre al resto del mondo un'opportunità unica di en-

> trare nel terzo millennio in modo innovatore, senza le pratiche energetiche anacronistiche delle società benestanti. ... Si può rendere questa crescita africana forte, perenne, inclusiva, ecologicamente durevole, moralmente giusta e socialmente accettabile.

Nientemeno! Capisco che il libro del professor Nubukpo abbia successo. È abilmente confezionato, il suo linguaggio abbraccia tutti i luoghi comuni politicamente corretti che vanno di moda nel 2023. Al tempo stesso recupera e riabilita tutte le utopie già fallite in modo disastroso dagli anni Sessanta a oggi. Piace ai nostalgici del comunismo, agli ambientalisti adolescenziali che sognano una poetica Arcadia precapitalista, ai seguaci di utopie religiose che vorrebbero realizzare il Paradiso in terra. Rilancia un'idea di cui ho già parlato perché fu in voga dopo l'indipendenza, per esempio in Tanzania con il carismatico presidente Nyerere: la teoria secondo cui l'Africa, per costruire il suo futuro, poteva attingere a tradizioni «comunitarie», di tipo socialista, molto migliori rispetto al materialismo occidentale.

Ho già ricordato come quella dottrina fosse ingannevole: nella storia dell'Africa antica ci fu tanto feudalesimo oppressivo e retrogrado, gerarchie di caste, schiavismo; le tradizioni comunitarie non erano dominanti. Il tentativo di Nyerere e di altri di inventarsi un passato meraviglioso e farne una guida per il futuro ha finito per scimmiottare esperimenti socialisti che nel frattempo fallivano in Europa dell'Est e in Cina. Anche sul terreno ambientale, l'idea che «gli ultimi saranno i primi», che i paesi più poveri possano essere i portatori di uno «sviluppo alternativo» che indicherà la retta via all'Occidente egoista e malvagio, è farneticante. Un'economia capace di generare meno emissioni di anidride carbonica si sta costruendo, faticosamente, a prezzo di grandi investimenti, scoperte scientifiche, innovazioni tecnologiche. Tutto questo avviene anzitutto nei paesi ricchi perché il progresso richiede capitali. L'alternativa è «poetica», ma condanna gli africani all'analfabetismo perché i loro figli non hanno la luce per leggere i manuali scolastici e fare i compiti a casa la sera.

«Gli ultimi saranno i primi», la pericolosa illusione per cui i più poveri possono indicare una strada alternativa, fu portata alle estreme conseguenze da Mao Zedong: condannò il popolo cinese a decenni di miseria, carestie di massa, e per imporre le sue politiche sbagliate dovette ricorrere all'oppressione sistematica, con forme di autoritarismo al cui confronto Xi Jinping è ultrapermissivo. La Cina è uscita dall'incubo dell'esperimento maoista proprio quando ha smesso di credere che «gli ultimi saranno i primi». Cioè ha cessato di crogiolarsi in un'illusione sulla propria superiorità, ha aperto gli occhi sul mondo, ha cominciato a studiare con umiltà tutti quei paesi che avevano fatto molto meglio di lei. Una ricetta che unisce i «miracoli asiatici», dal Giappone dell'Ottocento in poi, è proprio questa curiosità e capacità di apprendimento.

In quanto all'evidente disprezzo con cui l'economista del Togo tratta l'Occidente e il liberismo, anche questo non ci suona nuovo. Questo tipo di rappresentazioni dell'Occidente come Impero del Male è ampiamente diffuso nelle nostre università, nei nostri media, nel mondo dello spettacolo, nelle élite culturali. Per trasformare l'Occidente in un mostro da cui l'Africa deve allontanarsi, sono costretti a ridurlo a una caricatura.

Non esiste un modello capitalistico occidentale, ce ne sono numerose varianti. Per esempio nel bilanciare i ruoli delle imprese private e dello Stato, il tipo di Welfare, i livelli di redistribuzione del reddito, l'ampiezza e l'inclusività dei servizi sociali: il Canada è molto differente dagli Stati Uniti, la Norvegia è distante dalla Gran Bretagna. La sfida cinese all'Occidente non passa attraverso la sistematica demonizzazione del capitalismo, bensì cerca un rapporto diverso tra l'autorità dello Stato e le forze di mercato; diverso anche dal Giappone o dalla Corea del Sud. L'idea che l'Africa possa prescindere da tutto ciò che è stato fatto altrove, e guidare il mondo verso il regno dell'utopia, è una favola bugiarda che le farebbe solo perdere altro tempo.

Postilla italiana

E noi?

Il discorso italiano sull'Africa è un grumo di contraddizioni. Ne ricordo alcune, che talvolta abbiamo già incontrato nel libro. Da anni siamo bloccati in una rappresentazione di questo continente tanto tragica quanto superficiale, disattenta, incapace di cogliere le novità e di ascoltare ciò che gli africani più acuti ci dicono su se stessi.

Si sente affermare di continuo che l'Italia ha un destino e una vocazione legati al Mediterraneo quindi all'Africa. In genere questa constatazione si appiattisce su una sola dimensione: l'Apocalisse migratoria che verrà. Anche su questo dall'Africa e dalle sue voci più autorevoli vengono narrazioni diverse, che in Italia non hanno visibilità. La svolta energetica legata all'aggressione russa in Ucraina ha già costretto il nostro paese a tornare a rivolgersi a Sud. Dopo il febbraio 2022 è cresciuta la nostra attenzione verso i partner africani, con una torsione geoeconomica speculare e simmetrica rispetto a quella del 1973, quando l'embargo petrolifero degli sceicchi arabi ci spinse nelle braccia dell'Unione Sovietica. Il governo di Giorgia Meloni ha annunciato un Piano Mattei. L'etichetta è attraente, anche se le nuove classi dirigenti africane (e molti italiani) non ricordano chi fosse Enrico Mattei. Il fondatore dell'Eni appartiene a un'altra epoca, in tutti i sensi. Fu percepito come un amico del Terzo Mondo. Negli anni Cinquanta il mercato petrolifero era dominato da multinazionali angloamericane, le «Sette Sorelle». Mattei fu l'alfiere di un'autonomia italiana che trattava con maggiore rispetto gli interessi nazionali dei paesi nordafricani e arabi. Oggi il mondo è rovesciato, il business delle energie fossili è in larga parte controllato da enti di Stato che appartengono ai paesi produttori.

Dietro la definizione «Piano Mattei» usata da Giorgia Meloni c'è l'allusione a un'Italia attenta al Grande Sud globale e capace di sintonizzarsi con le sue esigenze. È davvero così? A nostro vantaggio abbiamo un passato coloniale e post-coloniale meno ingombrante di quello della Francia o del Regno Unito. Ancora di recente, siamo stati spettatori passivi e in parte vittime quando Parigi e Londra hanno intrapreso la dissennata guerra in Libia nel 2011, che ha creato danni enormi a tutta l'Africa. Tuttavia non bastano le «mancate colpe» rispetto ai nostri vicini europei per costruire una strategia incisiva in questa parte del mondo. Tra le contraddizioni che ci indeboliscono, oltre all'ossessione sull'Apocalisse africana (economica, climatica, migratoria) di cui mi sono occupato, ne cito tre. Un ambientalismo radicale nei toni e ipocrita nella sostanza ci impedisce di vedere quali scelte vanno fatte anche a beneficio dell'Africa. Un estremismo umanitario disincentiva le nostre aziende dall'investire nei paesi più poveri, quindi le penalizza nella competizione con la Cina. Infine, un sedicente pacifismo ci rende impotenti e poco credibili in una parte del mondo che chiede sicurezza.

Un esempio delle incoerenze del nostro ambientalismo riguarda quei minerali e metalli indispensabili per le batterie sia delle auto elettriche sia dei pannelli fotovoltaici. Vengono estratti perlopiù in paesi emergenti, molti dei quali sono in Africa, poi lavorati e raffinati in Cina. In queste attività «a monte» dell'auto elettrica e dell'energia solare non c'è nulla che sia decarbonizzato. Per il tipo di processi industriali usati in loco, estrazione e raffinazione di tali materie prime inquinano molto più che se le effettuassimo a casa nostra; però l'inquinamento avviene «lontano dagli occhi, lontano dal cuore», in Africa o in Cina, quindi per molti di noi il problema non esiste. La credibilità del nostro ambientalismo nell'emisfero Sud è pari a zero. Denunciamo il fatto che la Cina controlla le filiere di tanti prodotti strategici per un'economia sostenibile, ma per non «sporcarci» escludiamo di sostituire la Repubblica popolare diventando noi i partner degli africani; anche se così facendo porteremmo in questi settori degli standard più avanzati.

Noi italiani non siamo gli unici a esibire una simile ipocrisia. Nel 2023 la Svezia ha annunciato la scoperta di nuovi giacimenti di terre rare, il deposito più ricco di tutta l'Europa. La società svedese incaricata di sfruttare queste risorse, la Luossavaara-Kiirunavaara Aktiebolag, o Lkab, potrebbe effettuare l'estrazione e la lavorazione riducendo al minimo le emissioni carboniche: il nord della Svezia abbonda di energie rinnovabili, dall'idroelettrico al nucleare, all'eolico. Estrarre e manipolare terre rare in Svezia inquina molto meno che farlo in Africa e in Cina. Però l'industria mineraria viene ostacolata ugualmente: è comunque «sporca», e poi c'è l'inquinamento acustico, insomma a nessuno piace averla in casa propria. È così che tra contestazioni, consultazioni con la popolazione locale, test tecnici e permessi, le previsioni svedesi parlano di almeno dieci-quindici anni per attingere a questo nuovo deposito.

L'Italia, come la Svezia, avrebbe nel suo sottosuolo le risorse per ridurre un po' la pressione sui paesi africani. Il ministro Adolfo Urso ha confermato che possediamo «16 delle 34 materie prime critiche definite dall'Unione europea e considerate strategiche per la loro rilevanza nella transizione ecologica e digitale». Si trovano in miniere chiuse da trent'anni. Il governo Meloni ne ha annunciato la riapertura. Mi auguro che accada, sospendo il giudizio ma non mi sento troppo ottimista, temo lo scenario dei tempi lunghi sul modello svedese. Il nostro finto ambientalismo impedisce ai paesi occidentali di alleggerire un onere che oggi pesa in modo sproporzionato sui paesi africani, su altre nazioni dell'emisfero Sud, e sulla Cina: tutti quelli che emettono CO_2 per consentire a noi di guidare le Tesla.

Xi Jinping, in occasione di un vertice dei Brics, ha evocato l'opportunità di lavorare con i partner di quel gruppo per la sua Global Security Initiative (Gsi). È il versante militare delle Nuove Vie della Seta. La Gsi potrebbe configurarsi come l'embrione di una Nato a guida cinese, è il primo tentativo di dare all'influenza di Pechino in vaste aree del mondo anche una dimensione che riguarda la difesa. Xi la presenta come una soluzione «per dare più stabilità ed energia positiva al mondo». L'Africa ascolta con interesse chiunque le parli di sicurezza. È un continente la cui speranza di decollo economico è legata al superamento dell'instabilità attuale. Chi offre sicurezza in questo «mercato» geopolitico? Noi no. Malgrado lo shock della guerra in Ucraina, che ha rivelato l'aggressività dell'imperialismo russo, le promesse dell'Italia di adeguare i propri investimenti nella difesa restano in gran parte inattuate. Il 2 per cento del nostro Pil da dedicare alle forze armate è un tetto ancora distante, mentre per altri paesi Nato è un pavimento dal quale partire verso livelli superiori. Nel Mediterraneo, nonostante tutto quel che diciamo sulla sua importanza, le flotte americana e russa, ma anche quella francese e turca, fanno apparire l'Italia come un soggetto secondario. Eppure quella è una zona dove tutti osservano con attenzione i rapporti di forze militari, i muscoli sul campo. I nostri muscoli non sono adeguati, in nome di un «pacifismo» che serve solo gli interessi dei nostri avversari.

Un'altra sindrome che ci affligge è l'estremismo umanitario. Include la pretesa di condurre una politica estera basata sull'assoluta intransigenza etica, di sottoporre la geopolitica al test della purezza. Un esempio recente si è verificato con la Turchia, paese «un po' europeo», molto mediorientale e anche presente con forti ambizioni in ampie parti dell'Africa. Nel 2023 Erdoğan ha rivinto le elezioni. Erdoğan è un leader autoritario, quindi la Turchia non è una democrazia e la sua presenza nella Nato è una vergogna per tutti noi. Questo tipo di giudizio è frequente in Occidente. Di volta in volta viene applicato – a seconda delle nostre preferenze politiche – anche a un politico sovranista come il premier indiano Narendra Modi, che assegna grande importanza alla religione induista come parte dell'identità nazionale. Molti leader africani – dei quali magari ignoriamo i cognomi – finiscono nel mucchio: autocrati anch'essi, perché i loro paesi non passano gli esami di democrazia secondo i canoni fissati dall'Occidente. Questo è uno dei motivi per cui il Grande Sud globale – concetto geopolitico, non geografico, visto che Turchia e India stanno a nord dell'equatore – ci considera arroganti e finisce per subire l'attrazione di potenze come Cina e Russia, che sostengono di non voler «interferire» sulle scelte politiche interne.

La questione è importante perché siamo entrati in una fase in cui il Grande Sud globale del quale l'Africa è parte rappresenta il terreno di una competizione accesa tra sfere d'influenza rivali. Il nostro approccio sui valori democratici è quello adeguato? Alcuni criteri possono sembrare oggettivi. Cominciando dalle elezioni: ci sono stati brogli, oppure lo scrutinio si può considerare regolare? Sembra tutto semplice, salvo che Donald Trump ci ha ricordato il rischio di partire dalla forte convinzione che la propria parte politica vincerà, per cui «se vincono gli altri vuol dire che hanno barato». Quante volte siamo anche noi soggetti a questo pregiudizio, di considerare «sospetta» una vittoria che non ci piace? Quante volte abbiamo denunciato «il ruolo del denaro in politica», cioè i miliardari che finanziano le campagne dei nostri avversari, ignorando i miliardari che finanziano quelle dei partiti che ci piacciono?

Altri criteri che a noi sembrano del tutto oggettivi per stabilire se un paese è democratico oppure no riguardano la libertà della stampa, il fatto che ci siano oppositori politici in carcere, l'indipendenza della magistratura. Senza dubbio Vladimir Putin e Xi Jinping non passano nessuno di questi esami (benché tra i due personaggi vi sia una differenza: Putin ricevette originariamente un'investitura popolare, mentre Xi non è mai stato eletto dal suo popolo bensì selezionato dal Partito comunista). Anche molti paesi del Medio Oriente e dell'Africa non superano il test. Per essere oggettivi, dovremmo aggiungere all'elenco tanti governi che hanno la benedizione dell'universo progressista e tuttavia interferiscono sulla libertà di stampa e sull'indipendenza della magistratura: non soltanto i soliti sospetti Cuba e Venezuela, ma anche Brasile e Messico.

Se anziché emettere sentenze sugli altri, guardiamo a noi stessi, la faccenda si complica. La censura sul cinema in Italia è stata abolita – ufficialmente – solo nel 2021, ma era in disuso da decenni. Però venne applicata regolarmente negli anni Cinquanta, Sessanta, Settanta. La messa all'indice dei libri – una pratica della Chiesa cattolica – venne abolita solo nel 1966. La lottizzazione politica della Rai che cominciò allora e continua oggi (e vede ogni parte politica corresponsabile) potrebbe suscitare sospetto a Londra e Washington, ma anche in alcune nazioni emergenti. Eppure, sostenere che l'Italia del dopoguerra non sia stata una democrazia sarebbe un grave errore.

C'è chi quell'errore lo commise ripetutamente, rivendicandolo con superbia: il presidente socialista francese François

Mitterrand, accogliendo a braccia aperte tanti terroristi rossi che l'Italia aveva condannato con sentenze definitive, avallava l'idea che la nostra non fosse una vera democrazia, che lo Stato di diritto in Italia non passasse gli «esami francesi». Per qualcuno che pontificava da Parigi, noi non eravamo una vera democrazia liberale neppure negli anni Ottanta, Novanta, eccetera. A proposito di indipendenza della magistratura: la consuetudine italiana di magistrati che diventano celebri cavalcando qualche processo a danno di imputati importanti, e poi usano la loro fama per candidarsi alle elezioni e intraprendere una carriera politica, non sembrerebbe un capolavoro di Stato di diritto neanche a qualche osservatore turco o africano. Riguardo al colore dei giudici: nel Brasile di Lula da Silva la Corte costituzionale è iperpoliticizzata, però di sinistra (anti-Bolsonaro). Per chi vive negli Stati Uniti come me, è evidente una preferenza ideologica dei grandi media, che denunciano la politicizzazione della Corte suprema americana solo quando ha una maggioranza conservatrice. E ignorano le responsabilità di procuratori di estrema sinistra nel degrado dell'ordine pubblico a New York, San Francisco.

Siamo in un mondo fatto da «cinquanta sfumature di grigio», come disse un diplomatico indiano, ma molti di noi lo preferiscono come una lotta assoluta tra il bene e il male. Sui temi etici e valoriali innumerevoli capi di Stato africani non superano il test dei diritti civili per il loro rapporto con la religione, le loro posizioni sull'aborto, lo status della donna, le minoranze sessuali. Vogliamo allora sostenere che l'Italia non era una democrazia fino a quando c'erano i crocefissi nelle scuole, oppure fino al referendum sul divorzio del 1974, o fino a quello sull'aborto del 1975? Sarebbe assurdo. Eravamo un paese democratico anche prima di quei cambiamenti, solo che l'evoluzione dei valori e delle convinzioni non era arrivata dove siamo adesso. Però noi continuiamo a calare giudizi assoluti sul passato, imponendo i nostri valori del 2023 su epoche storiche precedenti. Questa è la nuova forma di imperialismo culturale che fa imbestialire il Grande Sud globale. Noi italiani non accetteremmo una politica estera «amorale» e del tutto avulsa da giudizi di valore. È giusto che siamo affezionati ad alcuni principi non solo nostri, che dalla loro origine in Occidente sono diventati universali (e stanno scritti nella Carta dell'Onu). Dovremo però imparare a ragionare tenendo conto delle sfumature, storicizzando quei valori che oggi certe componenti ideologiche dell'Occidente presentano come assoluti, non negoziabili. Altrimenti ci condanniamo a essere percepiti come i colonialisti di sempre che semplicemente indossano una casacca nuova. Quindi assenti o marginali o impotenti in molte zone d'Africa, per paura di «comprometterci» con chi non passa i test della purezza.

Per una ragione analoga è poco probabile che oggi un imprenditore come Enrico Mattei avrebbe spazio in Italia. Mattei piaceva agli africani ed era inviso agli americani non perché fosse un santo dalla coscienza immacolata. Non mi pronuncio sulle circostanze ancora misteriose della sua morte perché non sono uno specialista in dietrologie. Di sicuro era un uomo spregiudicato, con molti nemici. Usava metodi duri nella competizione, che non supererebbero nessuno dei test sulla «purezza etica» in voga nel terzo millennio.

Oggi una multinazionale italiana che decida di investire in Africa è inseguita da stampa e magistratura, ong umanitarie, ambientalisti, con un processo alle intenzioni e mille sospetti: per definizione, visto che va nel continente vittima di tutte le ingiustizie, la si considera a priori colpevole di sfruttamento delle popolazioni locali, saccheggio di risorse naturali. Nessuna multinazionale cinese o araba, turca o russa ha di questi problemi. Senza i nostri imprenditori, non possiamo pensare che il contributo italiano al futuro dell'Africa sia affidato solo ai missionari e alle ong: malgrado i loro meriti, abbiamo ampie prove che non bastano. E i nostri imprenditori non li aiutiamo di certo, anche perché una parte della società italiana ha un'atavica ostilità verso l'economia di mercato. Quindi lascia l'Africa ai conglomerati industriali cinesi, russi, arabi e turchi, salvo poi gridare contro il loro neocolonialismo.

L'Italia vista dagli altri – l'America, la Cina, i non allineati – è un tema che mi viene «assegnato» spesso dai media nazionali. È un'ossessione che tradisce un deficit di autostima. Gli italiani a tutti i livelli – classe dirigente, élite, opinione pubblica – sono preoccupati del parere altrui. Non accade lo stesso a molti altri popoli, a cominciare dai nostri cugini francesi, appagati dall'alta opinione che hanno di se stessi. Forse è preferibile l'atteggiamento italiano, che rivela una consapevolezza dei propri limiti. A patto che l'ossessione sul parere altrui non si riveli un tic superficiale, una piccola mania effimera, a cui non fanno seguito azioni coerenti e costanti per migliorare la nostra percezione all'estero. Le risposte alla domanda possono variare dalla più ottimista alla più preoccupata. In generale è onesto convenire che la nostra immagine è eccellente. Antagoniste su quasi tutto, le due superpotenze America e Cina vanno d'accordo su questo: l'Italia è il paese più bello al mondo, la sua storia e la sua cultura sono di una ricchezza straordinaria, il made in Italy è apprezzato anche in quanto simbolo di un «modello olistico», un saper vivere, che ci viene riconosciuto. Questo giudizio è diffuso anche nei paesi emergenti, Africa inclusa.

Il concetto di *soft power* lo abbiamo inventato noi. Nella sua accezione geopolitica, la Pax Romana viene studiata tuttora nelle università americane come l'archetipo di un «impero fondato sul consenso», un ordine internazionale costruito su regole che incorporavano e riconoscevano anche gli interessi delle colonie. La Pax Americana, che prevede una dose di *soft power*, è spesso considerata l'erede contemporanea dell'antica Roma. Fu un filosofo italiano marxista, Antonio Gramsci, a diffondere l'idea di «egemonia culturale», che descrive abbastanza bene il modo in cui l'America percepisce la propria influenza nel mondo. Peraltro, nella scuola di formazione quadri del Partito comunista cinese si studiano la caduta dell'impero romano e il pensiero di Niccolò Machiavelli. La storia d'Italia, la cultura italiana, insieme con l'Italian Style, sono le rendite su cui viviamo.

Fin qui l'immagine eccellente di un'Italia «eterna». Ma il peso di un paese nel mondo si costruisce anche con investimenti di lungo periodo nelle tecnologie avanzate, negli apparati di difesa, nella proiezione strategica verso aree contese dalle superpotenze antagoniste. L'Italia passa troppo spesso dal ruolo di «impermalita e offesa», perché non si sente riconosciuta abbastanza, alla ritirata dalle proprie responsabilità internazionali. L'influenza tedesca nel mondo si è sedimentata in settant'anni di una performance industriale impeccabile, aiutata dalla cogestione fra le parti sociali, la stabilità monetaria, il rigore nelle finanze pubbliche. L'influenza francese è proporzionale al ruolo che Parigi assegna alle proprie forze armate: le uniche ad avere ricevuto un aumento di risorse davvero sostanziale dal 2022.

Sull'attivismo della politica estera transalpina ho avuto una conferma nell'estate 2023 durante il mio viaggio in Sudafrica. Benché si trovasse (come spesso gli accade) in un mare di guai a casa propria, Emmanuel Macron stava tentando di «imbucarsi» in un vertice dei Brics, presieduto da Cyril Ramaphosa. L'argomento della diplomazia francese suonava così: visto che il Sudafrica era stato invitato all'ultimo G7, il «club dei vecchi ricchi», perché il suo presidente non avrebbe potuto ricambiare l'ospitalità allargando il suo summit alla Francia? Il tentativo di autoinvitarsi è stato lanciato dalla ministra degli Esteri di Parigi, Catherine Colonna, in occasione di una visita a Pretoria in giugno. Devo aggiungere che durante il mio soggiorno in Sudafrica ho visto sfilare un numero impressionante di leader europei: ricordo i premier di Olanda e Danimarca, e la ministra degli Esteri tedesca. Quest'ultima faceva seguito alle visite recenti del suo cancelliere e del ministro delle Finanze. Mesi prima c'era stato pure Antony Blinken, il segretario di Stato americano. Dal governo Meloni nessuno. Autoproponendosi come osservatore esterno al raduno degli emergenti, Macron ha cercato di candidarsi come un costruttore di «ponti» fra Nord e Sud. Ha una sua credibilità da spendere: durante la crisi del Covid il presidente francese è stato uno dei pochi leader europei ad appoggiare una distribuzione di vaccini dalla Ue all'Africa, cosa di cui Cyril Ramaphosa gli è grato. Le massime autorità istituzionali italiane, invece, disertano il Sudafrica da molto tempo. L'ultima visita di un nostro presidente della Repubblica risale a Carlo Azeglio Ciampi nel 2002. Di presidenti del Consiglio non v'è traccia negli annali recenti del governo di Pretoria (non valgono le visite durante i Mondiali di calcio del 2010).

E sì che il sistema Italia c'è. Un esempio: Enel Green Power è il numero uno delle energie rinnovabili in Sudafrica. Abbiamo una comunità di circa 40.000 concittadini, molti dei quali sono imprenditori: le loro attività spaziano dall'industria mineraria al marmo e granito, dall'agroalimentare ai macchinari, trasporto navale e crociere con la Msc. Abbiamo fior di scienziati e ricercatori, anche grazie ai rapporti di Città del Capo con il centro Onu di Trieste (biogenetica). Il Sudafrica, pur con gli immensi problemi di povertà e diseguaglianze, resta una potenza scientifica tra le nazioni emergenti, per esempio ha conservato un settore medico avanzatissimo. Un italiano dirige il National Institute for

Theoretical and Computational Sciences alla Stellenbosch University. E così via. I nostri diplomatici fanno un lavoro egregio per tenere le fila di una «squadra italiana» tanto importante. Un po' più di attenzione e di presenza politica da Roma non guasterebbe. Altrimenti è legittimo il sospetto che il Piano Mattei riguardi soprattutto Libia e Tunisia, perché l'unica Africa di cui si parla in Italia sono i disperati che attraversano il Mediterraneo. Una tragedia vera, di cui però ci sfugge questo paradosso: in Africa stessa se ne parla molto meno che da noi. Una ragione ci sarà. Spero che questo libro vi abbia aiutato a capirla.

Indice dei nomi